Inhalt

Einführung

Perry Schmidt-Leukel

In zahlreichen Kulturen trifft man in der ein oder anderen Form auf den Reinkarnationsglauben.[1] Im indischen Kulturraum ist er weitverbreitet und in mehreren Religionen indischen Ursprungs vorausgesetzt. Dies gilt nicht allein für die großen religiösen Traditionen des Hinduismus und des Buddhismus, sondern auch für kleinere Religionsgemeinschaften wie zum Beispiel die Jainas oder die Sikhs. Vor allem durch den Buddhismus hat sich der Reinkarnationsglaube über den sino-japanischen Kulturraum und schließlich über ganz Asien verbreitet. Der Reinkarnationsglaube findet sich auch im vorderasiatischen Kulturraum, wie etwa bei den Parsen oder im Manichäismus. Außerhalb Asiens trifft man auf ihn in verschiedenen Stammeskulturen Afrikas, Australiens, Amerikas sowie bei den Eskimos. Es gab ihn im alten Griechenland (bei den Orphikern, Pythagoreern, Platonikern und Neuplatonikern), im antiken Rom und bei den Kelten. Auch in kleineren Sub- und Randtraditionen des Judentums, Christentums und Islam findet sich der Reinkarnationsgedanke: Im Judentum begegnet man ihm in der Kabbalah, im Christentum bei gnostischen und manichäischen Gruppen und später bei den Katharern, im Islam bei den Drusen, Ismailiten und Nusairern (Aleviten).[2] Somit gehört der Glaube an Reinkarnation zu den am weitest verbreiteten Vorstellungen der Menschheit über ein Leben nach dem Tod.

Dennoch ist die Verbreitung des Reinkarnationsglaubens im Westen unvergleichlich geringer als im asiatischen Osten. Dies hängt zweifellos damit zusammen, daß er von den Hauptströmungen des Christentums und des Islam nicht rezipiert wurde. Mit der Ausbreitung des Christentums wurde im Westen eine andere Vorstellung vorherrschend, nämlich der im Judentum beheimatete Glaube an die Auferstehung der Toten, der sich in seiner christlichen Gestalt eng mit der hellenistischen Idee einer Unsterblichkeit der Seele verband.

In gleicher Weise dominieren Seelen- und Auferstehungsglaube auch im Islam und damit in den vom Islam geprägten
Teilen der afrikanischen, arabischen und asiatischen Welt.

Gegenwärtig geht in den modernen westlichen Nationen
der Einfluß des Christentums zurück. Christliche Vorstellungen von einem Leben nach dem Tod werden zunehmend
verdrängt von den atheistischen und materialistischen Dog-
men, wonach mit dem Tod »alles aus« sei. Andererseits gewinnt aber auch der Reinkarnationsglaube in den westlichen
Industrieländern immer mehr Anhänger. Er präsentiert sich
dabei sozusagen als eine dritte Alternative zwischen dem jü-
disch-christlich-islamischen Auferstehungsglauben einerseits und dem atheistisch-materialistischen Nihilismus andererseits – als eine Alternative, die sich allein schon durch ihre
lange menschheitsgeschichtliche Tradition zu empfehlen
scheint.

In dieser Situation verwundert es nicht, daß dem Reinkarnationsgedanken heute große literarische Aufmerksamkeit
geschenkt wird. Doch eher selten finden sich in der Flut der
Bücher zum Thema »Seelenwanderung« und »Wiedergeburt« solche von wissenschaftlichem Niveau. Sofern sich
Wissenschaft jedoch nicht von vornherein dogmatisch und
damit unwissenschaftlich auf das Todesverständnis der semi-
tischen Religionstraditionen oder eben des neuzeitlichen
Materialismus festlegt, darf sie die Alternative der Reinkarnationsvorstellung nicht einfach ignorieren. Als grundlegende Überzeugung eines weiten Teils der Menschheit verdient diese vielmehr in der Tat eine offene Erörterung nach
den besten Maßstäben und Methoden, die zeitgemäße Wissenschaft zu bieten hat.

Die Natur der Sache bringt es mit sich, daß eine wissenschaftliche Diskussion des Reinkarnationsgedankens inter-
disziplinär verfahren muß. Zum einen sind mit historischen,
philologischen und religionswissenschaftlichen Methoden
die unterschiedlichen Ausprägungen der Reinkarnationsvorstellung zu erfassen. Zum anderen ist auf dem Weg des
philosophischen und theologischen Arguments die weltan-
schauliche Tragweite, Aussage- und Erklärungskraft des
Reinkarnationsgedankens zu überprüfen. Aber auch die Anwendung von Methoden empirischer Wissenschaften, be-

sonders aus dem Bereich der empirischen Psychologie und der Parapsychologie, kann und muß ihren Beitrag zu dieser Auseinandersetzung liefern. Die folgenden Aufsätze bieten einen Einblick in diese wissenschaftlichen Standards verpflichtete Diskussion.

Die Beiträge des *ersten Teils* beschreiben unterschiedliche Formen des Reinkarnationsgedankens im Osten. *Hans Wolfgang Schumann* befaßt sich mit der Situation im alten Indien, in der sich aufgrund des Streits um die Existenz einer (unwandelbaren) Seele zwei gegensätzliche Vorstellungsmodelle herausbildeten: Reinkarnation als Wanderung einer Seele und Reinkarnation ohne Seelenwanderung als kausale Fortsetzung karmischer Bewußtseinsströme. Beide Modelle wurden zu den konkurrierenden Paradigmen der hinduistischen bzw. buddhistischen Tradition.

Der Reinkarnationsglaube ist oft mit der Auffassung verbunden, daß sich personale Reifeprozesse in einer weiteren Existenz fortsetzen können, so daß mehrere Reinkarnationen einen spirituellen Fortschritt ermöglichen. Entgegen der verbreiteten These, daß dies nur für die westlichen und modernen, nicht aber für die älteren indischen Formen des Reinkarnationsglaubens zutreffe, belegt *mein Beitrag* zu diesem Teil die Existenz eines solchen Zusammenhangs von Reinkarnation und spirituellem Fortschritt innerhalb des traditionellen Buddhismus.

Hinduismus und Buddhismus sind bis zum heutigen Tag lebendige religiöse Strömungen, die sich beständig weiterentwickeln und verändern. Zeitgenössische Denker aus diesen beiden Traditionen sind mit den Anfragen und dem religionskritischen Potential der Moderne nicht minder konfrontiert als jüdische, christliche und islamische Theologen. Davon ist auch der Reinkarnationsglaube betroffen, der in seinen klassischen östlichen Ausprägungen mit zahlreichen mythologischen Elementen durchsetzt ist, die heute fragwürdig geworden sind. *Hans-Peter Müller* gibt einen Einblick in die Reflexionen zeitgenössischer Buddhisten und Hindus zur Reinkarnationsidee und stellt am Beispiel Sri Aurobindos eine Form ihrer modernen Neuinterpretation dar.

Im *zweiten Teil* befassen sich die Beiträge mit dem Reinkarnationsgedanken im Westen. Zunächst bietet *Norbert Bischofberger* einen Überblick von der europäischen Antike bis zur Neuzeit. Auf der Basis einer umfassenden Berücksichtigung des Forschungsstands werden die hellenistischen Ausprägungen des Reinkarnationsglaubens und die frühchristlichen Auseinandersetzungen mit ihm ebenso dargestellt wie seine späteren Formen in der deutschen Klassik und Romantik bis hin zu den spiritistischen und theosophischen Bewegungen des 19. Jahrhunderts. Bei allen Unterschieden im einzelnen konstatiert Bischofberger den Gedanken der spirituellen Entwicklung als eine gemeinsame Leitidee.

Inwieweit sich hellenistische Formen des Reinkarnationsgedankens einem östlichen und näherhin indischen Einfluß verdanken, läßt sich nur schwer bestimmen. Doch im 19. Jahrhundert formieren sich europäische Gestalten des Reinkarnationsglaubens in expliziter Auseinandersetzung mit seinen indischen Formen. Dies gilt nicht nur für die wohlbekannten Beispiele der Theosophie und Anthroposophie. In seiner detaillierten Fallstudie rekonstruiert *Wolfgang Seelig* die gedankliche Verarbeitung der damals gerade im Westen bekannt werdenden älteren indischen Vorstellungen im Werk von Arthur Schopenhauer und Richard Wagner. Bei beiden wird die Reinkarnationsidee zu einer willkommenen Metapher für ihr jeweiliges Natur- und Menschenbild.

Die im 19. Jahrhundert anhebenden vielschichtigen Rezeptionsprozesse, in denen sich Strömungen der europäischen Geistesgeschichte mit asiatischen Einflüssen mischen, haben sich im 20. Jahrhundert noch verstärkt. Die unter dem Schlagwort »New Age« anvisierte außerkirchliche Religiosität des Westens ist unter den Bedingungen der Moderne zu einem Sammelbecken geworden, in dem sich nicht nur solche Rezeptionsprozesse ereignen, sondern auch die esoterischen Traditionen des 19. Jahrhunderts in aktualisierter Gestalt fortleben. Insgesamt spiegeln sich hier in hohem Maße die Spannungen zwischen religiösen und naturwissenschaftlich-materialistisch geprägten Weltbildern wider. In seiner religionswissenschaftlichen Analyse zeigt *Christoph Bo-*

chinger, wie diese Situation den Kontext bildet, in dem die aktuelle Verbreitung der Reinkarnationsidee im Westen zu sehen ist.

Der letzte Beitrag des ersten und der letzte Beitrag des zweiten Teils verdeutlichen, daß die Reflexion des Reinkarnationsgedankens heute nicht mehr zu trennen ist vom interkulturellen Dialog: Zeitgenössische Formen asiatischer Reinkarnationsvorstellungen entwickeln sich angesichts der Herausforderungen durch die Ideen der westlichen Moderne, und die gegenwärtige Zunahme des Reinkarnationsglaubens im Westen geschieht im Wissen um und teilweise in bewußter Auseinandersetzung mit seinen ursprünglich östlichen Formen. Zwar sind asiatische Denker immer noch in ihren genuinen religiösen Traditionen verwurzelt und westliche Esoteriker in den antiken und neuzeitlichen Traditionen Europas. Doch ist der Kontext in beiden Fällen längst nicht mehr ein kulturell geschlossener, sondern auf beiden Seiten auch von fremdkulturellen Einflüssen geprägt.

So beginnt der *dritte Teil*, der den weiterführenden Perspektiven einer wissenschaftlichen Erörterung des Reinkarnationsgedankens gilt, mit einer Reflexion von *Peter Graf* zu den Bedingungen und Vollzugsformen interkultureller Kommunikationsprozesse. Das Konzept der Reinkarnation erscheint hier als thematisches Musterbeispiel für einen interkulturellen Dialog, der mehr ist als ein Austausch von Informationen, sondern zu einem erweiterten und vertieften Diskurs hinsichtlich der Grundfragen menschlicher Existenz führt.

Der Austausch von Argumenten, die für und gegen die Reinkarnationsthese sprechen, läßt sich schon für ältere asiatische Schriften belegen.[3] Das Phänomen vermeintlicher Erinnerungen an vorangegangene Existenzen hat dabei früher bereits eine gewichtige Rolle gespielt.[4] Neu – und ein typisches Produkt moderner westlicher Kultur – ist hingegen der Versuch, solchen behaupteten Erinnerungen systematisch nachzugehen und hierbei wissenschaftlich kontrollierte Verfahren zur Anwendung zu bringen. *Eberhard Bauer* faßt in seinem Beitrag die bisherigen Ergebnisse empirischer Reinkarnationsforschung zusammen, diskutiert die relevanten

Erklärungshypothesen für die erhobenen Befunde und stellt einige weiterführende Forschungsansätze vor.

Gegenstand des inter- und intrakulturellen Dialogs kann die Reinkarnationsidee nur dann sein, wenn sie zugleich Thema des inter- und intrareligiösen Dialogs ist.[5] Im Rahmen des Christentums bedarf es daher einer offenen theologischen Auseinandersetzung mit ihr. Es zählt mit Recht zu den großen kulturellen Errungenschaften des Christentums, daß es seine Theologie als eine Wissenschaft konzipiert und sich damit verpflichtet hat, die Frage nach der Wahrheit religiöser Glaubensvorstellungen gemäß wissenschaftlicher Maßstäbe zu stellen. Für eine sich so verstehende christliche Theologie stellt die mögliche Wahrheit des Reinkarnationsglaubens eine Herausforderung dar. In meinem *abschließenden Beitrag* versuche ich diese Herausforderung in einigen Aspekten zu verdeutlichen und Wege ihrer theologischen Erörterung zu skizzieren.

Mit zwei Ausnahmen[6] gehen alle Beiträge dieses Bandes auf eine öffentliche Fachtagung zurück, die die Gesellschaft für europäisch-asiatische Kulturbeziehungen (GEAK) e.V. am 27./28. November 1993 in München veranstaltet hat. Es ist das Ziel der GEAK, den interkulturellen und interreligiösen Dialog – besonders zwischen den Religionen und Kulturen Asiens und Europas – auf wissenschaftlichem Niveau zu fördern. Hierzu erscheint es besonders wichtig, fachliche Auseinandersetzungen über den engen Kreis von Experten hinaus einem breiteren Publikum zugänglich und nachvollziehbar zu machen. Die GEAK hofft, mit dem Beginn dieser Schriftenreihe, deren erster Band hiermit vorliegt, diesem Ziel zu dienen.

I.

Die Idee der Reinkarnation im Osten

Seelensucher gegen Seelenleugner
Die Wiedergeburtslehren der indischen Religionen

Hans Wolfgang Schumann

I.

Neunhundert Jahre lang hatten die Inder die vedischen Götter durch Hymnengesänge und Opfer verehrt, damit sie die
kosmische Harmonie *(ṛta)* bewahrten: die Sonne auf- und
untergehen zu lassen und den Wechsel der Jahreszeiten zu
garantieren. Im 7. Jahrhundert v. Chr. verloren die Götter
diese Funktion. Mit den Upaniṣaden und dem Aufblühen
philosophischen Denkens in Indien setzte sich die Überzeugung durch, daß die Natur und die Wesen Gesetzen unterlie-
gen, die mechanisch ablaufen und keiner Regulierung durch
einen Gott bedürfen.

Andeutungsweise zuerst, dann immer klarer, bricht sich
der Gedanke Bahn, daß mit dem Tod nicht alles zu Ende sei,
sondern daß die Wesen ihren Tod überleben. Die vielleicht
früheste Beschreibung dieses Überlebens findet sich in der
Bṛhadāraṇyaka-Upaniṣad:

Wenn dieser [Körper] in Schwäche verfällt, sei es durch Altern oder
Krankheit, und sich wie ein Mango oder eine Feige oder die Frucht
des Pippal-Baums vom Stiel löst, genau so befreit sich die Person
[puruṣa] von diesen Gliedern und kehrt zu dem Ort zurück, von wo
sie gekommen ist. (BāU 4,3,36)

Andere Abschnitte desselben Textes entwickeln den Gedanken weiter. Nicht zu dem Ort, von wo er gekommen ist,
kehrt der Verstorbene zurück, sondern er geht in einen
neuen Körper ein:

Wie eine Raupe, wenn sie das Ende des Grashalms erreicht hat, einen anderen [Halm] ergreift und sich zu ihm hinüberzieht, so ergreift die Seele, wenn sie den Körper abgeworfen hat, [...] einen anderen [Körper] und zieht sich zu ihm hinüber.

Wie ein Goldschmied, nachdem er ein Stück Gold genommen hat, es in eine andere, neuere und schönere Form aushämmert, so schafft sich die Seele, wenn sie den Körper abgelegt und die Unwissenheit vertrieben hat, eine andere, neuere und schönere Form. [...]

(BāU 4,4,3–4)

Gilt es im indischen Denken als Naturgesetz, daß man wiedergeboren wird, so gilt es auch als Naturgesetz, als wer und in welchem Milieu man wiedersteht. Es waltet hier das Karman, das Gesetz der Rückwirkung der Taten *(karman)* auf den Täter. Die Bṛhadāraṇyaka-Upaniṣad behandelt das Karmagesetz noch als Geheimwissen. Sie berichtet von der Unterhaltung zwischen Yājñavalkya und Arthabhāga, in der Yājñavalkya sagt:

»Arthabhāga, mein Freund, nimm meine Hand. Wir beiden allein sollten dies wissen und nicht vor den Leuten [besprechen].« Die beiden gingen hinaus und unterhielten sich. Was sie sagten, war Karman, und was sie lobten, war Karman. Wahrlich, durch gutes Tun wird man gut, durch schlechtes Tun wird man schlecht.

(BāU 3,2,13)

An anderer Stelle bezieht die Bṛhadāraṇyaka-Upaniṣad das Karmagesetz ausdrücklich auf die Wiedergeburt:

[...] Je nachdem, wie einer handelt und wie er wandelt, danach wird er wiedergeboren. Wer Gutes tat, wird gut [wieder]geboren, wer Böses tat, wird schlecht [wieder]geboren.

(BāU 4,3,36)

Jeder ist durch sein Tun in der Vorexistenz für seine gegenwärtige Daseinsform selbst verantwortlich, jeder kann durch sein Tun in diesem Dasein seine Zukunft selbst gestalten. Gute Taten führen im Wiedergeburtskreislauf *(saṃsāra)* aufwärts zu besserer Daseinsform und höherem sozialen Stand, schlechte Taten führen nach unten. Keinem geschieht Unrecht.

Von Beginn an unterstellen die indischen Texte, daß die Wiedergeburt sich nicht auf die Menschenwelt beschränkt; man kann auch als Tier, ja auch als ein Gott *(deva)* wiedergeboren werden. In keiner Daseinsform jedoch ist der Verbleib ewig, auch Götter sind nicht erlöst. Wenn das Karman, das jemanden zu einem Gott gemacht hat, abgegolten ist, hat er aus dem Götterdasein abzutreten in die Existenzform, die er sich durch sein Tun in der abgelebten Götterexistenz verdient hat:

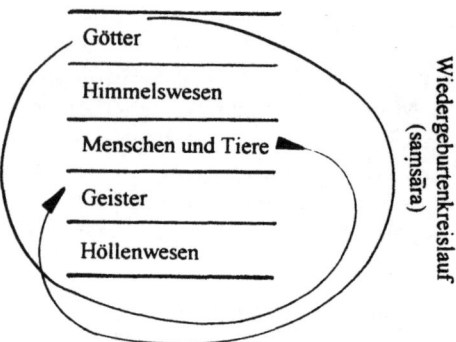

Die samsarische Wanderung eines Wesens muß nicht von Stufe zu Stufe, sie kann sprunghaft aufwärts und abwärts verlaufen – entsprechend der Qualität des Tuns im vergangenen Leben. In jeder Existenzform verweilt man so lange, bis das alte *Karman* aufgezehrt ist. Nirgendwo im Kreislauf der Wiedergeburt gibt es Ruhe und Erlösung.

Im Unterschied zu den Orphikern, Platon und den Pythagoreern, die die Wiedergeburt als neue Chance bewerten und aus ihr Hoffnung schöpften, ist den Indern die Wiedergeburt ein Greuel. Die Vorstellung, immer wieder die Mühe des Broterwerbs auf sich nehmen zu müssen, der Krankheit, dem Verfall, dem Tod und der Wiedergeburt ausgesetzt zu sein, hat für sie etwas Erschreckendes. Alle indischen Religionen definieren deshalb die Erlösung als das Freiwerden vom Zwang zur Wiedergeburt.

Die hinduistische Auffassung der Wiedergeburt erfordert es, bei der empirischen Person den sterblichen Leib von dem zu unterscheiden, was den Tod überdauert. Was ist es, das den Körper überlebt? Was bildet das Identitätsband in dem wiedergeburtlichen Kreislauf eines Wesens? Auch auf diese Frage geben die Upaniṣaden die Antwort: Es ist der individuelle Ātman, das Selbst oder die Seele, die sich immer neue Verkörperungen beilegt.

[...] Die Seele *[ātman]* [...] ist unfaßbar, denn sie wird nicht erfaßt; unzerstörbar, denn sie ist nicht zu vernichten; unanhaftbar, denn an ihr haftet nichts; sie ist ungefesselt und unverletzlich. [...]

(BaU 4,4,22)

Fürwahr, diese große Seele ist ungeboren [da sie von jeher existiert]; nicht altert und stirbt sie. Sie ist unsterblich und ohne Furcht: [Sie ist] das Brahman. [...]. (4,4,25)

Mit dieser Beschreibung stimmt die Bhagavadgītā überein, die für die Seele außer dem Wort *ātman* auch die Ausdrücke *jīva* (Individualseele) und *dehin* (bekörperte Seele) verwendet:

Wie die Seele in diesem Körper Kindheit, Jugend und Alter [durchlebt], ebenso erlangt sie einen anderen Körper. Der Kluge wird da[von] nicht verwirrt. (BhG 2,13)

Sie [die Seele] wird niemals geboren, noch stirbt sie. Wenn sie existiert, hört sie nie auf, zu sein. Ungeboren, dauerhaft, ewig und alt ist sie. Wenn der Körper zugrunde geht: Sie wird nicht zerstört. (2,20)

Wie ein Mann, wenn er [seine] verschlissenen Kleider abgeworfen hat, andere, neue, anlegt, so tritt die Seele, wenn sie die verschlissenen Leiber abgetan hat, in andere, neue, ein. (2,22)

Schwerter zerschneiden sie nicht, nicht brennt sie das Feuer, nicht benetzen sie die Wässer, nicht dörrt sie der Wind. (2,23)

Unzerschneidbar ist sie und nicht zu verbrennen, unbenetzbar ist sie und nicht zu verdorren,
unvergänglich ist sie und alles durchdringend, unerschütterbar ist sie, feststehend und ewig. (2,24)

Der ewige Ātman, die Seele in ihrer Wanderung durch die wiedergeburtlich wechselnden Daseinsformen, gleicht dem Seidenfaden einer Perlenkette. Der Faden gibt den Perlen die gemeinsame Identität; er ist (wie die Seele) das Kontinuum, das die Perlen (wie die Wiedergeburtexistenzen) verbindet.

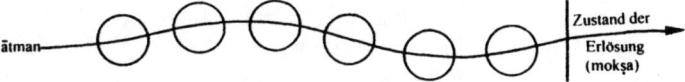

ātman — Zustand der Erlösung (mokṣa)

Die Upaniṣadendenker, die die karmisch bedingte Wiedergeburt der Seele zuerst formulierten, haben sich auch über die Natur der Seele Gedanken gemacht. Der Ātman, die Seele, ist identisch mit dem Brahman, der Weltseele:

Wahrlich, diese Seele *[ātman]* ist das Brahman   (BāU 4,4,5)

erklärt die Bṛhadāraṇyaka-Upaniṣad, und in der Chāndogya-Upaniṣad heißt es,

Fürwahr, dieses ganze All ist Brahman (1). [...] Dieses [Brahman] ist meine Seele im Inneren des Herzens, die winziger ist als ein Reiskorn, ein Gerstenkorn oder ein Senfsamen. [...] Dieses *(Brahman)* ist meine Seele im Inneren des Herzens, die größer ist als die Erde, größer als der Luftraum, größer als der Himmel, größer als diese Welten (3). [...] Diese meine Seele ist im Inneren des Herzens, sie ist das Brahman. In ihm werde ich, wenn ich von hinnen scheide, aufgehen (4).   (ChU 3,14)

Die Identität zwischen dem Brahman und dem individuellen Ātman, der Seele eines jeden Wesens, läßt sich graphisch veranschaulichen. Das Brahman, das eigentlich immateriell und ohne Grenzen ist, gleicht einer gewaltigen Wolke. Das Naturgesetz der karmischen Kausalität hat einen winzigen Teil dieser Wolke als Individualseele herausgesogen und für einige Zeit karmisch eingeschnürt:

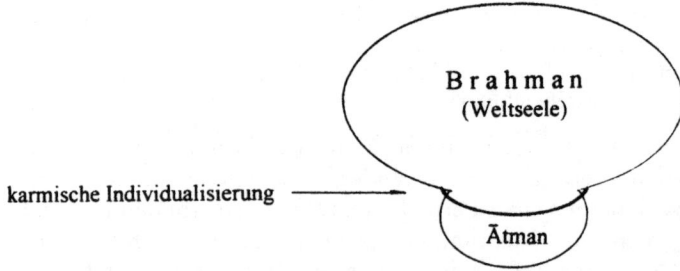

Die Graphik macht deutlich, daß Ātman und Brahman nicht nur verwandt, sondern daß sie eins sind. Die Seelen aller Wesen sind Teil des Brahman; in allem, was lebt, ist das Göttliche präsent. Ist die Individualseele von karmischen Bindungen frei geworden und nicht länger gezwungen, neue Verkörperungen anzunehmen, dann geht sie in der Weltseele auf und ist erlöst. Der Hindu-Philosoph Śaṅkara (788–820) vergleicht in seinem Werk »Scheiteljuwel der Unterscheidung« (*Viveka-cūḍāmaṇi*) die Individualseele mit dem Raum, der in einem Tonkrug eingeschlossen ist. Wenn der Krug zerbricht, endet die Individualisierung des von dem Krug umschlossenen Raums; er wird vom Universum ununterscheidbar (Vc 566). Ebenso widerfährt es dem Menschen, der sein karmisches Gefängnis gesprengt hat. Seine Seele fällt in die Allseele, ins Brahman zurück und ist von ihm ununterscheidbar.

Die Sanskrit-Bezeichnung dieser Philosophie ist Vedānta, Ende des Veda, weil die Upaniṣaden, in denen sie formuliert ist, am Ende der vedischen Literatur stehen; oder Advaita, Nicht-Zweiheit, weil die Identität zwischen dem Göttlichen und der Welt ihre Kernbotschaft ausmacht.

II.

Eine die Körpertode überdauernde Seele, die durch das Karman zur Wiedergeburt gezwungen ist und durch Eigenbemühung des Gläubigen erlöst werden muß, ist auch die Grundidee der Jaina-Religion. Der erste Verkünder von Jaina-Grundsätzen war Pārśvanātha (vermutlich 8. Jh. v. Chr.), von dem wir jedoch nicht viel wissen; einige Indologen bezweifeln sogar seine Geschichtlichkeit. Mehr ist bekannt über Vardhamāna oder Mahāvīra, den eigentlichen Gründer der Jaina-Schule, nach dessen Ehrentitel Jina die Religion ihren Namen hat. Der Jina, der Sieger, war ein Zeitgenosse des Gautama Buddha. Beide lebten im 6./5. bzw. – nach jüngeren Forschungen – im 5./4. Jh. v. Chr.

Nach dem Glauben der Jainas besteht die Welt aus unbeseelten und beseelten Dingen, die scharf unterschieden werden. Zum Bereich des Unbeseelten gehören die Dinge, die ohne eigenes Gefühl sind, vor allem die Materie. Um keinem beseelten Wesen Schaden anzutun, üben die Jainas Berufe aus, die nur mit unbeseelten Dingen umgehen. Sie treiben deshalb vorzugsweise Handel mit Mineralien wie Marmor und Edelsteinen sowie Metallen wie Eisen, Gold und Silber. Viele Jainas sind Juweliere. Die Jaina-Community, die vier Millionen Personen umfaßt, hat es mehrheitlich zu Wohlstand gebracht.

Dem Bereich des Unbeseelten steht der des Beseelten gegenüber. Hierzu gehören die zahllosen individuellen Seelen *(ātman)*, die ewig, mit Bewußtsein begabt, allwissend, sorgenfrei und vollkommen sind – solange sie nicht durch äußere Verunreinigungen zu Jīvas, d. h. inkarnierten Seelen, degenerieren. Die Ausdrücke ātman und jīva bezeichnen im Jainismus dieselbe Seele, je nachdem ob sie sich im Reinzustand oder im inkarnierten Zustand befindet. Alle Ātmans sind gleich, wohingegen die Jīvas infolge ihrer Bekörperungen verschieden sind.

Die Entartung einer Seele *(ātman)* zum Jīva wird verursacht durch die Ablagerung feinmaterieller Unreinheiten – sogenannter Karmas (Plural) –, die sich auf der Seele in der gleichen Weise niederlassen, wie sich auf einer eingeölten Holzoberfläche Staubkörnchen festsetzen. So nimmt der Ātman, die reine unbekörperte Seele, zuerst einen geistigen, dann einen physischen Körper an, der den Ātman zuerst verhüllt und schließlich umkrustet. Der Ātman wird dadurch zum Jīva, zu einem physischen Wesen, das an den Wiedergeburtenkreislauf gebunden ist und sich ständig wiederholendes Leiden zu ertragen hat. Alles Leiden entsteht nach Jaina-Überzeugung aus der Bindung der Seele an die Materie.

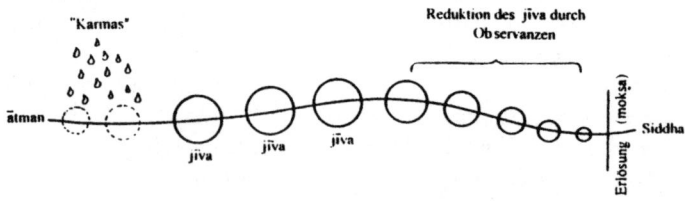

Erlösung ist möglich durch Rückverwandlung des Jīva in einen reinen Ātman. Sie geschieht, indem man die alte Karma-Substanz vernichtet und keine neuen Seelenverunreinigungen mehr schafft. Der Weg zu diesem Ziel führt durch viele Wiedergeburten und ist lang und schmerzhaft. Um ihre alten Karmas so schnell wie möglich aufzuheben, praktizieren manche Jainas rigorose Observanzen. Als Helden gefeiert werden in der Jaina-Community die Heiligen, die sich tothungern. Dies gilt als der konsequenteste Weg, den Ātman von materiellen Anhaftungen zu befreien.

Die Erlösung *(mokṣa)* besteht im Jainismus im Freiwerden der Seele von der Wiedergeburt, in der Wiederherstellung ihrer ursprünglichen Reinheit. Die Erlösten *(Siddha, Kevalin)* leben nach dem Tode in einem Paradies oberhalb des Universums. Dort existieren sie als unkörperliche Geister in einem Zustand der inaktiven, allwissenden Seligkeit, in der es keine Emotionen wie Freude und Enttäuschung mehr gibt.

III.

Keine philosophische Richtung bleibt unwidersprochen; auch gegen die Lehren des Hindus und Jainas entwickelte sich eine Opposition. Sie ging aus von den Materialisten und Buddhisten. Beide Systeme spöttelten über den Seelenglauben *(ātmavāda)* der Hindus und Jainas und setzten ihm Systeme der Seelenleugnung *(anātmavāda)* entgegen.

Der altindische Materialismus trägt mehrere Namen: *Cārvāka* nach einem seiner Philosophen oder *Lokāyata*, da seine Anhänger »der (sichtbaren) Welt zugeneigt« sind. Von ihren philosophischen Gegnern wurden sie als Nāstikas, als Negierer, bezeichnet, da sie die Autorität des Veda ablehnen, Göttern keine Bedeutung beimessen und die Existenz von allem bestreiten, das man nicht mit den Sinnen wahrnehmen kann. Da dies auch für die Seele und für Wiedergeburt und Karman zutrifft, werden auch diese geleugnet, so daß sich das Denken der Cārvākas auf die Gegenwart beschränkt. Die Cārvākas besaßen ein Buch, das ihre philosophische Haltung umriß: das Barhaspatisūtra (vermutlich 3. Jh. v. Chr.). Leider ist dieses Werk in der kompletten Fassung verloren, so daß wir uns eine Vorstellung vom Cārvāka-System nur aus den Widerlegungszitaten in den Werken ihrer Gegner machen können.

Ein buddhistischer Text beschreibt das Cārvāka-System folgendermaßen:

Es gibt keine Spende, kein Opfer, keine Opfergabe (die für eine Heilserreichung von Wert wären), es gibt keine Frucht und kein Reifwerden guter und böser Taten, es gibt nicht eine diesseitige noch eine jenseitige Welt. [...] Der Mensch ist aus den Vier Großen Elementen gebildet. Stirbt er, verfällt seine Materie der Erde, seine Flüssigkeit dem Wasser, seine Temperatur dem Feuer, sein Hauchiges der Luft, seine Sinnesfähigkeit dem Raum. Zu fünft ziehen sie, die [vier] Leichenträger und der Tote auf der Bahre, dahin. Bis zum Verbrennungsplatz sprechen sie [die Leichenträger] über den Verstorbenen. Dann sind nur noch bleiche Knochen übrig und die Opferbeigaben sind zu Asche geworden. Nur Toren propagieren Spenden. Wenn Leute sagen, es gebe einen Nutzen davon, dann ist das müßiges und falsches Gerede. Dumme wie Kluge vergehen mit dem Zerfall des Körpers und sind vernichtet; nach dem Tode gibt es sie nicht mehr. (D 2,23)

In seinem Werk »Zusammenfassung der sechs Systeme« *(Ṣaḍḍarśanasamuccaya)* bestätigt der jainistische Autor Haribhadra (8. Jh. n. Chr.) die buddhistische Beschreibung:

Die Lokāyatas sagen: Es gibt keinen Gott und keine Befreiung; Dharma und Adharma existieren nicht. Gutes und Böses haben keine [wiedergeburtlichen] Folgen. (Ṣds 9,1)

Ihre Meinung ist: Diese Welt existiert nur, soweit die Sinne reichen. [...] (9,2)

Weiter [sagen sie]: Die Vier Elemente, Erde, Wasser, Feuer und Wind sind die Grundlagen der Denktätigkeit *[caitanya]*. Für sie ist das einzige Beweismittel *[māna]* die [sinnliche] Wahrnehmung. (9,4)

Aus der Kombination der [vier Elemente] Erde usw. entsteht der Körper usw. Wie die Macht des Rausches aus den Bestandteilen des Branntweins resultiert, ebenso entsteht die Beseeltheit *[ātmatā]* [aus materiellen Gegebenheiten]. (9,5)

Hinwendung zum Ungesehenen unter Aufgabe des Gesehenen, – die Cārvākas haben erkannt: Das ist die Dummheit der Welt! (9,6)

Da Wiedergeburt und Karman im Cārvāka-Denken keine Rolle spielen und die Cārvākas keinen wiedergeburtlichen Abstieg fürchten, leben sie ohne Bedenken so, wie es ihnen gefällt. Sie sind Hedonisten, durch ethische Vorschriften und Grundsätze nicht gebunden. Von ihrem Vordenker Bṛhaspati stammt die Maxime:

Lebe vergnügt, solange Leben in dir ist, und iß Schmelzbutter, auch
wenn du dich verschulden mußt! (SDS 1)

Man kann sich schwer vorstellen, daß jemand mit solcher
Einstellung mit seinen Nachbarn und der Gesellschaft nicht
kollidiert.

IV.

Es war der Buddhismus, gegründet im 6./5. oder – nach
neuerer Lehrmeinung – 5./4. Jh. v. Chr. durch Siddhārtha
Gautama, den Buddha (Erwachten), der die upaniṣadische
Wiedergeburts- und Karma-Lehre mit der Leugnung der
Seele verband. Die Ablehnung einer den Tod überdauernden
Seele (ātman, P: attan) ist die philosophische Kernlehre des
Buddhismus, die ihn vom Jainismus und jeder Form des
Hinduismus unterscheidet und, freilich nur in diesem einen
Punkt, mit dem Materialismus verbindet.

Was wir als Person bezeichnen, ist in der Sicht des Buddha
eine Ansammlung von fünf – und nur fünf – Faktoren, nämlich Körper, Empfindungen, Wahrnehmungen, Geistesregungen und Bewußtsein. Der Buddha nennt sie die Fünf
Gruppen der Aneignung (P: pañcupādānakkhandha), weil
man sie sich bei jeder Wiedergeburt als neue Persönlichkeit
aneignet.

Da alle Systeme Indiens die Seele als ewig und unverän-
derlich definieren, kann keine der Gruppen eine Seele sein,
denn alle fünf weisen Kennzeichen auf, die sich mit der See-
lendefinition nicht vereinen lassen. Die fünf Gruppen sind
der Krankheit unterworfen, veränderlich und verursachen
Leiden: Folglich sind sie (P:) anatta, keine Seele (S 22,59).
Von nichts, das unbeständig, leidhaft und vergänglich ist,
kann man sagen: Dies ist mein, das bin ich, das ist meine Seele
(Mv 1,6,42 f.).

Der wohlunterrichtete edle Jünger, der Umgang mit Edlen pflegt
und das Verständnis der Edlen Lehre besitzt, [...] betrachtet weder
den Körper als eine Seele noch die Seele als körperartig, weder den
Körper als in einer Seele noch eine Seele als im Körper enthalten. [Das gleiche Wissen der Nicht-Seelenhaftigkeit hat er bei]

Empfindungen, Wahrnehmungen, Geistesregungen und Bewußtsein. [...] (M 109; 11 III p. 17)

Konsequenter als alle anderen nichtmaterialistischen Denker Indiens lehrt der Buddha: Nirgendwo ist Ewigkeit, auch
nicht in einer Seele.

Bestreitet Gautama einerseits die Existenz einer den Kör-
pertod überdauernden, in die nächste Existenzform transmi-
grierenden Seele, so geht er andererseits, was die Rückwirkung des Tuns auf den Täter angeht, mit der Karma-Lehre
der Upaniṣaden konform. So heißt es in der buddhistischen
Spruchsammlung Dhammapada:

Im Luftraum nicht, nicht in des Meeres Mitte,
nicht in der Berge Schluchtenödenei
gibt's einen Ort auf Erden, wo, dort weilend,
von böser Taten [Frucht] man würde frei. (Dhp 127)

Ist jemand heimgekehrt von langer Reise
wird jubelnd er begrüßt im Freundeskreise. (219)

Genau so wird, wer Gutes hier begangen,
im Jenseits von der guten Tat empfangen. (220)

Schon zu Lebzeiten des Buddha fanden viele es schwierig,
die buddhistische Auffassung der Wiedergeburt zu verstehen. Wenn eine den Tod überdauernde Seele bestritten wird,
so sagten sie, wer wird dann wiedergeboren? Wenn keine
Seelenidentität zwischen den Wiedergeburten existiert, wie
kann der Buddhismus dann behaupten, der Wiedergeborene
ernte die Frucht seiner Taten der vorangegangenen Existenz?
Wie ist Wiedergeburt ohne Seelenwanderung überhaupt
möglich?

In der Tat, so erwidert der Buddha darauf, vollzieht sich
die Wiedergeburt ohne Seele und Seelenwanderung, nämlich
als Bedingtes Entstehen (paṭiccasamuppāda). Keine Seele,
nichts Substanzhaftes geht beim Tode eines Menschen in die
nächste Existenzform über. Vielmehr bedingt Person A ihre
Nachexistenz B: Sie gibt den Impuls für deren Zustande-
kommen. Die Nachexistenz B ist mit der Vorexistenz A weder voll identisch (da ein Seelenband fehlt) noch von ihr unabhängig (da sie ja von ihr bedingt ist). Die Wahrheit liegt in
der Mitte: in der konditionalen Abhängigkeit.

Vielleicht kann man das Prinzip der Wiedergeburt ohne Seele verdeutlichen durch die Kugeln auf einem Billardtisch. Kugel 1 liefert durch ihren Anstoß den Impuls, daß Kugel 2 ins Rollen gerät; diese gibt ihrerseits den Impuls an Kugel 3 weiter. Materiell geht nichts von Kugel 1 zu Kugel 2 und Kugel 3 über, lediglich der Impuls pflanzt sich fort und gibt der jeweils folgenden Kugel Bewegung und Richtung.

Nirvāṇa

Freilich hat der Vergleich eine Schwäche. Er setzt voraus, daß die jeweils folgende Kugel bereits existiert, während bei der realen Wiedergeburt die neue Person ja erst bedingt und dadurch geschaffen wird. Der Pāli-Kanon führt präzise aus, wie dies geschieht.

Drei Dinge, so heißt es dort (M 38; 26 I p. 265 f. + M 93; 18 II p. 157), sind erforderlich, damit ein Wesen zustandekommt: Eine empfängnisbereite Mutter, ein Vater und ein Geist *(gandhabba)*, der an anderer Stelle des Kanons (D 15,21) als das Bewußtsein *(viññāna)* des Sterbenden erklärt wird. Wenn das Bewußtsein des Sterbenden in die befruchtete Mutter eingeht, entsteht in dieser ein neues Wesen. Zu beachten ist: Nicht in das Kind geht das Bewußtsein ein, sondern in die Mutter. Das Bewußtsein wirkt in der Mutter wie der Entzünder eines Feuers oder wie ein Katalysator, der einen chemischen Prozeß auslöst, im Endprodukt dieses Prozesses aber nicht mehr enthalten ist. Der Mönch Sāti, der glaubte, das Bewußtsein wandere von dem Sterbenden direkt in das neue Wesen über, sei also eine transmigrierende Seele, wurde vom Buddha für diese falsche Meinung aufs schärfste gerügt (M 38; 5 I p. 258).

Als Diagramm dargestellt, sehen Wiedergeburt und Karman (P: *kamma*) im Buddhismus wie folgt aus:

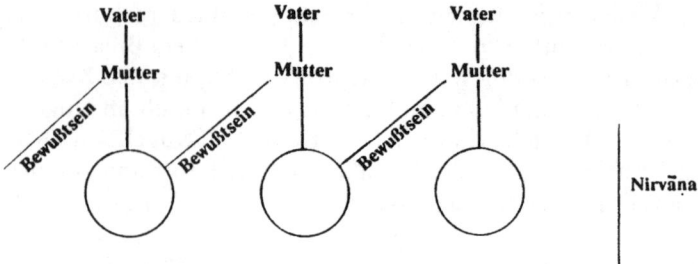

Anders als im Hinduismus fehlt im Buddhismus das die Existenzen auffädelnde Seelenkontinuum. Zwischen den Existenzen einer Wiedergeburtenfolge herrscht lediglich Bedingtheit.

Es gibt ein technisches Gerät, das in analoger Weise funktioniert, und zwar das Radio. Der Radioapparat ist die empfangsbereite Mutter, der Vater schaltet das Gerät ein, macht es sozusagen schwanger, aber ein Empfang kommt erst zustande, wenn die »karmische« Frequenz eines Senders mit der Welleneinstellung des Empfängers übereinstimmt. Sender und Empfänger sind durch keine Substanz oder Materie miteinander verbunden; lediglich die Impulse des Senders stellen einen Zusammenhang her.

Das Diagramm erläutert zugleich die buddhistische Vorstellung von der Erlösung. *Nirvāṇa*, Verlöschen, hat derjenige erreicht, dessen Tun frei ist von Gier, Haß und Unwissenheit, die im Buddhismus als die Antriebskräfte zur Wiedergeburt gelten. Von einem Menschen ohne Gier, Haß und Unwissenheit gehen keine Impulse mehr aus, die eine Wiedergeburt bedingen könnten; die Wiedergeburtenkette reißt ab. Alle Körperbestandteile (*khandha*) des Erlösten werden im Tode annulliert und sind ohne die Möglichkeit, je wieder in anderer Form zu entstehen. Der Erlöste ist verloschen mit unbekanntem Verbleib (*gati*) – wie der vom Hammer des Schmiedes wegspringende Funke:

Der Funke, der vom Schmiedehammer sprang
    und, eben glühend noch, allmählich schwindet:
Wo ist er jetzt? – Genauso unerkennbar
    sind jene auch, die keine Lust mehr bindet:

Die Vollerlösten, die der Flut entronnen
und unerschütterliches Glück [*sukha*] gewonnen.   (Ud 8.10)

Das Nirvāṇa liegt außerhalb des saṃsārischen Kreislaufs, daher ist unsere Sprache, die innerweltlich ist, außerstande, es zu beschreiben:

Wie eine Flamme, ausgeweht vom Winde,
verweht ist und Begriffe nicht mehr passen,
so der von Geist und Leib befreite Weise:
Er ist nicht mehr begrifflich zu erfassen.   (Snip 1074)

Kein Maß gibt's mehr für ihn, der hingeschieden,
es gibt kein Wort, mit dem man ihn begreift:
Wenn alle Dinge völlig abgelegt sind,
sind auch Bezeichnungsweisen abgestreift.   (1076)

✳

Wir haben die vier markantesten Denksysteme Indiens betrachtet: Einerseits Hinduismus und Jainismus, die eine ewige Seele annehmen, und andererseits Materialismus und Buddhismus, die die Existenz einer den Tod überdauernden Seele bestreiten. Zwischen den seelengläubigen Upaniṣaden-, Advaita- und Jaina-Denkern und den die Seele negierenden Buddhisten hat es in Indien zahllose Debatten gegeben – nie jedoch hat eine Schule der einen Richtung mit einer Schule der anderen Richtung in der Seelenfrage einen Kompromiß geschlossen. Man muß fragen: wie wäre ein Kompromiß auch möglich gewesen? Die beiden Seelenauffassungen standen und stehen sich als gegensätzliche Denktypen gegenüber.

Der Zeitablauf hat in Indien die leichter verständliche Seelentheorie (*ātmavāda*) der Hindus über die Seelenleugnung (*anātmavāda, nairātmyavāda*) der Buddhisten obsiegen lassen: Seit dem 12. Jh. ist der Buddhismus in Indien kaum mehr zu Hause. Außerhalb Indiens jedoch, in den buddhistischen Ländern Ceylon, Burma, Thailand, Laos und Kambodja sowie in Tibet, Bhutan, Mongolei, Korea, Japan und Vietnam gilt die buddhistische Seelennegierung als die offizielle Philosophie.

Abkürzungen

BāU	Bṛhadāraṇyaka-Upaniṣad
BhG	Bhagavadgītā
ChU	Chāndogya-Upaniṣad
D	Dīghanikāya (des Pāli-Kanons)
Dhp	Dhammapada (des Pāli-Kanons)
M	Majjhimanikāya (des Pāli-Kanons)
P	Pāli
Ṣds	Ṣaḍdarśanasamuccaya des Haribhadra
SDS	Sarvadarśanasaṃgraha des Mādhava
Snip	Suttanipāta (des Pāli-Kanons)
Ud	Udāna (des Pāli-Kanons)
Vc	Vivekacūḍāmaṇi des Śaṅkara

Reinkarnation und spiritueller Fortschritt im traditionellen Buddhismus

Perry Schmidt-Leukel

In der religionswissenschaftlichen und besonders in der theologischen Literatur findet sich des öfteren folgende charakteristische Entgegensetzung:

War und ist die Reinkarnation für die Religionen des Ostens eine Unheilssituation, der es möglichst zu entgehen gilt, so wird sie im Westen unter dem Einfluß des Fortschrittsgedankens geradezu zu einer Art Heilsweg. Sieht der Osten das Rad der Wiedergeburt als eine Situation qualvoller Unfreiheit, so wird die Reinkarnation im Westen zum Weg der fortschreitenden Selbstverwirklichung.[1]

Für die westlichen Formen des Reinkarnationsgedankens sei die Vorstellung charakteristisch, daß sich der Mensch über mehrere Existenzen hinweg stufenweise höher entwickeln und spirituell vervollkommnen könne. Demgegenüber – so wird behauptet – sei diese Vorstellung den traditionellen Formen des Reinkarnationsgedankens in den indischen Religionen völlig fremd. Dort werde die Reinkarnation nicht als Chance zur personalen Weiterentwicklung betrachtet, sondern als ein unheilvoller Kreislauf, aus dem sich der Mensch zu befreien habe.[2] Teilweise findet sich auch die Behauptung, daß der optimistische Fortschrittsgedanke erst in den neuzeitlichen Varianten des westlichen Reinkarnationsglaubens auftrete. Daher beziehe sich der genannte Gegensatz vor allem auf den Unterschied zwischen modernen westlichen und traditionellen östlichen Formen.[3]

Diese Entgegensetzung ist jedoch so nicht zutreffend, sondern bedarf der Modifikation. Zwar ist es durchaus richtig, daß in den meisten Ausprägungen des Hinduismus und des Buddhismus die Erlösung unter anderem als Befreiung vom Zwang zur Wiedergeburt beschrieben wird. Doch impliziert die Reinkarnationsvorstellung auch hier die Möglichkeit eines spirituellen Fortschritts. Dem traditionellen indischen Buddhismus ist der Gedanke geläufig, daß sowohl die geistigen Voraussetzungen zur Befreiung aus dem Rad der Geburten als auch jene Tugenden, die erforderlich sind, um anderen Wesen optimal auf dem Weg zur Erlösung beizustehen, über mehrere Existenzen hinweg progressiv entwickelt werden können. Dies soll im folgenden belegt und illustriert werden.

1. Erlösung aus dem Kreislauf der Geburten

Zunächst ist festzuhalten, daß Erlösung bzw. Befreiung (p. *vimutti*, skt. *vimukti*)[4] im Buddhismus nicht primär auf die Wiedergeburt bezogen ist, sondern auf ein leidhaftes, unbefriedigtes Dasein. Das wohl wichtigste dogmatische Schema des traditionellen Buddhismus, das Schema der »Vier Edlen Wahrheiten«, handelt über die Befreiung vom Leid (*dukkha*) und nicht etwa von der Wiedergeburt. Die Erlösung aus dem Kreislauf der Geburten (*saṃsâra*) ist damit jedoch insofern verbunden, als die Ursache des Leids, der »Durst« (p. *taṇhâ*, skt. *tṛṣṇâ*), nach Auskunft der zweiten Wahrheit zugleich auch dasjenige ist, was die Wiedergeburt erzeugt.

Das »Leid«, von dem der Buddha die Befreiung verkündet, umfaßt drei Aspekte.[5] Erstens sind damit die *speziellen leidhaften Erfahrungen* gemeint, wie »Sorge, Jammer, Schmerz, Trübsal und Verzweiflung«.[6] Nach buddhistischer Auffassung liegt diesen leidhaften Einzelerfahrungen eine gemeinsame Struktur zugrunde, die die »erste Wahrheit« so beschreibt: »Mit Unliebem vereint sein, ist leidhaft; von Liebem getrennt sein, ist leidhaft; nicht erlangen, was man begehrt, ist leidhaft.« Mit anderen Worten, worunter der Mensch auch immer leiden mag, es schwingt darin zentral das Element der Frustration mit: Wir leiden unter dem, was uns »unlieb« ist, weil wir nicht erlangen, was uns »lieb« ist. Das jeweilige »Begehren« wird nicht erfüllt, sondern frustriert.

Diese Grundstruktur des Leids als Frustration eines Begehrens äußert sich besonders deutlich in der Erfahrung des Verlusts und in der Erfahrung unerfüllter Sehnsucht. Verlust und unerfüllte Sehnsucht sind nach buddhistischer Auffassung aufs engste mit der *Vergänglichkeit des Daseins* verbunden. Die Vergänglichkeit dessen, was wir lieben, und/oder unsere eigene Vergänglichkeit führen zwangsläufig immer wieder zur Erfahrung schmerzhaften Verlusts. »Geburt, Alter, Krankheit, Tod sind Leiden« heißt es daher in der »ersten Wahrheit«. Alter, Krankheit und Tod ist eine Trias, die uns am deutlichsten die Vergänglichkeit vor Augen führt, und die Geburt ist sozusagen der Beginn dieses Vergänglichkeitsprozesses. Die Angst vor dem eigenen Tod und die Erfahrung des Todes geliebter Menschen dienen dem Buddhismus als besonders markante Verdeutlichungen seiner Analyse des Leids.

Es gibt jedoch noch einen dritten Aspekt von *dukkha*. Vergängliches erweist sich nicht allein unter dem Aspekt des Verlustes als leidhaft. Nach buddhistischer Auffassung gibt es ein tiefliegendes Streben des Menschen, das grundsätzlich vom Vergänglichen nicht befriedigt werden kann: Eine Sehnsucht, die nicht nach immerwährender Vergänglichkeit strebt, sondern nach etwas davon qualitativ Verschiedenem, nach dem »Todlosen« (p. *amata*, skt. *amṛta*) bzw. nach dem »Unbedingten« (p. *asaṃkhata*, skt. *asaṃskṛta*). Erst wenn dieses gefunden wird, kommt das eigentliche Begehren des Menschen zur Ruhe, weil es allein hier seine gänzliche und unerschütterliche Befriedigung findet.[7] Solange dieses Streben nach dem »Todlosen« aus Verblendung (p. *avijjâ*, skt. *avidyâ*) auf das Vergängliche gerichtet wird, solange der Mensch seine letzte Befriedigung vom Vergänglichen erwartet, wird sein tiefstes Begehren immer frustiert bleiben. Die sinnlichen Freuden mögen zwar kurzfristige Befriedigungen bringen, doch der »Durst« ist nur vorübergehend gestillt.[8] Gänzlich verschwinden kann er dabei nicht. »Durst« läßt sich somit deuten als die fehlgeleitete, »verblendete« Ausrichtung des menschlichen Strebens auf das Vergängliche. Schwindet diese Verblendung allmählich dahin, dann kann das Streben auf das wahre Ziel des Menschen, auf das »Todlose« bzw. das Nirvâna (p. *nibbâna*), gerichtet werden. Im Unterschied zum »Durst« handelt es sich hierbei um »edles Streben«, dem eine endgültige Erfüllung verheißen ist.[9] In diesem dritten Sinn ist Leidhaftigkeit somit eine Eigenschaft des Vergänglichen hinsichtlich seines *nicht-absoluten,* seines *bedingten Charakters,* aufgrund dessen es das menschliche Streben nach dem Unbedingten nicht befriedigen kann.

Die Befreiung vom Leid in allen drei Dimensionen geschieht nach der Lehre des älteren indischen Buddhismus endgültig und unerschütterlich mit der Erleuchtung (*bodhi*). In der Erleuchtung wird das »Todlose« gefunden.[10] Und daher ist das Leben des Erleuchteten »voll befriedigt«.[11] Auch wenn er noch körperliche Schmerzen erfährt, so ist er doch von seelischem Leid, vom Leid unter der Vergänglichkeit und vom Leid der unerfüllten Sehnsucht befreit.[12] Leid, *dukkha,* erlischt also nicht erst mit dem Ausstieg aus dem Kreislauf der Geburten, sondern bereits mit dem Verlöschen des »Durstes« in der Erleuchtung. Dieselbe Wirkweise, aufgrund derer der »Durst« die Ursache des Leids ist, läßt ihn jedoch auch die Wiedergeburt erzeugen. Es ist dieses irregeleitete, weil auf das Vergängliche gerichtete Streben, das die Wesen nach ihrem Tod immer wieder aufs neue entstehen läßt; es ist dieser – so sagt es die »zweite Wahrheit« – »bald hier, bald dort sich ergötzende, Wiedergeburt erzeugende Durst«. Und folglich impliziert das Verlöschen des »Durstes«, daß es zu keiner weiteren Wiedergeburt mehr kommt[13], es sei denn – so sieht es später der Mahâyâna-Buddhismus –, daß diese freiwillig gesucht wird, um den übrigen Wesen mitleidvoll auf den Weg zur Befreiung zu verhelfen.

Die buddhistische Analyse des Leids, seiner Ursache und seiner Aufhebung macht deutlich, daß allein von der Wiedergeburt keine Erlösung zu erwarten ist. Insofern unerlöstes Leben in diesem dreifachen Sinn leidhaft ist, stellt eine tendenziell endlose Wiedergeburt keine Befreiung vom Leid, sondern seine immense Radikalisierung dar. Alle drei Aspekte von *dukkha* finden durch die buddhistische Wiedergeburtslehre eine extreme Verschärfung.

Das heißt konkret: *Leidhafte Einzelerfahrungen* werden radikalisiert durch die Vorstellung zunehmender Leidhaftigkeit in den schlechten Bereichen der Wiedergeburt: im Tierreich, im Reich der Hungergeister und Dämonen oder als gequälter Insasse in einer der 8 Haupt- und 160 Nebenhöllen. Besonders hervorgehoben wird die *Leidhaftigkeit der*

Vergänglichkeit. So gilt zwar das Dasein in den 14 himmlischen Bereichen als relativ glücklich und ungetrübt. Doch vor dem Leid der Vergänglichkeit sind auch die Götter nicht geschützt. Die Götter, die sich für unsterblich hielten, ereilt der Schrecken ihrer Vergänglichkeit um so heftiger.[14] Vor allem aber die Wiedergeburt in der Menschenwelt schließt die permanente Erfahrung des Leids unter der Vergänglichkeit mit ein. Da nach buddhistischer Auffassung alle Existenzformen innerhalb des Daseinskreislaufs (*saṃsâra*) vergänglich sind, wurde dieser nicht nur unter dem Aspekt der Wieder*geburt*, sondern auch des »Wieder*tods*« (skt. *punarmṛtyu*) betrachtet. In eindrücklichen Bildern schärft dies der Buddha seinen Anhängern ein:

Mehr Tränen, ihr Jünger, habt ihr auf diesem langen Weg, immer wieder zu neuer Geburt und neuem Tode eilend, mit Unerwünschtem vereint, von Erwünschtem getrennt, klagend und weinend vergossen, als Wasser in den vier großen Meeren enthalten ist. Lange Zeit hindurch habt ihr, o Jünger, den Tod der Mutter erfahren, lange Zeit hindurch den Tod des Vaters, lange Zeit hindurch den Tod des Sohnes, lange Zeit hindurch den Tod der Tochter, lange Zeit hindurch den Tod der Geschwister, lange Zeit hindurch habt ihr den Verlust eurer Habe erlitten, lange Zeit hindurch wart ihr von Krankheit bedrückt. [...] Und so habt ihr, o Jünger, durch lange Zeit Leid erfahren, Qual erfahren, Unglück erfahren und das Leichenfeld vergrößert – lange genug wahrlich, ihr Jünger, um von jeder Existenz unbefriedigt zu sein, lange genug, um sich von allem Sein abzuwenden, lange genug, um sich von ihm zu erlösen.[15]

Vor allem verdeutlicht die buddhistische Lehre vom Samsâra – dem Kreislauf des Daseins mit seinem unentwegten Wechsel von Schmerz und Lust, von Werden und Vergehen, von Geburt und Tod –, daß das menschliche Streben von keiner dieser Existenzformen endgültig befriedigt werden kann. Von diesem *grundsätzlichen Ungenügen des Samsâra* spricht die buddhistische Nonne *Sumedhâ* in den folgenden Versen aus den *Therigâthâ* und stellt ihm die Erfüllung durch das Nirvâna entgegen:

In Götterwelt, in Menschenwelt,
Im Tierreich, im Gespensterreich,
Im Geisterkreis, im Höllenkreis
Ist Pein um Pein unendlich uns gewiß!

Der Weltbeherrscher Mandhâthâ,
Genossen hat er höchste Lust;
Doch ungesättigt starb auch er:
Sein Sehnen, das war nicht gestillt.

Ja regnet' es Juwelen jeder Art
Von allen Seiten reich herab:
Die Sehnsucht wär' gesättigt nie,
Die Menschen stürben ungestillt.

Ich kenn' den Trunk, der ewig stillt:
Wie sollt' ich wieder schlürfen eklen Sterbetrank?

Nicht kann das altern, sterben nicht,
Ist ohne Siechtum, ohne Tod, ist ohne Angst,
Und ohne Neid und ohne Not,
Ist unverrückbar, unerregbar, unverstört.[16]

Endlose Wiedergeburt ist also nicht die Erlösung vom Leid, die der Buddhismus verheißt. Ohne innere Befreiung wäre endlose Wiedergeburt lediglich die unendliche Verlängerung des Leids in allen seinen Aspekten. Erlösung wird demgegenüber erreicht durch die Überwindung des »Durstes«, der die Ursache des Leids ist, und der als dieses leiderzeugende, verkehrte Streben nach dem Vergänglichen zugleich auch die immer wiederkehrende Geburt hervorruft. Der Weg zur Überwindung des »Durstes« ist nach traditioneller buddhistischer Auffassung ein allmählicher Prozeß der Befreiung, ein Prozeß, der sich – wie nun zu zeigen ist – über mehrere Geburten hinweg erstrecken kann. Die Grundlage für diese Vorstellung bildet die buddhistische Lehre vom Karma.

2. Der Karma-Prozeß

Der »Durst« äußert sich als »Anhaftung« (*upâdâna*), das heißt als ein Sich-Anklammern, als willentliches Festhalten an dem, wovon Befriedigung erwartet wird. Damit ist untrennbar eine Aversion gegen alles verbunden, was sich diesem Begehren in den Weg stellt. So aktualisiert sich das Anhaften als Attraktion und als Aversion bzw. – wie es der Buddhismus nennt – als »Gier« (*lobha*) und als »Haß« (*dosa*). Beiden Haltungen liegt jedoch die mit dem »Durst«

verbundene Verblendung (*moha*) zugrunde. So wird in einem einschlägigen Text des Anguttara-Nikâya[17] die Gier als die verblendete Einstellung gegenüber anziehenden Objekten und der Haß als die verblendete Einstellung gegenüber abstoßenden Objekten beschrieben.

In seiner Äußerung als Gier, Haß und Verblendung wird der »Durst« nicht nur zur Ursache eigener Leiderfahrung, sondern auch zur Ursache sittlich verwerflicher Leidenszufügung. Aus Gier, Haß und Verblendung heraus kommt es zu aggressiven und gewaltsamen Taten.[18] Die Handlungen des Menschen können jedoch nicht nur von Gier, Haß und Verblendung motiviert sein, sondern auch vom Gegenteil, was die buddhistischen Texte meist in negativer Terminologie als Gierlosigkeit (*alobha*), Haßlosigkeit (*adosa*) und Unverblendung (*amoha*) bezeichnen[19], dabei aber oft die positive Bedeutung von Selbstlosigkeit, Güte und Weisheit besitzt.[20]

Da mit der Erleuchtung der »Durst« verlischt, verlöschen im Erleuchteten auch seine Erscheinungsformen als Gier, Haß und Verblendung. In Anguttara-Nikâya III 56 wird diese Befreiung als das »sichtbare Nirvâna« (die wörtliche Bedeutung von skt. *nirvâṇa* bzw. p. *nibbâna* ist »verlöschen«) bezeichnet:

Aus Gier, [...], von Gier übermannt – aus Haß, vom Hasse übermannt – aus Verblendung, von Verblendung übermannt, umstrickten Geistes, trachtet man nach seinem eigenen Schaden, trachtet man nach anderer Schaden, trachtet man nach beiderseitigem Schaden, erleidet man geistigen Schmerz und Kummer. Ist aber die Gier aufgehoben – ist der Haß aufgehoben – ist die Verblendung aufgehoben, so trachtet man weder nach eigenem Schaden, noch nach dem Schaden anderer, noch nach beiderseitigem Schaden, erleidet man keinen geistigen Schmerz und Kummer. Derart, [...], ist das Nibbâna klar sichtbar.[21]

Durch das endgültige Verlöschen des sich in Gier, Haß und Verblendung äußernden »Durstes« wird der Erleuchtete somit frei von eigenem Leid und zugleich frei von den Wurzeln unsittlichen Verhaltens. Das heißt, er wird nicht nur »glücklichen und gestillten Geistes«, sondern auch bis in die subtilsten Regungen hinein sittlich vollkommen.

Mit den jeweils drei sittlich negativen (Gier, Haß, Verblendung) und sittlich positiven Haltungen (Selbstlosigkeit, Güte, Weisheit) sind die sechs Wurzeln dessen beschrieben, was im Buddhismus als unheilsames bzw. heilsames *Karma* gilt.[22] Die Idee des Karma (p. *kamma*, skt. *karma*) ist vorbuddhistischen Ursprungs. »Karma« heißt wörtlich »Tat«. Im engeren Sinn ist damit jedoch die *wirkende Tat* gemeint, das heißt die Vorstellung, daß die Taten des Menschen nicht allein seine Umwelt beeinflussen, sondern auch Rückwirkungen auf den Täter selbst besitzen. Die Taten bzw. das Karma prägen den Menschen und bestimmen nach dem Tod die Qualität seiner Wiedergeburt. So heißt es beispielsweise im Br̥hadâranyaka-Upanishad (3,2,13): »Fürwahr, gut wird einer durch gutes Werk, böse durch böses.«[23] Oder (4,4,5):

[...] je nachdem er handelt, je nachdem er wandelt, danach wird er geboren; wer Gutes tat, wird als Guter geboren, wer Böses tat, wird als Böser geboren, heilig wird er durch heiliges Werk, böse durch böses.[24]

Der Buddhismus übernimmt diese Auffassung, hebt allerdings den Willen (*cetanâ*) als den eigentlichen Kern der Taten, sozusagen als die Ur-Tat, hervor: »Den Willen, ihr Mönche, bezeichne ich als das Wirken (*kamma*), denn, nachdem man es gewollt hat, vollbringt man das Wirken in Werken, Worten und Gedanken.«[25] Diese Konzentration auf den Willen als die eigentliche Ur-Tat macht es dem Buddhismus möglich, Gier, Haß und Verblendung als die Wurzeln (*mûla*) des unheilsamen Tuns (in Werken, Worten und Gedanken) und Gierlosigkeit (Selbstlosigkeit), Haßlosigkeit (Güte) und Unverblendung (Weisheit) als die Wurzeln des heilsamen Handelns zu betrachten, wobei vor allem die Entfaltung der Güte (p. *mettâ*, skt. *maitrî*) als »gemütserlösend« (*ceto-vimutti*) gilt.[26]

Unter dieser Voraussetzung gilt nun auch für den Buddhismus, daß die Taten den Täter prägen und den Ort seiner Wiedergeburt bestimmen.[27] Ist das Karma unheilsam, so kommt es je nach Schwere der Taten zu einer Wiedergeburt in den negativen Existenzbereichen, das heißt in einer der Höllenwelten, als Dämon oder Hungergeist, als Tier oder unter unglücklichen menschlichen Bedingungen. Ist das Karma hingegen heilsam, so erfolgt die Wiedergeburt in einer Himmelswelt oder unter glücklichen menschlichen Umständen. Vor allem aber wird die charakterliche Disposition des Menschen als karmische Wirkung gedeutet. So bringt Buddhaghosa (5. Jh. n. Chr.) im Visuddhi-Magga das Argument, daß bei Geschwistern, ja sogar bei Zwillingen, häufig große charakterliche Unterschiede festzustellen seien und führt diese auf das Karma zurück.[28] An einer anderen Stelle desselben Werkes erläutert Buddhaghosa diesen Gedanken näher. Hier unterscheidet er die Charakteranlagen nach den verschiedenen Kombinationen der sechs Wurzeln des Karmas.[29] In wem zum Beispiel »zur Zeit des Anhäufens von Taten (kammâyûhana) das Begehren stark, die Gierlosigkeit (Selbstlosigkeit) aber schwach und Haßlosigkeit (Wohlwollen) und Unverblendung (Wissen) stark, Ärger und Verblendung aber schwach sind, bei dem kann die schwache Gierlosigkeit das Begehren nicht bezwingen; wohl aber können seine starke Haßlosigkeit und Unverblendung den Ärger und die Verblendung bezwingen. Wer daher aufgrund einer durch solches Wirken (karma) gezeugten Wiedergeburt ins Dasein getreten ist, ein solcher ist begehrlich, von froher Natur, ohne Zorn, einsichtsvoll, und seine Erkenntnis gleichet einem Diamanten.«[30] Und nach weiteren Beispielen resümiert Buddhaghosa:

Das wiedergeburterzeugende Wirken (karma) also, das von der einen oder anderen der Eigenschaften usw. begleitet ist, dieses ist als die Bedingung zur Entstehung der verschiedenen Naturen zu betrachten.[31]

Die Wirkung des Karmas beschränkt sich nicht allein auf den Prozeß der Wiedergeburt: »Dreierlei [...] ist das Ergebnis des Wirkens: es hat ein Ergebnis entweder in diesem Leben oder im nächsten oder in einem späteren«[32] – so heißt es bereits im Pâli-Kanon. In mehreren der alten buddhistischen Schulen und besonders in der Theravâda-Schule wurde dies im Sinne der sogenannten Dharma-Theorie verstanden.[33] Das heißt: Ebenso wie alle anderen Daseinsfaktoren bildet auch das Bewußtsein einen kontinuierlichen Strom von einzelnen Momenten, die jeweils nur einen kurzen Augenblick lang bestehen. Jeder Bewußtseinsmoment erzeugt jedoch vor seinem Vergehen einen ähnlich gearteten neuen Bewußtseinsmoment, so daß sich die einzelnen Bewußtseinsmomente als Glieder einer durch Kausalität verknüpften Kette zeitlich aneinanderreihen. Ähnlich wie bei den Bildern eines Films ist es die Schnelligkeit des Ablaufs, die den Eindruck einer zwar fließenden, aber doch konstanten Realität erweckt. Mit dieser Theorie glaubte man zum einen den grundsätzlichen Mechanismus von Veränderung und Vergänglichkeit erklären zu können. Denn alle Dinge, nicht nur das Bewußtsein, wurden als solche Ströme von *dharmas* interpretiert. Zum anderen versuchte man hierdurch den Wiedergeburtsprozeß ohne die Annahme einer Seelenwanderung, das heißt einer mit sich selbst identisch bleibenden, von einem in den anderen Körper hinüberwechselnden Seele zu konzipieren[34]:

Das frühere Bewußtsein stirbt,
Das spätere entsteht darauf.
Kein Zwischen gibt es zwischen beiden,
Und keine Lücke trennt sie;
Nichts kommt von dorten hier herüber,
Und doch entstehet die Geburt.[35]

Schließlich aber war diese Vorstellung auch geeignet, die Entstehung bzw. den Verlauf karmischer Tendenzen zu erläutern. Die karmisch heilsamen und die karmisch unheilsamen Wurzeln besitzen je für sich die Tendenz, immer neue, ähnliche geistige Momente hervorzubringen, das heißt, Gier erzeugt Gier, Haß erzeugt Haß usw.[36] Unheilsame und heilsame Wurzeln stehen jedoch zueinander in einem antagonistischen Verhältnis: Selbstlosigkeit contra Gier, Güte contra Haß, Weisheit contra Verblendung. So heißt es beispielsweise im Netti Pakarana 244 (PTS 44):

Gier wird überwunden durch (die Betrachtung) der Unreinheit[37], Haß durch liebende Güte und Verblendung durch Einsicht.[38] Gleicherweise wird Gier überwunden durch betrachtenden Gleichmut, Haß durch liebende Güte und Mitleid, und Verblendung verschwindet durch mitfühlende Freude.[39]

Die Stärkung der heilsamen Faktoren vermag die unheilsamen zu schwächen oder umgekehrt, so daß die jeweils entgegengesetzten Impulse nicht zur vollen Wirkung kommen.

Nach Anguttara-Nikâya III 101 ist dies die Voraussetzung dafür, daß überhaupt eine Erlösung, das heißt eine Befreiung aus dem Mechanismus karmischer Vergeltung, möglich ist. Zugleich – so führt es dasselbe Sutta aus – folgt daraus, daß nicht einfach jede Tat auf jeden Täter die gleiche Rückwirkung besitzt. Die Art der karmischen Rückwirkung hängt vielmehr von der jeweiligen Gesinnung des Täters ab, also davon, welche karmischen Tendenzen in ihm vorherrschen.[40]

Pflegt nämlich ein Mensch einen unheilsamen Wandel, das heißt, verstärkt er Gier, Haß und Verblendung, so schwächen sich in ihm die Wurzeln des Guten ab. In seinem Charakter bzw. seiner Gesinnung verfestigt sich die unheilsame Tendenz und dementsprechend kommt es zu einer schlechten Wiedergeburt. Ein solcher Mensch ist »überwältigt [...] von den aus Gier, Haß und Verblendung entsprungenen üblen unheilsamen Dingen, von ihnen geistig umstrickt [...] schon bei Lebzeiten lebt er elend, voller Verdruß, Verzweiflung und Qual, und bei der Auflösung des Körpers, nach dem Tode, hat er eine Leidensfährte zu erwarten.«[41] Im Sinne der Dharma-Theorie ist dies so zu verstehen, daß sich die karmische Tendenz über den letzten Bewußtseinsmoment im Augenblick des Todes hinaus fortpflanzt und den ersten Bewußtseinsmoment des Reinkarnationswesens mit der entsprechenden karmischen Tendenz entstehen läßt.[42] Umgekehrt gilt dasselbe auch für die Entfaltung der heilsamen Tendenzen. Die Entfaltung der inneren Freiheit, der Güte und der Weisheit führen zu einem glücklichen Leben und zu einer guten Wiedergeburt. Im Übergang vom Tod zu neuer Geburt setzt sich also die heilsame oder unheilsame Tendenz des vergangenen Lebens fort. Im Netti Pakarana findet sich hierfür ein einleuchtendes Gleichnis. Es ist wie bei einem Baum, der in Schräglage nach östlicher Himmelsrichtung gewachsen ist. Wird dieser Baum eines Tages gefällt, so stürzt er in jene Richtung, in die er sich neigt.[43] Werden Gier, Haß und Verblendung jedoch völlig überwunden, dann ist der Mensch vollendet. Die heilsamen Tendenzen haben die unheilsamen restlos und irreversibel überwunden. Es kann nun keine neuen karmischen Rückwirkungen mehr geben, da unheilsame Taten nicht mehr auftreten können und die weiterhin ausgeführten heilsamen Taten insofern keine karmischen Rückwirkungen mehr besitzen, als die Vollendung ja bereits erreicht ist.[44] Von einem solchen Menschen heißt es: »Schon bei Lebzeiten lebt er glücklich, ohne Verdruß, Verzweiflung und Qual; schon bei Lebzeiten erreicht er die Erlösung.«[45]

3. Die graduelle Annäherung an die Befreiung

Die buddhistischen Lehren von Wiedergeburt und Karma-Prozeß besagen nicht, daß Wiedergeburt zwangsläufig einen spirituellen Fortschritt mit sich bringt. Wiedergeburt kann ein zielloses Auf- und Absteigen, ein blindes Umherwandern im Kreislauf der Existenzen sein, bei dem unterschiedliche karmische Tendenzen mal zu guter und mal zu schlechter Wiedergeburt führen:

Gleichwie ein blindgebor'ner Mann,
Der ohne einen Führer ist,
Manchmal dem rechten Pfade folgt
Und manchmal dem verkehrten Pfad:

Genau so wirkt der blinde Tor,
Das Dasein führerlos durchkreisend,
Das eine Mal Verdienstliches,
Dann wieder Unverdienstliches.[46]

Doch dies ist keineswegs das einzige, was der traditionelle Buddhismus hierzu zu sagen hat. Neben diesem ›blinden Umherirren‹ besteht die Möglichkeit, daß der karmische Prozeß solche Voraussetzungen herbeiführen kann, wie sie für das Erreichen der Erlösung besonders günstig sind. Das heißt, der karmische Prozeß kann immer wieder neu eine Reinigung von karmisch unheilsamen Tendenzen beinhalten.[47] Zwei charakteristische Beispiele hierfür seien genannt. Das erste Beispiel entstammt den Therigâthâ des Pâli-Kanons, das zweite dem semikanonischen Netti Pakarana.[48] In Therigâthâ 400–447 schildert die Nonne Isidâsî, wie sie durch die erlösende Versenkung den Einblick in die karmischen Abläufe der sieben letzten ihrem jetzigen Leben vorangegangenen Existenzen erhielt.[49] Sie war einst ein dreister

Jüngling, der die Frauen anderer verführte. Daraufhin wurde sie bzw. er[50] zunächst in einer Höllenwelt wiedergeboren; anschließend als Affe, dem der Führer der Affenhorde die Hoden abbiß; dann als kastriertes und gequältes Hausschaf; danach als Ochse; dann in menschlicher Geburt als Zwitter; anschließend als Magd, die vom verheirateten Sohn des Hauses verführt wurde. In ihrer gegenwärtigen Existenz erschien sie schließlich als Tochter in einer guten Familie, mußte jedoch unschuldig das Scheitern zweier Ehen erleben, woraufhin sie als Nonne in den buddhistischen Orden eintrat und binnen weniger Tage die Erleuchtung erreichte. Die Kette der Geburten erscheint hier eindeutig als sühnender Läuterungsprozeß, der schließlich die optimalen Voraussetzungen zur Verwirklichung der Erlösung herbeiführt.

Im Netti Pakarana 804 erzählt ein Mönch, wie er in einer weit zurück liegenden Existenz einst ein Bäcker war, der damals einem Erleuchteten (einem p. *paccekabuddha*, skt. *pratyekabuddha*) Speise und Kleidung spendete. Als Folge dieser Tat wurde er zunächst in mehreren himmlischen und glücklichen menschlichen Existenzen wiedergeboren und schließlich als der einzige Sohn eines begüterten Bankiers in Benares. Doch er gab seinen Reichtum auf, schloß sich Gautama Buddha an und erreichte unter dessen Führung die Erleuchtung.[51]

Typisch für diese beiden paradigmatischen Geschichten ist nicht nur die sich über mehrere Existenzen vollziehende, progressive Annäherung an das endgültige Heilsziel, sondern auch die Korrelation der jeweiligen Umstände der Wiedergeburten mit der entsprechenden karmischen Bewußtseinslage. So erlebt der begehrliche Jüngling, der einst anderen durch sein ausschweifendes Leben Leid brachte, immer wieder sexuelle Demütigung, bis er/sie in Gestalt der Isidâsî zur erlösenden Erkenntnis bereit wird. Und aus dem einen freigiebigen Impuls des Bäckers zugunsten eines Heiligen erwächst schließlich die Bereitschaft zur Preisgabe eines großen Vermögens zugunsten der endgültigen Erleuchtung. Art und Umstände der Geburten werden somit zum Ausdruck für den inneren karmischen Entwicklungsprozeß.

Die Überzeugung, daß sich die Annäherung an die endgültige Erlösung als eine graduelle Entwicklung vollzieht, wird im Pâli-Kanon explizit ausgedrückt.[52] Die klassischen, in der buddhistischen Kommentarliteratur hierzu selbst immer wieder als Belege herangezogenen Stellen finden sich im Anguttara-Nikâya und im Dhammapada. Im Rahmen der großen Allegorie vom Weltmeer heißt es:

Gleichwie [...] das Weltmeer nach und nach tiefer wird, sein Boden sich ganz allmählich senkt, ganz allmählich abfällt und keinen plötzlichen Abgrund bildet; ebenso auch [...] gibt es in dieser Lehre und Zucht eine stufenweise Ausübung, einen stufenweisen Fortgang und nicht etwa eine plötzliche Erreichung des höchsten Wissens.[53]

Mit einem anderen Gleichnis betont das Dhammapada denselben Sachverhalt:

Wie das Gold der Goldschmied reinigt,
Mach' der Weise ganz allmählich,
Immer weiter, Stuf' um Stufe,
Frei sich von den eignen Flecken.[54]

Der allmähliche Charakter des spirituellen Fortschritts (*paṭipadâ*) wird noch durch weitere Gleichnisse wie das Wachstum großer Bäume[55] oder das Zunehmen des Mondes unterstrichen.[56] Der Sache nach bemißt sich der spirituelle Fortschritt (und dementsprechend auch der ebenfalls mögliche Rückschritt) an der Entfaltung von Sittlichkeit, Sammlung und Erkenntnis[57], von Vertrauen, Willenskraft, Achtsamkeit, Schamgefühl, Genügsamkeit, Freigiebigkeit und sittlichem Gewissen[58] bzw. an der Abschwächung von Gier, Haß und Verblendung[59]. In einem der vermutlich am häufigsten in den buddhistischen Quellen zitierten Verse des Dhammapada wird die Lehre Buddhas mit den Worten zusammengefaßt:

Von allem Bösen abzusteh'n,
Das Gute zu vermehren stets,
Zu läutern seinen eignen Geist:
Das ist der Buddhas Lehrgebot.[60]

Nun besitzt die Aussage, daß es eine graduelle Annäherung an die endgültige Befreiung gibt, ihre Gültigkeit freilich auch unter den Bedingungen eines einzigen Lebens. Allein mit der Feststellung, daß es einen spirituellen Fortschritt gibt, ist somit noch nicht gesagt, daß sich dieser über mehrere Existenzen erstrecken kann. Einen weiteren klaren Beleg dafür, daß diese Möglichkeit jedoch tatsächlich mit eingeschlossen ist, stellt die Lehre von den »Vier Heiligkeitsgraden« dar. In ihr verbindet sich noch deutlicher als in den bisher genannten Beispielen das buddhistische Verständnis des Karma-Prozesses mit der Vorstellung einer progressiv über mehrere Existenzen voranschreitenden spirituellen Entwicklung.

4. Die Lehre von den »Vier Heiligkeitsgraden«

In allen Teilen des Pâli-Kanons findet sich die Lehre von den »Vier Heiligkeitsgraden«. An einigen Stellen wird sie ausführlich entfaltet[61], an anderen ist sie einfach als bekannt vorausgesetzt.[62] Bei den vier Heiligkeitsgraden handelt es sich um:

1. den *Sotâpanna* (»der in den Strom Eingetretene«),
2. den *Sakadâgâmî* (»der Einmalwiederkehrende«),
3. den *Anâgâmî* (»der Niewiederkehrende«),
4. den *Arahat* (»der Vollkommen-Heilige«).

Für alle vier Grade gilt, daß derjenige, der einen von ihnen erreicht hat, nicht mehr dahinter zurückfallen kann. Im einzelnen bestimmen sich die Grade – typisch für das buddhistische Verständnis des Karma-Prozesses – je nach der Art der noch verbleibenden Wiedergeburt(en) *und* nach dem jeweils erreichten geistigen Zustand. Das heißt:

1. Der Sotâpanna kann nicht mehr in einem negativen Bereich wiedergeboren werden, und er wird innerhalb maximal sieben weiterer Geburten (in himmlischen Welten oder als Mensch) die endgültige Erlösung erreichen.
2. Der Sakadâgâmî hat noch eine Wiedergeburt als Mensch vor sich, in der er die Erlösung erreicht.
3. Der Anâgâmî wird nicht mehr in der Menschenwelt, jedoch noch einmal in einer himmlischen Welt wiedergeboren, von wo aus er die Erlösung erlangt.
4. Der Arahat hat die Erlösung erreicht und ist frei vom Zwang der Wiedergeburt.

Die mit der Art und Zahl der Wiedergeburten korrelierenden geistigen Zustände werden auf unterschiedliche Weise beschrieben[63], meist jedoch anhand des Schemas der zehn »Fesseln« (saṃyojana) und der drei »Schulungen« (sikkhâ).[64] Bei den zehn Fesseln handelt es sich um[65]:

1. »Ich«-Theorien (sakkâya-diṭṭhi)[66],
2. Zweifelsucht (vicikicchâ),
3. Hängen an Regeln und Riten (sîlabatta-parâmâsa),
4. Sinnengier (kâma-râga),
5. Übelwollen (paṭigha),
6. Begehren nach (fein-)körperlicher Existenz (rûpa-râga),
7. Begehren nach unkörperlicher Existenz (arûpa-râga),
8. Dünkel (mâna),
9. Aufgeregtheit (uddhacca),
10. Verblendung (avijjâ).

Unter den drei Schulungen ist die Entfaltung der drei Grundprinzipien zu verstehen, nach denen im Buddhismus der Edle Achtfache Pfad unterteilt wird[67], das heißt:

1. die Schulung der Sittlichkeit (sîla),
2. die Schulung der Sammlung (samâdhi),
3. die Schulung der Erkenntnis (paññâ).

Im Hinblick auf die vier Heiligkeitsgrade gilt nun folgende Einteilung:

1. Der Sotâpanna ist frei von Fessel 1–3, hat grobe Formen von Gier, Haß und Verblendung überwunden, ist vollkommen in der Schulung der Sittlichkeit[68], aber nicht vollkommen in Sammlung und Erkenntnis.
2. Der Sakadâgâmî ist frei von Fessel 1–3, hat die Fesseln 4–5 abgeschwächt und ist – wie der Sotâpanna – vollkommen in der Schulung der Sittlichkeit, aber nicht vollkommen in Sammlung und Erkenntnis.
3. Der Anâgâmî ist völlig frei von Fessel 1–5, vollkommen in der Schulung von Sittlichkeit und Sammlung, jedoch noch nicht vollkommen in der Erkenntnis.
4. Der Arahat ist frei von allen Fesseln und vollkommen in allen drei Schulungen.

Aus dieser Einteilung wird deutlich, daß es sich bei den ersten drei Heiligkeitsgraden um progrediente Entwicklungsstufen bzw. um Etappen auf dem Weg zu dem mit dem vierten Heiligkeitsgrad bezeichneten Ziel handelt. Die 10 Fesseln sind leicht als Varianten der drei Grundübel Gier (Fessel 4,6,7), Haß (Fessel 5,9) und Verblendung (Fessel 1,2,3[69],8,10) zu erkennen. Es sind Fesseln, die an den Samsâra ketten, und als solche sind sie allesamt Erscheinungsformen des »Durstes«. Mit den aufsteigenden Heiligkeitsgraden werden diese Fesseln jedoch weniger und schwächer – ein Sachverhalt, dem die abnehmende Zahl und zunehmende Qualität der Wiedergeburten entspricht. Parallel dazu nimmt die Vervollkommnung in dem zur Erlösung führenden Edlen Achtfachen Pfad bzw. in seinen drei Grundprinzipien zu. So werden der Sotâpanna und der Sakadâgâmî deswegen nochmals in einer menschlichen Existenz wiedergeboren, weil in ihnen die vierte Fessel, das sinnliche Begehren (*kâma-râga*), noch nicht überwunden ist. Denn die menschliche Welt gehört nach buddhistischer Kosmologie zum *kâma-loka*, das heißt zu einem Bereich sinnlichen Erlebens. Der Anâgâmî ist von dieser Fessel frei und wird daher nicht mehr als Mensch geboren. Er hat jedoch das Begehren nach feinkörperlicher oder unkörperlicher Existenz noch nicht überwunden, das heißt nach der Existenz in den feinkörperlichen und unkörperlichen Himmelswelten (*rûpa-loka* und *arûpa-loka*). Dies entspricht wiederum der Aussage, daß er Vollkommenheit in der Sammlung erreicht hat. Denn die Versenkungsformen von *rûpa-jhâna* und *arûpa-jhâna* stellen nach buddhistischer Auffassung ein Vordringen in die entsprechenden himmlischen Bereiche dar. Und gemäß dieser Tendenz wird der Anâgâmî in einer himmlischen Region des *rûpa*- oder *arûpaloka* wiedergeboren werden. Dem Sakadâgâmî steht im Unterschied zum Sotâpanna nur noch eine *einzige* menschliche Geburt bevor, weil in ihm die Fessel des sinnlichen Begehrens abgeschwächt ist. Aber es ist eine menschliche und keine himmlische Wiedergeburt, weil er im Unterschied zum Anâgâmî eben noch sinnliches Begehren besitzt und andererseits in der Sammlung noch nicht vollkommen ist. Die Art der Wiedergeburt korreliert also auch im Schema der vier Heiligkeitsgrade exakt mit dem geistigen Zustand.

Das Schema der vier Heiligkeitsgrade kennt noch diverse Ergänzungen, die seinen progredienten Charakter weiter verdeutlichen. So gibt es beispielsweise mehrere Untertei-

Reinkarnation und spiritueller Fortschritt bei den »Vier Heiligkeitsgraden«.

	Puthujjana	Sotâpanna	Sakadâgâmî	Anâgâmî	Arahat
SCHULUNGEN					
(1) Vollkommene Sittlichkeit	−	+	+	+	+
(2) Vollkommene Sammlung	−	−	−	+	+
(3) Vollkommene Weisheit	−	−	−	−	+
FESSELN					
(1) »Ich«-Theorien	+	−	−	−	−
(2) Zweifelsucht	+	−	−	−	−
(3) Hängen an Regeln/Riten	+	−	−	−	−
(4) Sinnengier	+	+	(+)	−	−
(5) Übelwollen	+	+	(+)	−	−
(6) Feinkörperliches Begehren	+	+	+	+	−
(7) Unkörperliches Begehren	+	+	+	+	−
(8) Dünkel	+	+	+	+	−
(9) Aufgeregtheit	+	+	+	+	−
(10) Verblendung	+	+	+	+	−
WIEDERGEBURTSBEREICHE					
(1) Höllen	+	−	−	−	−
(2) Geisterreich	+	−	−	−	−
(3) Tierreich	+	−	−	−	−
(4) Menschenwelt	+	+	+	−	−
(5) Himmelswelten	+	+	−	+	−
ZAHL DER WIEDERGEBURTEN					
noch maximal:	∞	7	1	1	0

lungen des Sotâpanna und des Anâgâmî je nach der Art und Dauer ihrer noch verbleibenden Wiedergeburten.[70] Außerdem wird häufig jeder der vier Grade in zwei Stufen unterteilt, nämlich in die Stufe des »Pfads« (*magga*) und der »Frucht« (*phala*). Im Rahmen der Dharma-Theorie gilt dann der Pfad-Moment als der erste Bewußtseinsmoment des entsprechenden Heiligkeitsgrads und die Frucht-Momente als die folgenden, das heißt auf diesem Heiligkeitsgrad auftretenden Bewußtseinsmomente. Die sich daraus ergebende Verdopplung der vier Heiligkeitsgrade zu acht Graden wird des öfteren um einen neunten Typ erweitert, nämlich um den *Puthujjana*, den »Weltling« (wörtlich »Menge-Mensch«), der noch nicht in den ersten Heiligkeitsgrad eingetreten ist und ziellos im Kreislauf der Existenzen umherirrt.[71] Schließlich wird gelegentlich zwischen den *Puthujjana* und den *Sotâpanna* noch der *Gotrabhû* (der »Gereifte«) eingefügt.[72] Er gilt als jemand, der unmittelbar davor steht, dem Kreis der Weltlinge zu entrinnen und den ersten Grad des In-den-Strom-Eingetretenen zu erreichen. All dies konnte dann wiederum in eine einfache Dreiteilung gefaßt werden, wonach der Arahat ein »Nicht(mehr)-Schüler« (*asekha*) ist, die Menschen der ersten drei Heiligkeitsgrade »Schüler« (*sekha*) und die Weltlinge »weder Schüler noch Nicht(mehr)-Schüler« (*nevasekha-nâsekha*) sind.[73] Deutlicher kann man die Bedeutung des spirituellen Fortschritts wohl kaum zum Ausdruck bringen, als durch diese Einteilung der gesamten Menschheit in Noch-nicht-Schüler (Vorschüler?), Schüler und Meister.

Gegenüber dem allgemeinen Karma-Prozeß beim Weltling unterscheidet sich der karmische Entwicklungsverlauf der ersten drei Heiligkeitsgrade allerdings nur darin, daß bei letzteren ein Zurückfallen in niedrigere Stufen der Existenz bzw. des spirituellen Zustands ausgeschlossen und die Erlangung des Zieles sicher ist. Ansonsten aber ist der Mechanismus des Entwicklungsprozesses derselbe. Das heißt, die Überwindung von Gier, Haß und Verblendung geschieht auch bei den Sekha, den heiligen Schülern, durch den Aufbau von gutem bzw. heilsamem Karma, also durch die Entfaltung von Nicht-Gier, Nicht-Haß und Unverblendung bzw. von Selbstlosigkeit, Güte und Weisheit. In diesem Sinn erläutert Buddhaghosa in seinem Kommentar zu dem oben zitierten Vers 183 des Dhammapada den Satz, daß »das Gute [stets] zu vermehren« ist, als: »Das vom Hinausziehen in die Hauslosigkeit an bis zum Pfade der Heiligkeit (*arahatta-magga*) im Gange seiende Erzeugen des Karmisch-Heilsa-

men und Entfaltung des bereits erzeugten Heilsamen.«[74]
Und im Kathâ-Vatthu, einem kanonischen Werk der Theravâda-Schule über dogmatische Streitfragen, wird explizit die
Auffassung verteidigt, daß es sich bei den geistigen Zustän-
den der vier Heiligkeitsgrade um »karmische Ergebnisse«
(*vipâka*) handelt.[75] Die Wirkung des heilsamen Karmas besteht also letztlich darin, die an den Samsâra kettenden Tendenzen von Gier, Haß und Verblendung zu überwinden.[76]
Insofern ist es nicht eigentlich das heilsame Karma, das die
positive Wiedergeburt erzeugt, sondern die noch nicht über-
wundenen Reste des unheilsamen Karmas, die Reste von
Gier, Haß und Verblendung. Das heilsame Karma ist vielmehr dafür verantwortlich, daß die Wiedergeburt in guten
Daseinsbereichen und – ab der Stufe des Sotâpanna – nur
noch in begrenzter Anzahl erfolgt.[77]
    In der späteren Entwicklung der abhidharmischen Philo-
sophie wurde die Lehre von den »Vier Heiligkeitsgraden«
häufig so verstanden, daß es sich hierbei um eine unüber-
springbare Stufenfolge handelt.[78] Das heißt, niemand kann
von der Stufe des Sotâpanna aus unmittelbar die Stufe des
Arahat erreichen, sondern jeder muß alle Stufen durchlaufen, auch wenn sich im Extremfall dieser Durchlauf binnen
weniger Minuten ereignen mag.[79] Es läßt sich darüber strei-
ten, ob diese Interpretation bereits den frühen Formen der
Lehre von den »Vier Heiligkeitsgraden« entspricht. In jedem
Fall aber setzt die Lehre von den »Vier Heiligkeitsgraden«
voraus, daß sich spiritueller Fortschritt nach dem Stromeintritt progredient über mehrere Existenzen hinweg vollziehen kann. Wenn es vom Sotâpanna oder vom Sakadâgâmî
heißt, daß diese spätestens innerhalb der nächsten sieben
Wiedergeburten bzw. innerhalb einer einzigen weiteren
menschlichen Wiedergeburt die Erlösung erreichen werden,
dann ist damit impliziert, daß jemand, der als Sotâpanna oder
Sakadâgâmî stirbt, bei seiner nächsten Wiedergeburt als
Mensch nicht nur ein extrem günstiges, sondern sogar ein
unverlierbares Potential zur Verwirklichung der Erleuchtung mitbringt, das aus seiner vorhergehenden Existenz resultiert. Mit anderen Worten, er wird auf einer im Vergleich
zu seiner letzten Geburt spirituell fortgeschritteneren Stufe
wiedergeboren.

Wie aber soll man es sich näher vorstellen, daß jemand bereits mit solchen äußerst günstigen Voraussetzungen für die Verwirklichung der Erleuchtung wie denen eines Sotâpanna oder Sakadâgâmî geboren wird? Hat etwa ein neugeborenes Kind bereits die ersten drei Fesseln überwunden und die vierte und fünfte Fessel abgeschwächt? Ist ein neugeborenes Kind denn bereits vollkommen in der Schulung der Sittlichkeit? Ich bin bisher in den traditionellen buddhistischen Schriften noch nicht auf eine ausführliche Behandlung dieses Problems gestoßen. Doch finden sich in einigen Texten durchaus relevante Andeutungen.

Im Kathâ-Vatthu wird mehrfach die Ansicht verworfen, daß man im Augenblick der Erlangung des Wiedergeburtsbewußtseins bzw. als Embryo die Arahatschaft verwirklichen könne.[80] Mehrere Argumente werden gegen diese Ansicht vorgebracht: Im Augenblick der Wiedergeburt kann schon deshalb nicht die Arahatschaft erlangt werden, weil die Entstehung des Wiedergeburtsbewußtseins im Embryo nur durch einen vorangegangenen Bewußtseinsmoment erzeugt worden sein kann, der noch nach neuer Geburt begehrte. Bei diesem – so ist hier wohl vorausgesetzt – kann es sich daher nicht um den Pfad-Moment der Arahatschaft handeln, dem dann ja erst der Frucht-Moment folgen würde. Aber auch später könne es als Embryo nicht zur Entfaltung der Arahatschaft kommen, weil hierzu die kognitiven, intellektuellen und existentiellen Voraussetzungen fehlen. Im Milinda Pañha wird letzteres auch noch für ein Kind bis zum Alter von sieben Jahren gesagt.[81] Nun gilt dasselbe aber auch für einen unheilsamen Geisteszustand. Ein neugeborenes Kind kann aufgrund seiner eingeschränkten Fähigkeiten weder unheilsame Ansichten hegen, noch ist es zu sittlich verwerflichen, unheilsamen Handlungen in der Lage. Ausdrücklich heißt es im Majjhima-Nikâya 64, man könne von einem Baby nicht sinnvoll behaupten, daß es die ersten fünf Fesseln besitze. Denn ein Baby habe ja wohl keine »Ich«-Theorien, keine Zweifel über dies und jenes, kein Hängen an (religiösen) Regeln und Riten usw. Aber – und diese Aussage ist für unser Problem aufschlußreich –, bereits ein Baby könne durchaus die latente Neigung zu diesen Fesseln in sich tragen. Und, so heißt es in demselben Sutta weiter, wer als

Jünger Buddhas die fünf Fesseln überwinde, der überwinde damit zugleich auch die latente Neigungen zu diesen.[82] Buddhaghosa erklärt die Überwindung zukünftiger Leidenschaften ebenfalls in dem Sinn, daß die Bedingungen für ihre zukünftige Entstehung, also die Neigungen hierzu, vernichtet werden.[83] Ein wiedergeborener Mensch mit extrem günstigen karmischen Voraussetzungen wie etwa denen eines Sotâpanna oder Sakadâgâmî ist daher wohl so zu verstehen, daß er von seinen natürlichen (bzw. karmisch bedingten) Voraussetzungen her keine Neigungen mehr zu den ersten Fesseln in sich trägt, daß er keine starken Tendenzen von Gier, Haß und Verblendung mehr entwickelt und schnelle Fortschritte auf dem Weg zur Erleuchtung macht. Mit dieser Annahme deckt sich auch der Tatbestand, daß bereits in den Nikâyas Mühelosigkeit bzw. Mühsamkeit sowie Schnelligkeit bzw. Langsamkeit des spirituellen Fortschritts unter anderem auf die individuell unterschiedlich stark ausgeprägten Tendenzen von Gier, Haß und Verblendung zurückgeführt werden.[84] Und Buddhaghosa rechnet ausdrücklich damit, daß solche positiven Voraussetzungen von Geburt an vorhandenen sind und auf früheres Wirken zurückgehen:

[…] in wem bei Anhäufung von Taten alle drei: Gierlosigkeit, Haßlosigkeit und Unverblendung stark, Begehren usw. aber schwach sind, ein solcher wird, entsprechend der früheren Erklärung [der Wirkung des Karmas auf den Charakter des Wiedergeborenen; P.S.-L.], begehrlos, haßlos und einsichtsvoll sein, gleichwie der Ordensältere Mahâ-Sangharakkhita.[85]

Im Milinda Pañha wird das mühelose und schnelle Erreichen der Erleuchtung schließlich explizit darauf zurückgeführt, daß jemand »von Natur aus rein und im Besitz [entsprechend positiver; P.S.-L.] früherer vorgeburtlicher Eindrücke ist.«[86]

Die Lehre von der Möglichkeit des spirituellen Fortschritts über mehrere Existenzen hinweg und insbesondere die Lehre von den »Vier Heiligkeitsgraden«, die ab der Stufe des Sotâpanna verheißt, daß es kein Zurückfallen, sondern nur mehr eine progressive Weiterentwicklung geben wird, wurde bereits im Umfeld des traditionellen Buddhismus als eine tröstliche Botschaft empfunden. Menschen wurden angesichts dieser Lehre »erfreut und entzückt, heiter und fröhlich«[87], und Buddha selbst bekräftigt, daß er diese Lehre zum Ansporn und zum Trost seiner Anhänger verkündet hat.[88] Zwar heißt es auch, daß Menschen hierdurch zur Lässigkeit verleitet werden könnten.[89] Dennoch wird der Hoffnungsaspekt dieser Lehre nicht geschmälert. Als Buddha beim Tod seines Anhängers Sarakâni, bei dem es sich um einen stadtbekannten Säufer handelte, verkündet, Sarakâni habe den Grad eines Sotâpanna erreicht und sei daher vor übler Wiedergeburt sicher, kommt es in Kappilavasthu zu hämischem Gerede: ›Heute könne ja wohl jeder mühelos den ersten Heiligkeitsgrad erreichen.‹ Doch Buddha läßt sich von diesem Gerede nicht irritieren. Sarakâni, so verkündet Buddha, habe zwar nichts weiter besessen als Vertrauen und Zuneigung zum Buddha. Doch dies reiche aus, um von übler Wiedergeburt befreit zu werden und den Stromeintritt zu erlangen. »Ja«, so fährt Buddha fort, »könnten diese großen Sâla-Bäume hier rechte Rede von übler Rede unterscheiden, dann würde ich sie zu Sotâpannas erklären [...], denen die Erleuchtung sicher ist. Um wieviel mehr also dann den Shakyer Sarakâni.«[90] In der Fähigkeit des Menschen zum Vertrauen und zum sittlichen Urteilsvermögen liegt nach buddhistischer Auffassung das Potential zur spirituellen Entwicklung. Und mit der Aktualisierung von beidem nimmt sie ihren Anfang.[91]

5. Der Weg des Bodhisattva

Neben den Lehren vom Karma-Prozeß und den vier Heiligkeitsgraden gibt es einen weiteren dogmatischen Komplex, bei dem die Vorstellung eines mehrere Reinkarnationen übergreifenden spirituellen Fortschritts eine zentrale Rolle spielt: das Bodhisattva-Ideal. »Bodhisattva« (p. *bodhisatta*) heißt nach traditioneller Auffassung »Erleuchtungswesen« (aus: *bodhi* = Erleuchtung und skt. *sattva* = Wesen).[92] Es bezeichnet den »Buddha«, bevor er durch die Erleuchtung zu einem »Buddha«, einem vollkommen »Erwachten« wurde. In diesem Sinn wird bereits im Pâli-Kanon »Bodhisattva« nicht nur als Titel für Siddhârtha Gautama (p. Siddhattha

Gotama) vor Erreichen der Erleuchtung verwendet[93], sondern auch für alle seine vorangegangenen Existenzen[94], in denen er andere Namen trug und teilweise in anderen Existenzformen, wie zum Beispiel als Gottheit oder als Tier, lebte. Die traditionelle Vorstellung von der graduellen Annäherung an die höchste Erleuchtung wurde offensichtlich schon recht früh auch auf diese vorangegangenen Existenzen des Buddha angewandt, also auf seine Existenzen als Bodhisattva, als das auf die Erleuchtung zugehende Wesen. In Majjhima-Nikâya 81 berichtet Buddha Gautama, wie er in einer vorangegangenen Existenz unter dem früheren Buddha Kassapa der junge Brahmane Jotipâla war und von Kassapa selbst die Ordination erhielt. Einige der älteren buddhistischen Schulen deuteten diese Episode in dem Sinn, daß Jotipâla damals den Grad des Sotâpanna erreichte und damit die Grundlage für die spätere Verwirklichung der Buddhaschaft in seiner Existenz als Siddhârtha Gautama legte.[95] Die Theravâdins lehnten diese Interpretation zugunsten der Auffassung ab, daß Gautama alle vier Heiligkeitsgrade sukzessive in der Nacht seiner Erleuchtung durchlaufen habe.[96] Doch waren auch sie der Meinung, daß seine vorangegangenen Existenzen als eine karmische Vorbereitungszeit für die zukünftige Verwirklichung der Buddhaschaft zu betrachten seien.[97] Diese Auffassung findet sich nämlich bereits in einer Lehrrede des Buddha selbst. Im 30. Sutta des Dîgha-Nikâya erläutert der Buddha, wie er sich durch die karmischen Verdienste seiner früheren Existenzen jedes einzelne der 32 körperlichen Merkmale erworben habe, die einen Buddha auszeichnen.

Die Vorstellung, daß der Bodhisattva sich während zahlreicher Existenzen durch eine intensive Entfaltung sittlicher und geistiger Tugenden allmählich dem hohen Ziel der Buddhaschaft annäherte, prägt sich vollends aus in der buddhistischen Jâtaka-Literatur. Bei den Jâtakas handelt es sich um Erzählungen aus diesen vorangegangenen Existenzen des Buddha, in denen der Bodhisattva wieder und wieder jene Tugenden entfaltet, die einem Buddha in Vollendung zu eigen sind. Diese Tugenden wurden bald zu dem Schema der sechs »Vollkommenheiten« (skt. *pâramitâ*) zusammengefaßt: der Vollkommenheit (1) des Gebens (skt. *dâna*), (2) der

Sittlichkeit (skt. *śîla*), (3) der Duldsamkeit bzw. Nachsicht (skt. *kṣânti*), (4) der willensstarken Tatkraft (skt. *vîrya*), (5) der Versenkung (skt. *dhyâna*) und (6) der Weisheit (skt. *prajñâ*). So wird es später zum Allgemeingut der Jâtaka-Literatur, daß der Bodhisattva in unendlich langen Zeiträumen diese Tugenden geübt und zu immer höherer Vollendung gebracht hat, um hierdurch die Voraussetzungen für die höchste Erleuchtung zu schaffen. In seiner poetischen Fassung der Buddhabiographie läßt Asvaghosha Gautama unmittelbar vor seiner Erleuchtung über sich selbst sagen:

Feuer mag seine Hitze verlieren, Wasser seine Flüssigkeit, die Erde ihre Festigkeit, doch niemals wird der seinen Entschluß aufgeben, der in unzähligen Äonen durch einen langen Weg der Taten seinen [karmischen] Verdienst aufgehäuft hat.[98]

In den sechs Pâramitâs, die der Bodhisattva zu entfalten hat, läßt sich mühelos das Grundgerüst der drei Prinzipien des Edlen Achtfachen Pfads wiedererkennen, die im Zusammenhang mit der Lehre von den vier Heiligkeitsgraden als die drei Schulungen (*sikkhâ*) bezeichnet werden:

pâramitâ	*sikkhâ*
(1) Geben (skt. *dâna*)	
(2) Sittlichkeit (skt. *śîla*)	Sittlichkeit (p. *śîla*)
(3) Duldsamkeit (skt. *kṣânti*)	
(4) Tatkraft (skt. *vîrya*)	
(5) Versenkung (skt. *dhyâna*)	Sammlung (p. *samâdhi*)
(6) Weisheit (skt. *prajñâ*)	Weisheit (p. *paññâ*)

Die Vervollkommnung in den drei Schulungen, an denen der spirituelle Fortschritt der vier Heiligkeitsgrade bemessen wird, bildet somit auch die Grundlage für die spirituelle Entwicklung eines Bodhisattva. Doch ist der Bodhisattva-Weg durch einen besonderen Akzent geprägt, der schon durch die erste Pâramitâ, die Vollkommenheit des Gebens, zum Ausdruck kommt. Denn »Geben« (*dâna*) meint hier nicht bloß die Darbringung von Geschenken, sondern die Maxime der Proexistenz: Der Bodhisattva stellte sein geistliches Streben ganz in den Dienst der anderen Wesen. Sein Weg war vor allem altruistisch geprägt. Das heißt, der Bodhisattva strebte deswegen nach der höchsten Erleuchtung und entfaltete allein hierzu die sechs Vollkommenheiten, um einst als ein Buddha zum Heil und Wohl der Wesen die erlösende Lehre, den Dharma, zu verkünden. Dementsprechend ist das Wirken des Gautama Buddha, so schildern es einhellig die buddhistischen Schriften, ausschließlich von Mitleid motiviert. Entgegen der Versuchung durch die übelgesinnte Gottheit Mâra zieht sich der soeben zur Erleuchtung gelangte Buddha nicht aus der Welt zurück, sondern bleibt in ihr bis der Dharma gut verkündet und die Gemeinde, der Samgha, wohl begründet sind.[99]

Aus diesen auch für die nicht-mahâyânistischen Schulen gültigen Vorstellungen entwickelt sich im Mahâyâna das Bodhisattva-Ideal. Das heißt, es entsteht der Glaube, daß man sich bewußt dazu entschließen kann, den Weg *des Bodhisattva* zu gehen. Mit anderen Worten, man/frau beschließt, nicht deshalb nach der Erleuchtung zu streben, um vom eigenen Leiden frei zu werden, sondern aus derselben altruistischen Absicht wie Gautama in seinen vorangegangenen Existenzen. Und im Mahâyâna-Buddhismus wird dieses Ideal explizit über das Ideal der Arahatschaft gestellt: Der Weg des Buddha bzw. Bodhisattva sei von weitaus höherem sittlichem und spirituellem Wert, da hier wahre Selbstlosigkeit und vollendetes Mitleid verwirklicht werden. Wer den Bodhisattva-Weg geht, trachtet nach der Verwirklichung dieses Ideals. Nach dem Vorbild des Buddha Gautama bzw. *des Bodhisattva* beschließt er, mit höchstem Eifer alle Vollkommenheiten zu verwirklichen, um so auf die bestmögliche Art zum Heil aller Wesen wirken zu können. Er gelobt, in seiner Anstrengung nicht nachzulassen und so lange im Kreislauf der Wiedergeburten zu verbleiben, bis sein Ziel, die Erlösung aller, erreicht ist.[100]

In der späteren mahâyânistischen Literatur setzt sich die Vorstellung durch, daß den sechs Vollkommenheiten, die in einigen Traditionen zu zehn ergänzt wurden, Stufen (skt. *bhûmi*) korrelieren.[101] Auf jeder Stufe hat sich der Bodhisattva jeweils der Vervollkommnung einer einzelnen Tugend besonders zu widmen. In unermeßlichen Zeiträumen entwickelt er somit eine immer höhere Vollkommenheit. Beispielsweise erwähnt Śântideva im Sikṣâsâmuccaya IV eine Aussage Gautama Buddhas, wonach der zukünftige Buddha

Maitreya bislang auf die Entfaltung einer jeden der sechs Pâramitâs sechzig Äonen verwendet habe.[102] In einigen Schriften des Mahâyâna werden die je nach Tradition sechs oder zehn Stufen noch durch weitere Unterstufen unterteilt sowie durch Vorstufen ergänzt.[103] Ab einer bestimmten Stufe gewinnt der Bodhisattva dabei die Fähigkeit, die Art und den Ort seiner Wiedergeburt frei zu bestimmen. Und so scheuen diese hochentwickelten Bodhisattvas nicht davor zurück, in die Höllen zu gehen, um auch dort den leidenden Wesen beizustehen.[104]

In den verschiedenen Schriften und Richtungen des Mahâyâna-Buddhismus entwickelte sich in Verbindung mit dem Bodhisattva-Ideal eine Reihe weiterer Vorstellungen, wie etwa die, daß auch Gautama Buddha in Wahrheit niemals aus dem Samsâra ausgeschieden ist, daß alle vollkommen erleuchteten Buddhas zum Heil aller Wesen wirksam bleiben, daß jeder Mensch den Weg des Bodhisattva gehen soll und gehen kann, weil jeder Mensch zu einem Buddha werden kann[105], ja, weil jedes bewußte Wesen den Keim zu einer späteren Buddhaschaft bereits in sich trägt.[106] Nach diesem zuletzt genannten Glauben ruht in jedem Wesen ein verborgener Buddha-Keim oder Buddha-Embryo, ein *tathâgatagarbha*. Der Gedanke der spirituellen Progression, der im traditionellen Buddhismus überall so stark vorhanden ist, erscheint hier als die Entfaltung dieses hohen Potentials, das unter den Übeln von Gier, Haß und Verblendung verborgen ist:

Ich sehe, daß alle Arten von Wesen
einen Buddha-Keim besitzen,
verborgen durch die Leidenschaften.
Ich verkünde deren Beseitigung,
damit die Wesen die höchste Weisheit erlangen können.
Gleich wie ich selbst,
besitzen alle die Wesen die Natur eines Tathâgata.
Wenn sie diese entwickeln und reinigen,
erreichen sie schnell den höchsten Pfad.[107]

Wie William Grosnick vermerkt, sollte diese Lehre die Menschen ermutigen, da sie ihrzufolge trotz aller spirituellen Armseligkeit und aller Gebundenheit an unheilvolle Leiden-

schaften dennoch das Potential für jene Persönlichkeitsentwicklung in sich tragen, von der das Mahâyâna spricht.[108]

Die vorgestellten Belege zeigen, daß der Gedanke eines spirituellen Fortschritts kein Spezifikum des Westens bzw. westlicher Reinkarnationslehren ist. Ebensowenig handelt es sich
dabei um eine erst in der Moderne entstandene Idee. Vielmehr ist die Vorstellung eines spirituellen Fortschritts bereits im traditionellen indischen Buddhismus fest verankert
und spielt in dem von ihm gelehrten Heilsweg – auch in seinen unterschiedlichen Ausprägungen – eine zentrale Rolle.
Dabei setzen zahlreiche Einzelaussagen und ganze dogmatische Komplexe wie etwa die Lehre von den »Vier Heiligkeitsgraden« oder das Bodhisattva-Ideal voraus, daß sich der
spirituelle Fortschritt über mehrere Existenzen erstrecken
kann. Selbstverständlich macht dies aus der bloßen Reinkarnation noch keinen Heilsweg. Aber ähnlich wie in westlichen Reinkarnationslehren findet sich auch hier die Hoffnung, daß sich aufgrund der Reinkarnation jene spirituellen
Entwicklungen, die in einem Leben noch nicht begonnen
oder unvollendet abgebrochen wurden, in einer weiteren
Existenz aufgenommen, fortgesetzt oder zu ihrer Vollendung geführt werden können.

»Karma« und »Wiedergeburt« im Denken moderner Hindus und Buddhisten

Hans-Peter Müller

Für den ceylonesischen Philosophen K. N. Jayatilleke (1920–1970), einflußreicher Vertreter des buddhistischen Modernismus, war die Wahrheit der buddhistischen Lehre von der Wiedergeburt gebunden an den Aufweis ihrer empirischen Evidenz. Um diesen erbringen zu können, berief er sich u. a. auch auf moderne, in Hypnose hervorgerufene oder spontan sich einstellende Rückerinnerungen.[1] Und sein Schüler Dharmasiri erklärte: »Wenn das Faktum der Wiedergeburt als empirisches Faktum widerlegt ist, dann ist auch der Buddhismus als Mittel zur Erlösung widerlegt, da die zentrale Idee des Buddhismus die Beendigung der Wiedergeburt ist.«[2]

Der Mönch und Zen-Priester Genro Seiun Koudela, Präsident der Österreichischen Buddhistischen Religionsgemeinschaft, von Detlef Kantowsky gefragt, wie er sich sein nächstes Leben vorstelle, antwortete: »Überhaupt nicht; ich mache mir überhaupt keine Gedanken, ob es eine Wiedergeburt gibt oder nicht, und schon gar nicht, wie mein nächstes Leben aussehen wird. Es ist Spielerei, darüber nachzudenken, und es bringt überhaupt nichts: Es hilft mir im Jetzt, in diesem Augenblick, überhaupt nicht.«[3]

Auf die Frage D. Kantowskys, ob es möglich sei, den Buddhismus ohne die Lehre vom Kreislauf der Wiedergeburten zu vermitteln, antwortete der Ehrwürdige Nyanaponika, daß die buddhistische Lehre »ein in sich folgerichtig gefügtes Ganzes« sei und daß die Wiedergeburtslehre dazugehöre.[4]

Mahātmā Gāndhī, dessen gewaltloser Kampf gegen die britische Kolonialmacht zur Entstehung des modernen indischen Staates führte, sah sich 1921 genötigt, bedrängt von orthodoxen Hindus und umworben von christlichen Missionaren, ein Bekenntnis zu seinem Hindusein abzulegen, in dem er u. a. auch seinem Glauben an die Wiedergeburt Ausdruck gab.[5]

Als der bengalische Heilige Rāmakrishna, der wie kein anderer Hindu seiner Zeit gegenüber dem zunehmenden Einfluß westlichen Gedankenguts durch sein Leben und Lehren eine Rückbesinnung auf die Einsichten, Werte und Praktiken der hinduistischen Tradition initiierte, von einem Laienverehrer gefragt wurde, ob »es so etwas wie Reinkarnation gebe«, antwortete er: »Frage Gott danach. Bete ernsthaft zu ihm. Er wird dir alles erzählen.« Und bei einer anderen Gelegenheit antwortete er auf eine ähnliche Frage: »Ja, man sagt, daß es so etwas gebe. [...] Viele Menschen haben über die Reinkarnation gesprochen. Deshalb kann ich es nicht in Zweifel ziehen.«[6]

Das Anliegen Jayatillekes, die Wiedergeburt empirisch zu beweisen, Genro Seiun Koudelas Beschäftigung mit der Wiedergeburt als spekulative Spielerei, Wiedergeburt als notwendiges Glied eines in sich stimmigen Lehrgebäudes bei Nyanaponika und als hinduistischer Identitätsausweis bei Gāndhī schließlich die relative Gleichgültigkeit Rāmakrishnas, diese unterschiedlichen Stellungnahmen deuten das weite Spektrum an, innerhalb dessen das Thema unter Hindus und Buddhisten heute diskutiert wird.

Ich werde mich im folgenden auf zwei Interpretationsmuster beschränken. Beim ersten fasse ich sehr knapp zwei Denker unter dem weitgefaßten Leitgedanken der existentiellen Deutung zusammen. Zum zweiten werde ich ausführlicher Aurobindos Verständnis der Wiedergeburt als Evolution zu umreißen versuchen.

I. Existentielle Deutungen der Wiedergeburtsvorstellung

1. Die Wahrheit des Mythos vom Geburtenkreislauf als Offenbarwerden der Endlichkeit menschlicher Existenz bei Keiji Nishitani

Für den japanischen buddhistischen Philosophen Keiji Nishitani ist die Vorstellung vom Kreislauf der Wiedergeburten ihrem Inhalt nach »›mythischen‹ Charakters«. Sie könne daher ohne weiteres als eine vorwissenschaftliche Illusion abgetan werden. Diese Kritik sei legitim, insoweit das darin Vorgestellte in Frage gestellt wird. Sie gehe jedoch fehl, »wenn sie das Existentielle übersieht, das ihren Kern ausmacht: Die Grundeinstellung, die der Mensch angesichts seines In-der-Welt-Seins einnimmt, und die Einsicht, die er in bezug auf den darin erschlossenen spezifischen Logos gewonnen hat.«[7]

Die existentielle Einsicht, die nach Nishitani das mythische Bild vom Geburtenkreislauf vermittelt, ist das Offenbarwerden des Wesens von Endlichkeit als Endlichkeit, was begrifflich nur in der paradoxen Formulierung von unendlicher Endlichkeit ausgesagt werden könne.

Die bloß begriffliche Endlichkeit, die durch Nachdenken gewonnen werden kann, führe als endliche Endlichkeit zur bloßen Tautologie, nämlich zur Vorstellung, daß die Endlichkeit etwas ist, das eines Tages zu seinem Ende kommt.

Das gleicht unserer gewöhnlichen Vorstellung vom Tod: Wenn ich nach einigen Jahren sterbe, so wird der Tod selbst zusammen mit mir entschwinden. Eine derartige Vorstellung vom Tod unterscheidet sich ganz und gar von der genannten [existentiellen] Sicht, in der einer noch in der Mitte seines Lebens das Wesen des Todes zugleich mit dem Wesen des Lebens leibhaftig erfährt. In der nichtexistenzialen Auffassung vom Selbst und vom Tod, der zufolge mit dem Schwinden meines Lebens auch der Tod entschwindet, wird jeder Weg zum Transzendieren von Geburt-und-Tod und jeder Zugang zu dem Ort, der jenseits von Geburt-und-Tod liegt, versperrt.[8]

2. Geburt und Wiedergeburt als geistig-psychischer Zustand bei Buddhadāsa

Der thailändische buddhistische Mönch und Gelehrte Buddhadāsa führt eine Unterscheidung hinsichtlich des Verständnisses der kanonischen Texte ein, die er für wesentlich erachtet, um ihren wirklichen Sinn zu erkennnen. Es ist die Unterscheidung zwischen der »Alltagssprache« und der »Dhamma-Sprache«. Erstere charakterisiert er als »weltliche Sprache, [...] die auf sinnlichen Dingen und Erfahrungen sich gründet«, »die Sprache der Leute, die den Dhamma, die Wahrheit nicht kennen.« Letztere hingegen werde von Leuten gesprochen, »die eine tiefe Einsicht in die Wahrheit gewonnen haben.« Sie habe es mit dem »Bewußtsein« zu tun, mit der »spirituellen Welt, die jenseits der physischen liegt.«[9]

Diese Unterscheidung wendet er auch auf die Begriffe Geburt und Wiedergeburt bzw. Tod an:

In der Alltagssprache bezieht sich das Wort Geburt auf den physischen Eintritt in die Welt aus dem Mutterschoß. Ein Mensch wird physisch nur einmal geboren [...] In der Dhamma-Sprache bezieht sich das Wort Geburt auf die Idee von Ich und Mein, immer wenn sie im Geist entsteht. In diesem Sinne wird die gewöhnliche Person sehr oft geboren.[10]

Entsprechend dieser Grundannahme werden nun auch die im Kanon erwähnten fünf oder sechs Existenzformen einer möglichen Wiedergeburt gedeutet. Als Beispiel zitiere ich das Wiederwerden als Höllenwesen, Tier und Hungergeist:

Immer, wenn die Angst in uns brennt, befinden wir uns in der Hölle. Jeder, der von Angst verzehrt wird – ebenso wie er vom Feuer verzehrt werden kann – von dem wird gesagt, daß er in demselben Augenblick in die Hölle fällt [...] – In jedem Augenblick, in dem einer mit tierischer Dummheit oder Grausamkeit handelt, wird er im Reich der Tiere geboren. Es geschieht hier und jetzt. Man kann als Tier viele Male an einem einzigen Tag geboren werden. In der Dhamma-Sprache bedeutet Geburt als Tier daher Dummheit oder Grausamkeit. – Die Hungergeister der Dhamma-Sprache sind rein geistige Zustände. Ehrgeiz, der auf Begierde beruht, Kummer, der auf Begierde beruht, hiervon gequält zu werden heißt, als Hungergeist geboren zu werden. Diese Symptome sind genau die gleichen wie jene, die daraus resultieren, daß einer einen Mund in der Größe eines Nadelöhrs und einen Bauch in der Größe eines Berges hat. Jeder, der an einem zu heftigen Verlangen leidet, einem pathologischen Durst, jeder, der über die Maßen sich sorgt und verzehrt, hat dieselben Symptome wie ein Hungergeist. Von ihm kann gesagt werden, er sei hier und jetzt als Hungergeist wiedergeboren. Es ist nicht etwas, das nur nach dem Tod sich ereignet.«[11]

Wenn Geburt das Auftauchen der Idee von Ich und Mein im Bewußtsein bedeutet und die verschiedenen Wiedergeburtsformen in Wahrheit vom Ich produzierte geistig-psychische Zustände sind, dann kann der Sinn des Begriffs »Sterben« und »Tod« nicht »das Aufhören des Lebens« und die »Verbrennung oder Beerdigung des Körpers« sein. In der Dhamma-Sprache beziehe sich Sterben und Tod auf das »Beenden der Idee von Ich und Mein.« Tod in diesem Sinne, als Absterben jeder egoistischen Daseinshaltung und jeglichen Besitzergreifens, ist nicht mehr das Gegenteil des Lebens, sondern die Pforte zum wahren, »immerwährenden Leben«, zum todlosen Nibbāna.

Zu fragen bleibt, welchen Realitätsgehalt die Alltagssprache besitzt, konkret also die Frage, wie sie in unseren Breiten gewöhnlich diskutiert wird: Gibt es eine Wiedergeburt nach dem Tode auf dieser Erde oder anderswo? Noch konkreter: Werde ich wiedergeboren, und als wer oder was werde ich wiedergeboren? Im Sinne Buddhadāsas müßte man antworten, daß solch eine Fragestellung bereits das Faktum einer ichzentrierten Daseinshaltung beinhalte, bei der der Fragende sich von der Wahrheit des Dhamma entfernt. Für denjenigen, der sich auf dem Dhamma-Pfad befindet, ist nach Buddhadāsa sowohl die Frage als auch eine entsprechende Antwort überflüssig:

Was wir nach dem Tode werden mögen, das kann zur Seite gelegt werden. Es besteht keine Notwendigkeit, daß wir uns darum kümmern. [...] Wenn wir den Dhamma richtig leben und praktizieren, vermeiden wir es, in die leidvollen Zustände hier und jetzt zu fallen, und wir sind gewiß, daß wir nicht in die leidvollen Zustände fallen, von denen angenommen wird, daß sie dem Tod folgen.[12]

II. Wiedergeburt als Evolution bei Aurobindo

Der indische Heilige Sri Aurobindo (1872–1950), der Philosoph des »Integralen Yoga«, der während seiner schulischen und universitären Karriere in England mit der abendländischen Kultur vertraut wurde, ehe er sich dem Studium und der spirituellen Praxis der indischen Religionen widmete, hat sich in zwei längeren Artikelserien seiner Zeitschrift »Arya« mit dem Thema Karma und Wiedergeburt befaßt. Die erste erschien zwischen 1914 und 1921 und wurde nach seinem Tode 1952 als »Das Problem der Wiedergeburt« gedruckt.[13] Die etwa aus dem gleichen Zeitraum stammende zweite Artikelserie wurde später in dem Werk »Das göttliche Leben« aufgenommen.[14]

Seine Ausführungen zeichnen sich dadurch aus, daß sie die traditionellen Konzeptionen einer kritischen Prüfung unterziehen und sie aus einer neuen Perspektive deuten, nämlich der der Evolution, sowohl der individuellen spirituellen als auch der kosmischen Evolution.

Was Aurobindo der herkömmlichen indischen Wiedergeburtslehre zum Vorwurf macht, ist der Verlust an kosmischer Realität und der Mangel an konkreter und ausdrücklicher Sinngebung für den Werdegang der individuellen Seele auf dem Weg durch die verschiedenen Existenzformen und Lebensmanifestationen: »Ein ungeheures Welt-System, das als Einrichtung nur zu dem Zweck existieren sollte, endlos an einem Rad der Unwissenheit zu drehen, und kein anderes Ziel bietet als schließlich die Chance, von ihm abzuspringen, ist keine Welt mit wirklichem Seinsgrund.«[15]

Sein Neuansatz begreift das Universum als großen evolutiven Prozeß der Selbstmanifestation und Selbstoffenbarung des Brahman odes des Göttlichen. Und dieser Prozeß der Entwicklung sei nicht illusorisch, sondern real. Die logischen Unterscheidungen und Trennmauern, die der Verstand zwischen dem Sein und dem Werden aufrichte, werden dem Geheimnis der göttlichen Seinsfülle nicht gerecht. Denn das Göttliche sei nicht nur unwandelbares »ewiges Sein«, sondern zugleich auch eine »ewige Seinsmacht«.[16] »Sein ist nicht nur ein ewiger Zustand, sondern auch ewige Bewegung, nicht nur Ruhe, sondern auch Tat.«[17] Entsprechend dynamisiert Aurobindo auch die Seinsweise des Göttlichen als »Bewußtsein«. Auch dieses ist in Bewegung und entfaltet sich im Universum über die scheinbar unbewußte Materie zu immer höheren Stufen des Bewußtseins. Denn: »Schöpfung ist für den [göttlichen] Geist kein Ärgernis, keine Qual, sondern Ausdruck von Freude.«[18]

Im gegenwärtigen Zustand der Weltgeschichte sei die Evolution als Entfaltung der geistigen Seinsmacht fortgeschritten über das Mineralische, Pflanzliche, Tierische bis zum Menschen. Dieser stelle zwar einen Höhepunkt der Entwicklung dar. Doch habe das Göttliche in ihm sein ganzes Wesen noch nicht enthüllt. »Die Unvollkommenheit des Menschen ist nicht das letzte Wort der Natur.«[19]

Da der Mensch mit seiner Seele des Göttlichen bereits potentiell zumindest bewußt ist, kann er den evolutiven Prozeß fördern. Und hierin liegt der eigentliche Sinn der Wiedergeburt: im spirituellen Wachstum des Menschen zur Unterstützung der göttlichen Selbstoffenbarung und Seinsfülle auf Erden.

Die Seele, die aus dem Schlaf der Materie durch das Pflanzen- und Tierleben zu der menschlichen Stufe der Lebensmacht aufsteigt und dort mit Unwissenheit und Begrenzung kämpft, um ihr unendliches Königreich in Besitz zu nehmen, sie ist der Mittler, eingesetzt, um in der Natur den Geist zu entfalten, der in ihren kleinsten Feinheiten und ihrer ungeheuren Weite verborgen liegt. Das ist die Sinndeutung von Leben und Welt, die die Idee der Wiedergeburt als Evolution uns eröffnet. Leben wird nunmehr eine progressiv aufsteigende Folge für die Entfaltung des Geistes.[20]

Aufgabe des Menschen ist es, »zu wachsen und [sich] der größeren Sinnhaftigkeit des göttlichen Wesens zu öffnen, des göttlichen Bewußtseins, der göttlichen Macht, der göttlichen Freude und der vervielfältigten Einheit.«[21]

Ebenso ist die Umwelt dem Menschen zur Aufgabe gemacht: »Was wir mit unserer Umwelt zu tun haben, das ist, zur Stärkung spiritueller Zwecke sie zu gebrauchen, sie mehr und mehr zu einer Form für die ideale Selbstentfaltung der vollkommenen Natur und für die Selbstempfängnis des Göttlichen im Kosmos zu machen.«[22]

Zeichen des durch Wiedergeburten spirituell gewachsenen Menschen ist nach Aurobindo das Bewußtsein der Zusammengehörigkeit des Individuums mit allen anderen Wesen und mit Gott. Der alten indischen Reinkarnationslehre wirft er einen »übertriebenen Individualismus« vor:

Zu selbstzentriert behandelte sie des Menschen Wiedergeburt und Karma, zu sehr als die eigene Angelegenheit des einzelnen, zu sehr als eine scharf getrennte Bewegung im Ganzen. Sie stützte sich zu sehr auf unsere eigene Sorge um unser eigenes Selbst. Obgleich sie universale Beziehungen und eine Einheit des Ganzen anerkannte, lehrte sie den Menschen doch, das Leben vor allem als eine Voraussetzung und ein Mittel für seinen eigenen religiösen Nutzen und seine eigene separate Erlösung anzusehen.[23]

Nach Aurobindo ist aber zu erkennen, »daß unsere Wiedergeburt [...], während sie ihren eigenen Entwicklungslinien folgt, auf intime Weise eins ist mit den gleichen Entwicklungslinien im Universum. Meine Selbsterkenntnis und meine Selbstfindung aber beseitigen nicht meine Einheit mit anderem Leben und anderen Wesen. Eine intime Universalität gehört zur Herrlichkeit der spirituellen Vervollkommnung. Diese Idee der Universalität, der Einheit nicht nur mit Gott und dem ewigen Selbst in mir, sondern mit aller Menschheit und allen anderen Wesen«, bildet nach Aurobindo eine gültige Orientierung einer jeden zukünftigen Wiedergeburtslehre.[24]

Im Abendland, ohne dies zu spezifizieren, sieht Aurobindo ein falsches Interesse an einer im Wandel der Wiedergeburten identischen Persönlichkeit:

»John Smith sei in seinem neuen Leben derselbe John Smith, der er bei der letzten Verkörperung seiner Seele gewesen sei. Wäre das so, dann hätte die Wiedergeburt überhaupt keinen spirituellen Nutzen und keine Bedeutung. Denn es wäre bis ans Ende der Zeit eine Wiederholung derselben unbedeutenden Persönlichkeit, der gleichen mentalen und vitalen Gestaltung. [...] Die Seele, die John Smith gewesen ist, kann nichts gewinnen, noch sich selbst erfüllen dadurch, daß sie für immer John Smith bleibt. Durch die ewige Wiederholung desselben Charakters, derselben Interessen, Beschäftigungen und Typen von inneren und äußeren Bewegungen kann sie nicht wachsen und keine Vervollkommnung erlangen. [...] Daß wir an unserer Persönlichkeit hängen, verlangt eine solche Kontinuität. [...] John

Smith will ewig John Smith bleiben. Dieses Verlangen ist aber offensichtlich ignorant.[25]

Nach Aurobindo bildet der Tod einen wirklichen Einschnitt und jede Wiedergeburt in der Regel einen wirklichen Neubeginn:

Persönlichkeit ist eine nur zeitweilige mentale, vitale und physische Gestalt, die vom Wesen, der wirklichen Person... herausgestellt wird. Sie ist nicht das Selbst in seiner bleibenden Wirklichkeit. Bei jeder Rückkehr zur Erde bildet die Person, *purusha*, eine neue Gestalt. Sie stellt ein neues personales Quantum heraus, das für neue Erfahrung, für neues Wachstum seines Wesens geeignet ist. [...] Die wesenhafte Form der vergangenen Persönlichkeit mag als ein Element unter vielen übrigbleiben. [...] Sie steht jedoch im Hintergrund [...].«[26]

Wiedergeburt beinhaltet also sowohl die Geburt eines neuen Körpers als auch die einer neuen Persönlichkeit.[27] Die vergangenen Erfahrungen und Erlebnisse sind dabei nicht verloren. Der Mensch trägt sie mit sich, aber in der Regel unbewußt. Die Komplexität verschiedener Persönlichkeiten einer neuen Existenz kann dabei ein Zeichen des spirituellen Fortschritts sein, sofern es gelingt, sie zu integrieren, was ein starkes zentrales Personsein erfordert.

Aber wenn auch das Vergangene in so reichem Maße übernommen wird, würde das keine Wiederholung der Persönlichkeit bedeuten. Es wäre eine neue Gestaltung und umfassende Höherentwicklung. Die Wiedergeburt ist kein Mechanismus zur ständigen Erneuerung oder Verlängerung der Dauer unveränderlicher Persönlichkeit. Vielmehr ist sie ein Mittel zur Entwicklung des spirituellen Wesens in der Natur.[28]

Daß sich die Menschen üblicherweise nicht an frühere Existenzen erinnern, sei kein gültiger Einwand gegen die Wiedergeburt, da das Erinnerungsvermögen nicht einmal alle Ereignisse eines einzigen Lebens zu speichern vermag.[29] Ebensowenig ist aber die tatsächliche oder angebliche Erinnerung an frühere Leben von medial oder anderswie begabten Menschen für Aurobindo ein Beweis für die Wiedergeburt.[30]

Für Aurobindo ist die Erinnerungslosigkeit »ein Gesetz der kosmischen Weisheit und dient ihrer evolutionären Absicht«:

Hätten wir eine klare Erinnerung an die Einzelheiten unseres vergangenen Lebens, dann wären die vielen Erlebnisse von Haß und Groll, von Zuneigungen und Verbindungen auch eine schreckliche Erschwerung. Denn das würde den wiedergeborenen Menschen an eine nutzlose Wiederholung oder an eine erzwungene Fortsetzung seiner früheren Art binden. Das würde seiner Entfaltung neuer Möglichkeiten aus den Tiefen des Geistes erheblich im Wege stehen. Wäre tatsächlich ein mentales Erlernen der Dinge der Kern der Sache und wäre das der Prozeß unserer Entwicklung, dann würde der Erinnerung große Bedeutung zukommen. In Wirklichkeit wachsen aber Seelen-Personalität und Natur durch Angleichung an die Natur unseres Wesens und dadurch, daß wir schöpferisch wirksam die wesentlichen Ergebnisse vergangener Energien in uns aufnehmen. Bei diesem Prozeß hat die bewußte Erinnerung keine besondere Bedeutung. So wie der Baum durch unterbewußte oder unbewußte Assimilation des Wirkens von Sonne, Regen, Wind und dadurch wächst, daß er die Erdelemente absorbiert, wächst auch das Wesen des Menschen, indem der Mensch subliminal oder innerlich-bewußt die Ergebnisse seines vergangenen Werdens angleicht und aufnimmt und die Entwicklungsmöglichkeiten eines zukünftigen Lebens aus sich hervorbringt.[31]

Ebenso wie Aurobindo die Wiedergeburt unter das Leitmodell des Wachstums der menschlichen Persönlichkeit stellt, so betrachtet er auch die Lehre vom Karma und seinen Folgen letztlich als allein durch die Idee der Evolution für rational gerechtfertigt.

Im Einklang mit der Tradition weiß er sich, wenn er als Grundeinsicht der Karma-Lehre formuliert:

Des Menschen Wesen, seine Natur und seine Lebensumstände sind das Ergebnis seiner eigenen inneren und äußeren Betätigungen, nicht etwas Zufälliges und Unerklärliches. Er ist das, wozu er sich selbst gemacht hat. [...] Jeder Mensch erntet, was er sät. Von dem, was er tut, hat er seinen Vorteil; für das, was er tut, leidet er.[32]

Seine Kritik und sein Zweifel richten sich auf ganz bestimmte Ausprägungen und Tendenzen der Karma-Vorstellung, vor allem gegen ihre Auslegung als sittliche Vergeltungskausalität, gegen ihre Hypostasierung zu einer kompensatorischen kosmischen Gerechtigkeit und gegen ihre individualistische Engführung.

Die Folgen des Tuns für den Täter werden in der Hindu-

Tradition nicht nur in der Prägung der geistigen und psychischen Dispositionen und Neigungen (*saṃskāra, vāsanā*) beschrieben, sondern ebenso in Gestalt der sogenannten Frucht, die, wenn gereift, vom Täter selbst zu verzehren ist. Nach der klassischen Formulierung in den Yoga-Sūtras des *Patañjali* (2,13 f.) besteht diese aus der Geburt (*jāti*) – als Pflanze, Höllenbewohner, Tier, Mensch oder göttliches Wesen-, dem Genuß (*bhoga*) – d. h. den Erfahrungen von Freude oder Leid – und der Lebensdauer (*āyus*). In den Rechtstexten, Epen und Purāṇas finden sich Aufstellungen, in denen die Folgen eines bestimmten sittlichen Verhaltens in Form zukünftiger glücklicher oder leidvoller Lebensumstände und Widerfahrnisse konkretisiert werden, um so zum Tun des Guten und Meiden des Bösen anzuhalten.

Mit derartigen Vorstellungen vor Augen, skizziert Aurobindo die herkömmliche Auffassung vom karmischen Wirkzusammenhang so:

Wenn die Summe des vergangenen Wirkens gut war, geschehe die Geburt in der höheren Gestalt, das Leben werde froh und erfolgreich oder unsagbar glücklich. War es schlecht, dann erhielten wir eine niedrigere Form der Natur als Haus, oder das Leben werde, als menschliches, ohne Freude, ohne Erfolg, voll von Leiden und Unglück sein. Waren unsere vergangenen Taten und unser Charakter vermischt, dann gebe uns die Natur, einem guten Buchhalter gleich, je nach der Gesamtsumme und den Werten unseres früheren Verhaltens, eine wohlbemessene Bezahlung mit einer Mischung von Freude und Leiden.[33]

Dieser »gewöhnlichen, verbreiteten Konzeption des Karma-Gesetzes« liegt, so mutmaßt Aurobindo, die Idee zugrunde,

daß es eine Gerechtigkeit geben müsse, die die Zuteilung von Glück und Elend bestimmt, eine menschlich verständliche Billigkeit. [...] Ich habe so und so viel Gutes getan. [...] Dies ist mein Kapital, meine Ansammlung, mein Konto. Es muß mir in so und so viel Münze an Wohlergehen ausgezahlt werden. [...] Oder warum in aller Welt sollte ich überhaupt Gutes tun? Ich habe so und so viel Böses getan. Das muß ebenfalls zu mir zurückkommen, in genau ebenso viel Strafe und Unglück. Ebenso viel äußeres und inneres Leiden muß mir zufallen... Denn wenn es dieses physisch fühlbare, sichtbare unvermeidliche Resultat nicht gäbe, wo wäre dann eine rächende Gerechtigkeit, und wo könnten wir eine abschreckende

Sanktion gegen das Böse in der Natur finden? Und diese Vergeltung, Gutes für Gutes und Böses für Böses, ist die eines exakten Richters, eines präzisen Administrators, eines peinlich genauen Kaufmanns, der nichts gelernt hat und niemals etwas lernen wird von der christlichen oder buddhistischen idealen Norm, der kein inneres Vermögen der Gnade oder des Mitleids hat, keine Vergebung der Sünden, der sich vielmehr streng an ein ewiges mosaisches Gesetz hält, Auge um Auge, Zahn um Zahn.[34]

Für Aurobindo ist ein derartiges Karma-Gesetz Ausdruck einer »primitiven, barbarischen Gerechtigkeit« und für den »denkenden Geist« unannehmbar.[35]

Die Konstruktion von Glück (Lohn) und Leid (Strafe) als selbstverursachte Folge von Tugend und Sünde mag in der Sicht Aurobindos zwar ein wirksames Mittel zur Aufrechterhaltung der menschlichen Maßstäbe der Moral sein. Doch in einer »wahren Ethik« sollte »rechtes Tun auch die rechte Motivation haben, sollte seine eigene Rechtfertigung sein und nicht auf den Krücken der Gier [nach Belohnung] und der Furcht [vor Strafe] hinken«.[36]

Tugend birgt ... ihren eigenen Lohn in sich; Sünde bringt dadurch ihre eigene Strafe mit sich, daß [der Täter] unter dem Abfall vom Gesetz seiner eigenen Natur leidet. Das ist der wahre sittliche Maßstab. Im Gegensatz hierzu entwürdigt ein System von Belohnungen und Strafen sofort die sittlichen Werte des Guten, verkehrt Tugend in Ichsucht, in ein kommerzielles Feilschen egoistischen Interesses, und es ersetzt das richtige Motiv für die Enthaltung vom Bösen durch ein niederes Motiv.[37]

Als weiterer Einwand gegen die herkömmliche Auffassung vom Karma-Gesetz macht Aurobindo geltend, daß diese Glück und Leid als automatische Folge von Tugend und Sünde – wenn nicht in diesem Leben, dann in einem zukünftigen – zwar in Aussicht stelle, gleichwohl aber keine plausible Erklärung zu bieten vermag, wie das eine aus dem anderen sich entwickeln oder entstehen kann:

Wo ist das beständige Bindeglied der Entsprechung zwischen den ethischen und den eher vitalen und physischen hedonistischen Lebenskräften? Wie verwandelt sich mein ethisches Gut in ein lächelndes Geschick, gekrönten Wohlstand, glattes materielles Wohl und Gück, wie mein ethisches Übel in düsteres Mißgeschick, rauhe Widrigkeit, erbärmliche materielle Not und Leiden?[38]

Nach Aurobindo ist das Verlangen nach Freude und die Abwehr von Leid ein legitimes menschliches Bestreben, denn sie gehören zur elementaren Ausstattung der menschlichen Natur. Doch lasse sich hieraus keine höhere allgemeingültige sittliche Orientierung ableiten:

Ich muß ständig die ursprünglichen Warnungen und Verlockungen der Natur mißachten, um zu einer höheren Natur zu gelangen... Dies wird evident, wenn wir unsere eigenen höheren Motive des Handelns betrachten. Der Wahrheit zu folgen mag für mich Strafen und Leiden mit sich bringen; meinem Land oder der Welt zu dienen mag den Verlust meines äußeren Glücks und Vermögens oder die Zerstörung meines Leibes von mir fordern; meine Willenskraft und Größe des Geistes zu stärken, mag nur durch die Gluten des Leidens und die entschiedene Entsagung aller Freuden und Vergnügen möglich sein. Dennoch muß ich der Wahrheit folgen; ich muß den Menschen den Dienst leisten, den meine Seele von mir verlangt; ich muß meine Stärke und innere Größe fördern und darf nicht nach irgendeinem ganz irrelevanten Verdienst fragen; ich darf Strafe nicht scheuen und um die genau entsprechenden Früchte meiner Anstrengung feilschen. Und das, was für mein Tun im gegenwärtigen Leben wahr ist, muß in gleicher Weise als wahr gelten für den Zusammenhang meines Handelns und meiner Selbst-Entwicklung durch viele Geburten hindurch.[39]

Die sittlichen Orientierungen, die ein als Vergeltungskausalität interpretiertes Karmagesetz bietet, sind entsprechend von zweifelhaftem und nur sehr eingeschränktem Wert. Aber auch ihre Auslegung als Instanz kosmischer Gerechtigkeit ist für Aurobindo nicht überzeugend.

Zunächst spreche hiergegen die Erfahrung und das vernünftige Wahrnehmungsvermögen: »Attila und Dschingis Khan auf dem Thron bis zu ihrem Ende, Christus am Kreuz und Sokrates, seinen Schierlingsbecher trinkend, sind keine sehr klare Evidenz für irgendeine optimistische Auffassung von einem Gesetz moralischer Vergeltung in der Welt der menschlichen Natur.«[40]

Sodann: Die Naturgewalten, denen der Mensch unterliegt, sie kennen keine ethischen Unterscheidungen:

Das Meer, der Sturmwind, der Felsen, auf den das Schiff aufläuft, sie fragen nicht, ob gerade der Mensch, der im Wasser ertrank, sein Schicksal verdiente. Wenn es eine göttliche oder kosmische Gerechtigkeit in diesen Grausamkeiten gibt, [...] so wissen es wenigstens die Naturkräfte nicht und kümmern sich nicht darum... Wenn ein Gesetz moralischer Bestrafung dem Wirken der physischen Kräfte [der Natur] auferlegt ist, dann muß es durch einen ihr übergeordneten Willen sein oder durch eine Macht, die, ihr selbst unbekannt, in ihrem Innersten wirkt. Aber solch ein Wille könnte nicht der eines moralischen Wesens sein, ethisch nach den Vorstellungen des Menschen, außer daß er tatsächlich dem Menschen in seiner erbarmungslosesten und barbarischen moralischen Vernunft und Unvernunft ähnelte.[41]

Auch gegenüber der einfachen Lösung des Theodizeeproblems in Gestalt der Erklärung offensichtlich unverdienten Glücks oder Leidens durch Rückführung derselben auf in der Regel unbekannte Taten in einem vergangenen Leben meldet Aurobindo seine Zweifel an. Sie stehe im Widerspruch zu den Einsichten in die Entwicklung der menschlichen Persönlichkeit:

Wenn wir einen gerechten Menschen leiden sehen, können wir doch schwerlich annehmen, dieses Vorbild an Tugend sei in einem vergangenen Leben ein Bösewicht gewesen, der jetzt, selbst nach einer vorbildlichen Bekehrung durch eine neue Geburt, für damals begangene Sünden bezahlen müsse. Ebensowenig können wir bei dem bösen Menschen, der im Glück triumphiert, annehmen, er sei in seinem letzten Leben ein Heiliger gewesen, der plötzlich eine falsche Richtung einschlug, aber doch noch den Lohn für seine frühere Tugend in barer Münze bekommt. [...] Die Vorstellung von Wiedervergeltung des Karma als einer Kompensation für die Ungerechtigkeit des Lebens und der Natur ist eine schwache Grundlage für die Theorie, denn sie stellt ein seichtes Empfinden und einen oberflächlichen Maßstab als Sinn des kosmischen Gesetzes heraus und gründet sich außerdem auf ein ungesundes Urteilsvermögen.[42]

Schließlich: Wenn eine rigide individualistische Konzeption vom Karma-Gesetz Voraussetzung sei, um die Behauptung der kosmischen Gerechtigkeit aufrechtzuerhalten, stehe dies zumindest in Spannung zur Einsicht in den Zusammenhang aller Lebewesen: »Es kommt sogar während der Lebenszeit eines Menschen vor, daß die Früchte seiner Energien von anderen geerntet werden. Der Grund dafür ist, daß es eine Solidarität und Kontinuität des Lebens in der Natur gibt und daß der einzelne Mensch, auch wenn er es wollte, nicht völlig für sich allein leben kann.«[43]

Zusammenfassend gilt für Aurobindo: »Das kosmische Dasein ist kein großangelegtes Verwaltungssystem einer universalen Gerechtigkeit mit einem kosmischen Gesetz der Belohnung und Vergeltung als seinem Mechanismus.«[44]

Um das Karma und seine Wirkungen von der menschlich-allzumenschlichen, moralisierenden Engführung zu befreien, um die Fülle und die »Komplexität der Entwicklungslinien des Karma« zu erfassen, bestimmt Aurobindo das Karma als »die vielseitige, dynamische Wahrheit allen Handelns und Lebens«.[45]

Ein möglicher Zugang zu dieser Wahrheit sei der von seiner physischen Basis her. In dieser Perspektive liege die Einsicht nahe, »daß alle Energien in der Natur ihre natürliche Konsequenz in sich tragen.«[46] Doch stoße diese Perspektive an ihre Grenzen, wenn es darum ginge, geistige oder psychische Phänomene – wie z. B. die Liebe – zu deuten, es sei denn, man reduziere diese auf mechanische Reaktionen innerhalb der unbewußten Materie.

Aurobindo plädiert daher für die spirituelle Perspektive, die die Wirklichkeit umfassender und sinnerhellender zu erschließen vermag. Aus dieser erscheinen die vielfältigen Energien und ihre Wirkungen als Manifestation des einen universalen Geistes bzw. des Brahman oder des Göttlichen: »Karma ist nichts anderes als der Wille des Geistes in Aktion, seine Folge nichts anderes als die Schöpfung des Willens.«[47]

Aus praktischen Gründen unterscheidet Aurobindo unter den Manifestationen des Geistes Energien des physischen, vitalen, mentalen und spirituellen oder supramentalen Seins.[48]

Die physischen und vitalen Energien zeigen sich in der Natur als staunenswerte »Harmonie und Schönheit«, aber auch in ihrer »grausamen und zerstörerischen« Wirkung sowie als Kampf um Selbstbehauptung. Der Mensch ist diesen Energien ausgesetzt und ist zugleich in seiner physisch-vitalen Konstitution Teil von ihnen. Kenntnis ihrer – amoralischen – Wirkungen und Geschicklichkeit im Umgang mit ihnen sind von ihm gefordert, will er sich gegen sie behaupten und Nutzen daraus ziehen.[49]

Darüber hinausgehend manifestieren sich im Menschen aber auch die mentalen Energien mit ihren Werten »Wahrheit und Erkenntnis, Recht und Güte, Schönheit und ästhetische Freude, Liebe und emotionale Freude, innere und äußere Selbstbeherrschung.«[50]

Aurobindo ist daran gelegen, daß die karmischen Folgen dieser Energien – auch über den Tod hinaus – entsprechend ihrer Eigenart bewußt werden: »Die Gewohnheit der Liebe bestärkt und erhöht meine Liebeskraft; sie reinigt mein Sein und öffnet es für das universal Gute.«[51] »Die Energie des Suchens nach Wahrheit und Wissen muß als ihr natürliches Ergebnis... ein Hineinwachsen in die Wahrheit, eine Vermehrung von Wissen eintragen. [...] Wird eine Energie dem Streben nach Schönheit gewidmet, müßte sie belohnt werden durch vermehrten Sinn für Schönheit, die Freude an der Schönheit oder, wenn sie dahingelenkt wird, durch Schönheit des Lebens und der Natur.« Und die wirklichen Folgen der Energie, »das ethisch Gute zu verwirklichen«, sind »vermehrte Tugend, das Glück sittlichen Wachstums oder die leuchtende Freude, Gelassenheit und Reinheit einer einfachen natürlichen Güte.«[52]

Hatte sich die herkömmliche Karma-Lehre in kühner Weise auf die Untersuchung der Wirkungen des Tuns auf den Täter selbst konzentriert, so sprengt Aurobindo diesen Rahmen ganz bewußt und souverän. Das Karma müsse im Lichte »der doppelten Wahrheit des Menschen, seiner Individualität und seiner Universalität« gesehen werden.[53] »Er ist zugleich das ewige Individuum und die ewige Allseele.«[54]

Dies führt zum einen dazu, daß der Mensch angehalten wird, die Wirkungen seines Tuns auf andere im Blick zu haben und diese zu verantworten.[55] Zum anderen stellt Aurobindo ebenfalls in Rechnung, daß der Mensch vielen Einwirkungen und Einflüssen ausgesetzt ist, der Vererbung, der Erziehung, der Umwelt und der Mitmenschen.[56] In diesem Kontext spricht Aurobindo auch vom Karma der Gruppe[57], der Familie, der Nation und der Menschheit.[58]

Ist dann aber der Mensch nicht doch nur »ein Sklave und eine Puppe« in den Fängen des Karma?[59] Aurobindo verneint dies entschieden. Er beruft sich dabei nicht wie in der hinduistischen Tradition darauf, daß zwar alle äußeren und inneren Umstände des Menschen karmisch bestimmt seien, jedoch nicht das Tun selbst. Vielmehr verweist er auf die Existenz der Seele im Menschen:

Nur wenn es eine Seele oder ein Selbst gibt, die nicht eine Schöpfung, sondern Herr der Natur ist, nicht ein Produkt des Stroms der universalen Energie, sondern selbst Bildner und Schöpfer seines eigenen Karma, sind wir gerechtfertigt in unserem Anspruch auf eine tatsächliche Freiheit oder zumindest in unserer Hoffnung auf eine wirkliche Freiheit.[60]

Die Energien und ihre Wirkungen bleiben in der Sicht Aurobindos der freien Seele untergeordnet. »Es ist nicht vorstellbar, daß der Geist in unserem Innern nur ein Automat in den Händen von Karma und in diesem Leben ein Sklave seiner vergangenen Taten ist.«[61] Nichts, was der Mensch tut oder was dem Menschen widerfährt, geschehe ohne Lenkung der Seele oder zumindest, falls unbewußt, ohne ihre Zustimmung. Denn: »Das Karma und seine Folge erhalten ihre Bedeutung von ihrem Wert für die Seele; sie sind Stufen, auf denen sie sich auf die Vervollkommnung ihrer manifestierten Natur zubewegt.«[62]

Da das »Karma-Gesetz« für den Menschen in Wahrheit »ein Gesetz seiner spirituellen Evolution« ist[63], sollte die Aufmerksamkeit sich nicht auf die Äußerlichkeiten des Wirkmechanismus richten, sondern sich den Regungen und der Stimme der Seele öffnen, um zu vernehmen, daß

die wirkliche Konsequenz, auf die sie aus ist, ein Wachstum in der Manifestation ihres Seins ist, eine Ausdehnung ihrer Reichweite und Macht zu handeln, ihr Erfassen der Freude des Seins, ihre Freude an der Schöpfung und Selbstschöpfung, und das nicht nur im Hinblick auf sich selbst, sondern ebenso im Hinblick auf die anderen, mit denen ihr größeres Werden und ihre größere Freude eins sind.[64]

Die Überlegungen und Argumente, die Aurobindo zugunsten seiner Karma- und Wiedergeburtsidee vorträgt, werden, so bemerkt er selbst, den Skeptiker nicht überzeugen. Denn Wiedergeburt lasse sich mit rationalen oder empirischen Mitteln nicht beweisen. Sie bleibe eine »Hypothese«, aber, so meint er, eine sinntragende und lebensfördernde. Als »Beweis« erschließe sich ihre Wahrheit nur in der »spirituellen Erfahrung«.[65]

II.

Die Idee der Reinkarnation im Westen

Der Reinkarnationsgedanke in der europäischen Antike und Neuzeit

Norbert Bischofberger

Der Reinkarnationsgedanke gehört zu den faszinierendsten Antworten auf die Frage nach einer möglichen Weiterexistenz nach dem Tod. Die Vorstellung, daß die menschliche Seele während weiterer irdischer Existenzen in immer neue Körper eingeht, haben nicht nur Angehörige der indischen Religionen vertreten. Der Reinkarnationsgedanke hat sich auch in der europäischen Geistesgeschichte eigenständig entwickelt. Der Gedanke erfreut sich heute einer enormen Beliebtheit. Umfragen in verschiedenen europäischen Ländern beziffern die Reinkarnationsgläubigen mit bis zu 30 Prozent der jeweiligen Bevölkerung.[1] Die Publikationsflut zum Thema »Reinkarnation« auf dem Buchmarkt ist kaum mehr zu überblicken. Faszination und Auseinandersetzung mit dem Gedanken sind in Europa in diesem Maß noch nie aufgetreten. Neu ist der Reinkarnationsgedanke in unseren Breitengraden aber keineswegs. Die Linie läßt sich bis zur frühen griechischen Antike zurückverfolgen.[2]

Der Reinkarnationsgedanke in der Antike

Die Vorstellung von der sogenannten Seelenwanderung oder Anklänge an dieselbe finden sich bereits in der Antike. Der Mathematiker und Philosoph Pythagoras (gestorben um 500 v. Chr.) gilt als der erste Vertreter der Seelenwanderungslehre in der griechischen Tradition.[3] Er verbindet den Gedanken von der Seelenwanderung mit der Vorstellung periodisch wiederkehrender Naturvorgänge zum sogenannten »Kreislauf der Geburten«. Die Seele oder das individuelle Lebensprinzip ist unsterblich und kann nach dem Tod auf andere Individuen übergehen. Die Seele durchläuft einen Kreislauf durch das gesamte Tierreich, bis sie wieder zum

76

Menschen gelangt. Darauf setzt der Kreislauf von neuem ein. Pythagoras hat nichts Schriftliches hinterlassen; seine Ideen von der Wanderung der Seelen sind lediglich aus zum Teil widersprüchlichen Zeugnissen bekannt. Daher gibt es in der Forschung keine einhellige Meinung darüber, ob Pythagoras die Seelenwanderungslehre selbst entwickelt hat oder auf welche Einflüsse sie allenfalls zurückzuführen ist. Damit ist letztlich auch die Frage, ob es eine in Griechenland entstandene und damit genuin abendländische Seelenwanderungsvorstellung gibt, nicht beantwortbar. Fest steht, daß Pythagoras in der Frage der Seelenwanderung ein Vorläufer des Philosophen Platon (gestorben 347 v. Chr.) ist. Verschiedene Philosophen und Dichter des 5. Jahrhunderts vor Christus haben den Seelenwanderungsgedanken vertreten, darunter die Orphiker, Pindar, Empedokles und Philolaos. Diese Denker beeinflussen mit ihren Vorstellungen ebenfalls den Philosophen Platon.

Platon baut die Vorstellung von der Seelenwanderung zu einem eigentlichen System aus. Es handelt sich allerdings nicht um ein einheitliches System; die verschiedenen Aspekte seiner Seelenwanderungsvorstellung müssen aus den in seinen Schriften enthaltenen Mythen entnommen werden.[4] Von Bedeutung sind dabei die Dialoge Phaidon, Phaidros, Politeia und Timaios. Es läßt sich kaum entscheiden, ob Platon selbst die Seelenwanderungslehre vertritt oder an sie glaubt. Allerdings trägt er die Lehre oft vor; dies legt den Schluß nahe, daß er die Vorstellung mindestens als möglich oder wahrscheinlich erachtet. Die diversen Aussagen zur Seelenwanderung lassen sich vereinfacht auf zwei Systeme reduzieren: Das Wahl- und das Vergeltungssystem.[5] Das Wahlsystem besagt, daß die Seele einen ihren Taten im vorausgehenden Erdenleben entsprechenden Tier- oder Menschenleib wählt. Die freie Wahl der neuen Lebensumstände steht dabei im Vordergrund. Die Seele sucht sich diese Lebensumstände selbst aus und bestimmt damit ihr zukünftiges Schicksal. Beim Vergeltungssystem hängt die nächste Einkörperung ausschließlich von der Lebensführung in der vorausgehenden Existenz ab. Die im früheren Leben begangenen Fehler werden in der aktuellen Existenz gesühnt. Bei diesem Vergeltungssystem steht die Abhängigkeit der aktuellen Existenz von der Lebensführung in den vorausgehenden Inkarnationen im Vordergrund. Hat sich eine Seele beispielsweise durch philosophischen Lebenswandel ausgezeichnet, kann sie die Erlösung erlangen. Bewährung im irdischen Leben bringt bei Platon nach einer bestimmten Zeit die Erlösung vom Zwang des Wiedergeborenwerdens. Die beiden Systeme oder Aspekte brauchen sich nicht zwangsläufig zu widersprechen, betonen doch beide die Verantwortung der Seele für ihre zukünftige Existenz und die Tatsache, daß die aktuelle Existenz das zukünftige Leben mitbestimmt.[6]

In der hellenistischen Zeit ist die Lehre von der Seelenwanderung kaum von Interesse. In Rom wird sie wieder aufgegriffen. Dort wird die griechische Literatur seit dem 3. Jahrhundert vor Christus rezipiert. Allerdings kommt es nicht zur Ausbildung neuer Systeme. Der römische Dichter und Begründer der lateinischen Literatursprache Ennius (gestorben 169 v. Chr.) beispielsweise äußert in seinen »Annalen« die Überzeugung, daß er die Seele von Homer beherberge. Weiter schreibt er in dem historischen Epos, daß die Seele des Homer auch einmal in einen Pfau eingegangen sei.[7] Der römische Dichter Titus Lucretius Carus (gestorben um 55 v. Chr.) liefert einen indirekten Beweis für die Verbreitung der Seelenwanderungslehre zu seiner Zeit. Er tut dies, indem er die Idee in seinem philosophischen Lehrgedicht »De rerum natura« zu widerlegen sucht. Als Argumente gegen die Vorstellung führt er unter anderem die enge Verbindung von Körper und Seele und die fehlenden Erinnerungen an frühere Erdenleben an.[8] Die Seelenwanderungslehre findet weiter Erwähnung bei den Dichtern Publius Ovidius Naso (gestorben um 17 n. Chr.) und Publius Vergilius Maro (gestorben 19 v. Chr.).[9] Die römischen Denker und Dichter übernehmen mehrheitlich die Konzepte der griechischen Denker. Zumeist gelingt bei den Vertretern der römischen Antike lediglich der Nachweis, daß die Idee zur damaligen Zeit verbreitet war.

Eine bedeutende Rolle spielt der Seelenwanderungsgedanke in der Antike in der sogenannten Gnosis. Gnosis kann als eigenständige Erlösungsreligion in der Spätantike definiert werden. Dabei handelt es sich nicht um eine Religion mit einer klar definierten Lehre. Vielmehr meint Gnosis in der Spätantike ein religiöses Phänomen, das sich in verschiedenen Denkrichtungen und Schulen ausdrückt.[10] Der griechische Begriff Gnosis läßt sich mit Wissen, Erkenntnis oder Einsicht übersetzen. In einem gnostischen Text heißt es: »Wer so Gnosis hat, weiß, woher er gekommen ist und wohin er geht. Er weiß es wie einer, der betrunken war und aus seiner Trunkenheit nüchtern wurde, der sich sich selbst zuwandte und sein Eigenes in Ordnung brachte.«[11] Zur gnostischen Erkenntnis gehört die Einsicht, daß der Mensch nicht von dieser Welt ist, sondern seine Heimat in einer intakten jenseitigen Welt hat. Diese Heimat hat er verloren; er soll sie wiedererlangen. Der Gnostiker erfährt sich im irdischen Leben als unfrei und eingeengt; sein Interesse gilt dem Ausbruch aus diesen Verhältnissen. In diesem Verständnis von Erlösung hat die Vorstellung von der Seelenwanderung ihren Platz. Verschiedene gnostische Gruppen haben die Seelenwanderung klar vertreten, darunter die Karpokratianer, die Basilidesanhänger und die Manichäer. Die Ansichten der ersten beiden Gruppen sind praktisch nur aus den Schriften ihrer Gegner bekannt.

Der im 3. Jahrhundert nach Christus auftretende Manichäismus gilt als die letzte bedeutende gnostische Systembildung. Die von Mani (gest. 277 n. Chr.) gegründete Weltreligion geht von Babylonien aus und wird im Westen bis nach Spanien, im Osten bis nach China bekannt. Herzstück der manichäischen Lehre ist die Existenz von zwei Prinzipien, das sogenannte Drama der Licht-Mischung. Die beiden Prinzipien Gut und Böse oder Licht und Finsternis haben sich ursprünglich als zwei voneinander getrennte Bereiche gegenübergestanden. In der irdischen Welt kommen beide in vermischter Form vor. Der von Mani vertretene Dualismus besagt, daß sich das Metaphysische im Physischen darstellt; das gute Prinzip ist geistig, das böse hingegen materiell. Die Seele des Menschen, das menschliche Geist-Element sozusagen, wird als Lichtelement verstanden; dieses ist in der Materie, in der Welt gefangen. Die Erlösung des Menschen besteht folglich darin, die in der Materie gefangenen Lichtelemente zu befreien. Dies geschieht durch Läuterung der Seele von den Elementen der Finsternis. Dieser Prozeß kann sich über mehrere irdische Inkarnationen hinweg vollziehen. Ziel des Prozesses ist die Rückkehr der Seele ins Lichtreich. Die manichäische Lehre kennt drei mögliche Wege für die menschliche Seele nach ihrem Tod: sie wird erlöst, verdammt oder auf Erden wiedergeboren. Die Lehre der Seelenwanderung im Manichäismus ist damit eng mit dem Gedanken der Läuterung verbunden. Die Seele wird während mehrerer Erdenleben im Hinblick auf ihre Erlösung gereinigt. Ziel ist dabei die Wiedergeburt in einem fortgeschrittenen Manichäer; von dort aus kann die menschliche Seele ihre Erlösung erlangen.[12]

In der Spätantike findet der Gedanke der Seelenwanderung nochmals Verbreitung im Rahmen der Weltanschauung des Neuplatonismus im 3. Jahrhundert n. Chr. Die Seelenwanderungslehre gilt – unter dem Einfluß der Werke von Pythagoras und Platon – als gegeben. Diskutiert werden lediglich ungeklärte Details, zum Beispiel die Frage, ob die menschliche Seele auch in Tierleiber eingehen könne. Die Neuplatoniker lehnen diese Annahme weitgehend ab.[13]

Der Reinkarnationsgedanke im Neuen Testament?

»Der Reinkarnationsgedanke ist im Neuen Testament enthalten.« Diese Behauptung »reinkarniert« sozusagen unaufhörlich im Bereich esoterischer Literatur.[14] Als Belege werden regelmäßig angeführt: die Wiederkunft des Elija in Johannes dem Täufer oder in Jesus Christus, die Frage der Jünger Jesu nach dem Schicksal des Blindgeborenen (Joh 9, 1–3) und das Gespräch Jesu mit dem Pharisäer Nikodemus (Joh 3, 1–13).[15]

Im Matthäusevangelium sagt Jesus über Johannes den Täufer: »Und wenn ihr es gelten lassen wollt: Ja er [Johannes der Täufer] ist Elija, der wiederkommen soll« (Mt 11,14). Also doch ein klarer Fall von Seelenwanderung? Keineswegs, wenn man den jüdischen Hintergrund dieser Vorstellung beachtet. Nach jüdischem Glauben war Elija nicht gestorben, sondern lebendig in den Himmel entrückt worden,[16] von wo er am Ende der Zeiten wiederkommen sollte.

Die jüdische Vorstellung von der Wiederkunft des Elija hat mit Seelenwanderung im Sinn von mehrmaligen Erdenleben nichts zu tun.[17]

Im 9. Kapitel des Johannesevangeliums zitiert der Evangelist die Jünger Jesu mit der Frage an ihren Meister: »Rabbi, wer hat gesündigt? Er selbst? Oder haben seine Eltern gesündigt, so daß er blind geboren wurde?« (Joh 9,2). Die Frage der Jünger, ob der Blindgeborene selbst gesündigt hat – also vor seiner Geburt – könnte das Wissen um die Seelenwanderung beinhalten. Allerdings sind zwei weitere Erklärungen denkbar. Einerseits der Gedanke, daß ein Kind bereits im Mutterleib sündigen kann und andererseits die platonische Präexistenzlehre, wonach die Seele in ihrem vorgeburtlichen Dasein die Bedingungen ihrer irdischen Zukunft bestimmt. Beide Vorstellungen sind für das frühe Judentum gut belegt.[18] Die Annahme, die Frage der Jünger zeige, daß ihnen die Seelenwanderungslehre bekannt war, ist damit nicht zwingend. Jesus weist alle Spekulationen zurück: »Weder er noch seine Eltern haben gesündigt, sondern das Wirken Gottes soll an ihm offenbar werden« (Joh 9,3). Und er heilt den Blindgeborenen.

Aber ist nicht in der folgenden Aussage Christi deutlich von Reinkarnation die Rede: »Jesus antwortete ihm: Amen, amen, ich sage dir: Wenn jemand nicht von neuem geboren wird, kann er das Reich Gottes nicht sehen« (Joh 3,3). Dieser Satz stammt aus dem Gespräch Jesu mit dem Pharisäer Nikodemus im dritten Kapitel des Johannesevangeliums. In keiner Weise ist hier die Rede von Wiedergeburt im Sinn von mehrmaligen irdischen Existenzen. Die Verse, die an den zitierten Satz anschließen, lauten: »Nikodemus entgegnete ihm: Wie kann ein Mensch, der schon alt ist, geboren werden? Er kann doch nicht in den Schoß seiner Mutter zurückkehren und ein zweites Mal geboren werden. Jesus antwortete ihm: Amen, amen, ich sage dir: Wenn jemand nicht aus Wasser und Geist geboren wird, kann er nicht in das Reich Gottes kommen« (Joh 3,4f.). Die Rede ist von der Wiedergeburt aus Wasser und Geist, einem Bild für die christliche Taufe.[19] Die Behauptung, der Reinkarnationsgedanke sei im Neuen Testament enthalten, erweist sich bei genauerer Untersuchung der immer wieder genannten Stellen als falsch.

Der Reinkarnationsgedanke ist im Neuen Testament kein Thema.

Auseinandersetzung in der frühen Kirche

Wie haben die Vertreter des frühen Christentums auf die Lehre von der Seelenwanderung reagiert? Die Vorstellung ist in der frühchristlichen Literatur durchaus ein Thema; die Kirchenväter lehnen die Seelenwanderungsvorstellung mehrheitlich und deutlich ab. Einen ersten inhaltlichen Höhepunkt erreicht die Diskussion bei Irenäus von Lyon (gestorben 202 n. Chr.). In seinem Hauptwerk »Adversus haereses« wendet er sich gegen die von den gnostischen Karpokratianern vertretene Seelenwanderungslehre. Er führt den Glauben an die Auferstehung der Toten und das Argument der fehlenden Erinnerung an frühere Erdenleben gegen die Seelenwanderungsvorstellung an.[20] Weiter widerspreche die Auffassung von der Einmaligkeit des Menschen dem Seelenwanderungsgedanken. Irenäus schreibt: »Denn Gott ist nicht so arm oder beschränkt, daß er nicht vermöchte, einem jeden seinen eigenen Leib, seine eigene Seele, seinen eigenen Charakter zu geben.«[21] Irenäus vertritt die Ansicht, daß die Seele des Menschen über den Tod hinaus mit einem bestimmten Körper verbunden bleibt, und wendet sich damit gegen die Vorstellung, wonach die Seele nacheinander in verschiedene Körper eingehen könne.

Weitere Kirchenväter sind mit ihrer ablehnenden Haltung der Lehre von der Seelenwanderung gegenüber zu nennen. So zum Beispiel der lateinische Kirchenschriftsteller Tertullian (gestorben um 220 n. Chr.), der römische Presbyter Hippolyt (gestorben 235 n. Chr.) oder die Kirchenväter Ambrosius (gestorben 397 n. Chr.) und Augustinus (gestorben 430 n. Chr.).[22]

Origenes – der christliche Kronzeuge für die Seelenwanderungslehre? Hat Origenes (gestorben 254 n. Chr.) die Seelenwanderung gelehrt? Handelt es sich bei dieser Vermutung lediglich um einen Schachzug seiner theologischen und kirchenpolitischen Gegner? Die Materie ist kompliziert. In der Forschung gibt es keine einhellige Meinung darüber, ob Origenes die Seelenwanderung je gelehrt hat. Origenes hat sein Interesse für die Seelenwanderungslehre bekundet und dessen Verträglichkeit mit dem christlichen Glauben geprüft. Sein Hauptwerk mit dem Titel »De principiis« ist lediglich in einer lateinischen Übersetzung des Origenes-Anhängers Rufin (gestorben um 410 n. Chr.) erhalten. Teile des Werkes sind auch beim lateinischen Kirchenlehrer Hieronymus (gestorben 420 n. Chr.) überliefert. Hieronymus behauptet, Origenes habe am Ende des ersten Buches des Werkes die Seelenwanderungslehre vorgetragen. Doch der Origenes gegenüber kritisch eingestellte Hieronymus fügt hinzu, daß Origenes die Seelenwanderungslehre nicht als »Dogma« vortragen wollte, sondern nur zur Vervollständigung der behandelten Problematik. Rufin dagegen ist darauf bedacht, unkirchliche Stellen im Werk des Origenes zu glätten. Er lässt die entscheidende Stelle weg und vermerkt, daß Origenes die Seelenwanderungslehre nur als Häresie angeführt habe.[23] Eine sichere Aussage scheint hier nicht mehr möglich. Allerdings findet sich im Werk des Origenes an mehreren Stellen eine explizit ablehnende Haltung gegenüber der Seelenwanderungslehre.[24] Zudem entwickelt er Ansätze zu einer »Fegfeuerlehre«. Die Vorstellung von einer Läuterung im Jenseits schließt indirekt eine Wiederverkörperung der Seele aus. Zudem ist die Lehre von der Seelenwanderung bei den Schülern von Origenes kein Thema.[25]

Zweifellos fest steht hingegen, daß Origenes die sogenannte Lehre von der »Präexistenz der Seele«, die Vorstellung des vorgeburtlichen Lebens der Seele, vertreten hat.[26] Die Lehre von der Präexistenz der Seele ist es denn auch, die auf der Synode der konstantinopolitanischen Kirchenprovinz (543 n. Chr.) – unter dem Einfluß von Kaiser Justinian (um 483–565 n. Chr.) – verurteilt wird.[27] Dieselbe Lehre wird neben anderen sogenannten Irrlehren nochmals beim Fünften Ökumenischen Konzil von Konstantinopel (553 n. Chr.) verurteilt. Gegenstand der Entscheidung ist die Auffassung von der Präexistenz der Seelen, nicht aber die Seelenwanderungslehre. Die These von der angeblichen Verdrängung der ursprünglich im Christentum beheimateten Seelenwanderungslehre im 6. Jahrhundert n. Chr.[28] ist falsch. Aus der Verurteilung der Lehre vom vorgeburtlichen Leben der

Seele kann natürlich nicht auf eine Streichung der Seelenwanderungslehre aus dem Gedankengut des Christentums geschlossen werden.

Die Vorstellung von den wiederholten Erdenleben taucht im christlich geprägten Abendland in verschiedenen Interpretationen und Variationen immer wieder auf. Sie verliert nach der Zeit der griechischen und römischen Antike zwar an Bedeutung, spielt aber gerade in Traditionen am Rande des Christentums oftmals eine wichtige Rolle. Ihre Verbreitung bleibt weitgehend auf esoterische Kreise beschränkt, wie zum Beispiel den Templer-Orden, die Rosenkreuzer oder die Freimaurer. Von der Renaissance an mehren sich die Zeugnisse für den Reinkarnationsgedanken wieder. Besondere Bedeutung erlangt die Vorstellung in der Neuzeit, vor allem in der Zeit der idealistischen Philosophie und Theologie um die Wende vom 18. zum 19. Jahrhundert und in der Epoche der deutschen Klassik und Romantik.

Der Reinkarnationsgedanke in der deutschen Klassik und Romantik

»Warum sollte ich nicht so oft wiederkommen, als ich neue Kenntnisse, neue Fertigkeiten zu erlangen geschickt bin? Bringe ich auf *einmal* so viel weg, daß es der Mühe wiederzukommen etwa nicht lohnt?«[29] Dieses Plädoyer für die Seelenwanderungslehre hält der Schriftsteller Gotthold Ephraim Lessing (1729–1781) in seinem Werk »Die Erziehung des Menschengeschlechts«. Lessing gilt als der bedeutendste Vertreter der Epoche der Aufklärung. Er beschäftigt sich in den letzten Jahren seines Lebens und Schaffens wiederholt mit der Frage des Todes und einer möglichen Existenz nach dem Tod. In den elf letzten Paragraphen seines Werkes »Die Erziehung des Menschengeschlechts« erläutert er als mögliche Antwort die Idee der Seelenwanderung. Der Autor greift die Vorstellung als Hypothese auf und verbindet sie mit dem Entwicklungs- und besonders mit dem Erziehungsgedanken. Die Reinkarnationsvorstellung erhält eine soziale Dimension; der einzelne Mensch trägt durch seine während mehrerer Erdenleben vollzogene Entwicklung zur Erziehung des Menschengeschlechts bei. Der Reinkarnationsvorstellung eignet auch eine kosmische Dimension; Lessing rechnet neben der Inkarnation auf Erden mit möglichen Reinkarnationen in anderen Welten.[30]

Die Seelenwanderungsvorstellung Lessings beeinflußt in einer kaum überschaubaren Weise Einzelpersonen und geistige Strömungen direkt oder indirekt. Seine Zeitgenossen Johann Wolfgang Goethe, Johann Gottfried Herder und Johann Georg Schlosser greifen seine Gedanken direkt auf. Goethe und Schlosser als Befürworter, Herder als Gegner der Seelenwanderung. Lessingsches Gedankengut findet sich in der Folge in verschiedenen geistigen Traditionen bis hinein ins 20. Jahrhundert. Weshalb diese enorme Wirkung der von Lessing vertretenen Seelenwanderungslehre? Zwei Gründe lassen sich anführen: Einerseits verbindet Lessing die Vorstellung von der Seelenwanderung mit dem Entwicklungs- und Erziehungsgedanken: Seelenwanderung als Mittel zu Entwicklung und Erziehung des Menschen. Andererseits legt er eine sehr optimistische und positive Variante der Seelenwanderungslehre vor: Inkarnationen im Tierreich sind ausgeschlossen; das Wiederkommen der menschlichen Seele ist auf das Menschenreich beschränkt. Zudem beinhaltet die Seelenwanderungslehre die Chance, die Vollkommenheit im Laufe von mehreren irdischen Existenzen zu erreichen.

Der Reinkarnationsgedanke, verstanden als Mittel zu Entwicklung und Erziehung des Menschen, bleibt in den großen esoterischen Traditionen des 19. und 20. Jahrhunderts aktuell. Reinkarnation wird zu einem zentralen Bestandteil der jeweiligen Weltanschauung. Dies gilt in besonderer Weise für die Traditionen Spiritismus, Theosophie und Anthroposophie.

Der Reinkarnationsgedanke im Spiritismus

Klopflaute im Haus eines methodistischen Farmers in einer kleinen Ortschaft in den Vereinigten Staaten. Die Töchter des Hauses nehmen Kontakt auf mit dem »Klopfgeist«; mit Hilfe eines »Klopf-ABC« entschlüsseln sie seine Aussagen.

Er gibt sich als Geist eines im selben Haus ermordeten Krämers aus. Der Fall trägt sich im Jahre 1848 zu, wird öffentlich und zeitigt eine enorme Wirkung.[31] Die Kontaktaufnahme mit dem Jenseits wird zu einer populären Bewegung. Der moderne Spiritismus ist geboren.

Was bedeutet Spiritismus? Der Begriff »Spiritismus« bezeichnet verschiedene Theorien, Praktiken und Bewegungen. Ihnen gemeinsam ist die Ansicht, daß ein bestimmter Aspekt des Menschen (Seele oder Geist) den physischen Tod überlebt und daß Lebende mit Hilfe von bestimmten Personen (Medien) oder Techniken mit den Verstorbenen Kontakt aufnehmen können. Diese Ansicht findet sich in allen Religionen, Kulturen und Epochen der Menschheit. Von dieser in verschiedenen Kontexten und Varianten auftretenden Form des Spiritismus gilt es eine Mitte des 19. Jahrhunderts entstandene religiöse und soziale Massenbewegung zu unterscheiden: den modernen amerikanisch-europäischen Spiritismus.

Eine verbindliche Fassung der spiritistischen Weltanschauung oder eines spiritistischen Glaubensbekenntnisses gibt es nicht. Der Franzose Hippolyte Leon Denizard Rivail (1804–1869), bekannt unter dem Namen Allan Kardec, hat den geschlossensten Entwurf einer spiritistischen Weltanschauung vorgelegt; seine Lehren haben besonders in Lateinamerika und Europa Verbreitung gefunden.[32] Die Reinkarnationsvorstellung ist fester Bestandteil seiner Lehre. Dies gilt allerdings nicht für alle spiritistischen Gruppen; die Frage der mehrmaligen Erdenleben wird im Spiritismus kontrovers diskutiert; sie führt zur Abspaltung einzelner Organisationen.[33] Die meisten spiritistischen Theorien nehmen jedoch den Reinkarnationsgedanken auf. Der Pädagoge, spiritistische Forscher und Schriftsteller Allan Kardec[34] unterscheidet in seinem »Buch der Geister« die materielle von der geistigen Welt. Die materiellen Wesen bilden die sichtbare, die immateriellen Wesen die unsichtbare Welt. Die Geister inkarnieren sich für eine gewisse Zeit in körperlichen Wesen, den Menschen. Beim Tod verlassen die Geister den Körper und kehren in ihre Heimat, die geistige Welt, zurück. Es folgt eine Zwischenphase als Wandelgeist. Dieser Zwischenzustand kann von einigen Stunden bis zu einigen

Jahrtausenden dauern. Danach zieht der Geist wieder materielle Hüllen an.[35]

Warum inkarnieren sich die Geister mehrere Male? Reinkarnation hat bei Kardec zwei Zwecke: Sühne einerseits und fortschreitende Besserung der Menschheit andererseits. Das Leben auf Erden ist für den Menschen Prüfung und Sühne.[36] Die Geister wählen eine Existenz, die gute Bedingungen für ihre Reinigung und ihren Fortschritt bietet. Falls sie zu einer solchen Wahl nicht fähig sind, wird ihnen von Gott eine entsprechende Existenz auferlegt.[37]

Kardecs Reinkarnationsvorstellung steht im Dienst des Entwicklungsgedankens und trägt pädagogische Züge. Die Geister inkarnieren sich mehrmals auf Erden, um sich selber zu entwickeln und zu vervollkommnen. Gleichzeitig tragen sie zum allgemeinen Fortschritt der Menschheit bei. Kardec macht neben der Vorstellung von mehrmaligen irdischen Existenzen die Möglichkeit einer kosmischen Reinkarnation (in anderen Welten) geltend. Mit seinem »pädagogischen Evolutionismus«[38] ist Kardec ein direkter Vorläufer der Interpretation des Reinkarnationsgedankens in den Traditionen Theosophie und Anthroposophie.

Der Reinkarnationsgedanke in der Theosophie

Der griechische Begriff »Theosophie« kann mit »Gottesweisheit« oder »Wissen von Gott« übersetzt werden. Theosophie bezeichnet geistige Strömungen, in denen davon ausgegangen wird, daß für den Menschen ein direkter Zugang zum Göttlichen oder zu einer höheren Form der Wahrheit möglich ist; dies geschieht durch Erleuchtung, Anschauung oder direkte Erkenntnis. Diese Bemühungen unternehmen Menschen – ähnlich wie im Spiritismus – zu verschiedenen Zeiten der Menschheitsgeschichte. Einen Höhepunkt erreicht die Theosophie in der Theosophischen Gesellschaft, aus der wiederum verschiedene Bewegungen hervorgehen. Die Deutschrussin Helena Petrowna Blavatsky (1831–1891) ist Hauptbegründerin der 1875 in New York gegründeten Theosophischen Gesellschaft. Eine einheitliche und verbindlich formulierte Lehre der Theosophie oder der Theosophischen Gesellschaft gibt es wiederum nicht. Vielmehr gilt es, das Werk einzelner gewichtiger Vertreterinnen und Vertreter der Theosophie zu berücksichtigen. Dabei lassen sich durchaus gemeinsame Prämissen beobachten. Eine solche Gemeinsamkeit stellt die Reinkarnationslehre dar.[39] Im Werk von Blavatsky finden sich verschiedene Ausformungen der Reinkarnationslehre. Eine einheitlichere Darstellung findet sich bei Annie Besant (1847–1933), einer späteren Präsidentin der Theosophischen Gesellschaft.

Besant definiert Reinkarnation mit folgenden Worten: »Im Sinne der esoterischen Philosophie besagt die Lehre von der Wiederverkörperung: es existiert ein lebendiges und individuelles Prinzip, das den menschlichen Körper bewohnt und beseelt und nach dem Tode des Körpers nach längeren oder kürzeren Zwischenräumen in einen anderen Körper übergeht.«[40] Von der esoterischen unterscheidet sie die exoterische Lehre der Wiederverkörperung im Brahmanismus und Buddhismus. Dort könne das sich immer wieder verkörpernde Prinzip von menschlichen zu tierischen Formen und umgekehrt übergehen. Dies hält sie für eine Verzerrung der esoterischen Lehre. Nach der esoterischen Lehre entwickelt sich das Leben stufenweise vom Mineral-, Pflanzen- und Tierreich zum Menschen.[51] Beim Durchschreiten dieser Evolutionsfelder sammelt die Seele Erfahrungen und entwickelt sich weiter, bis sie die Vollkommenheit erreicht hat. Ist die Seele einmal auf der Stufe der Menschheit angelangt, wird sie sich nicht mehr in einer unteren Stufe inkarnieren. Damit ist eine Einkörperung der menschlichen Individualität im Tier- oder Pflanzenreich ausgeschlossen.

Für Besant ist Reinkarnation »eine in der Natur begründete Thatsache«[42]; sie begnügt sich aber damit, sie als »beachtenswerte, der Vernunft entsprechende Hypothese, nicht aber als bewiesenen Lehrsatz hinzustellen«[43]. Die Reinkarnationsvorstellung allein stellt für sie eine befriedigende Erklärung dar für die ungleichen menschlichen Schicksale, Lebensverhältnisse, Fähigkeiten usw. Damit ist die Frage der Gerechtigkeit angesprochen. Die Annahme der Reinkarnation bedeutet für Besant, daß in der Welt Gerechtigkeit herrscht und der Mensch sein Schicksal selbst bestimmt.[44]

Verständlich wird dieser Gedanke erst aufgrund des Gesetzes von Ursache und Wirkung, des Karma-Gesetzes. Besant
umschreibt Karma mit den Begriffen »Tat« und »Handlung«. Für sie sind einerseits »alle Handlungen Auswirkungen vorausgegangener Ursachen«[45]; andererseits ist »jede
Wirkung ihrerseits eine Ursache für zukünftige Wirkungen«[46]. Mit anderen Worten: Einerseits ist die aktuelle Situation eines menschlichen Lebens bestimmt durch Taten oder
Unterlassungen in dieser oder in einer früheren Existenz.
Andererseits bestimmen Wollen, Denken und Handeln in
der aktuellen Existenz die Zukunft des Menschen in diesem
oder in einem späteren Leben auf Erden. In diesem Sinn nun
herrscht in der Welt Gerechtigkeit. Die ungleichen Schicksale, Lebensverhältnisse und Fähigkeiten der Menschen haben ihre Erklärung weitgehend in früheren Inkarnationen.
Besant kommt zum Schluß: »Nichts kann einen Menschen
treffen, was er nicht verdient hätte; …«[47] Aber es gilt auch
der Satz: »Was der Mensch gesäet hat, das wird er auch ern-
ten.«[48] Besant will das Karma-Gesetz keineswegs fatalistisch
oder die Passivität des Menschen fördernd mißverstanden
wissen. Die ungenaue Kenntnis des Gesetzes hält sie für ge-
fährlich, denn diese könne den Menschen zur Untätigkeit
verleiten. Unglück und Leiden sind zwar das Resultat von
Karma; Besant betont jedoch, daß dies kein Grund sei, Unglück und Leiden nicht lindern zu helfen. Denn das neue
Karma bestimmt die Richtung der neuen Inkarnationen eines Menschen.[49]
   Die Seele wird solange wiedergeboren, bis die Erziehung
des Menschen ein Ende findet und er ein vollkommener
Mensch geworden ist. Der Mensch braucht dann nicht länger auf der Welt geboren zu werden, da er ihre Lehren erlernt
hat. Am Ende der Entwicklung des Menschen steht demnach
bei Besant das Ausscheiden aus dem Zwang des Wiedergeborenwerdens; der Mensch hat alle Lehren der Welt erlernt
und die Fähigkeit erlangt, mit dem Göttlichen eins zu werden.

Der Reinkarnationsgedanke
in der Anthroposophie

Die meisten Zeitgenossen verbinden mit dem Wort »Anthroposophie« oder mit dem Namen Rudolf Steiner zunächst einmal kulturelle Leistungen wie zum Beispiel die Rudolf-Steiner-Schulen (auch Waldorfschulen genannt). Diese in vielen Gebieten bis hin zur Medizin oder Landwirtschaft verwirklichten Reformideen sind Ausdruck einer Spiritualität oder Weltanschauung. Die Weltanschauung der Anthroposophie ist weniger bekannt als deren kulturelle Leistungen. Die Spiritualität ist im Werk von Rudolf Steiner (1861–1925) enthalten; es umfaßt zusammen mit den Vortragsmitschriften über 350 Bände. Steiner hat bis 1913 der Theosophischen Gesellschaft angehört; nach internen Streitigkeiten hat er sich von ihr getrennt und die Anthroposophische Gesellschaft gegründet.

Das griechische Wort »Anthroposophie« bedeutet »Wissen vom Menschen« oder »Weisheit vom Menschen«. Steiner verfolgt das Ziel, Kenntnisse der sogenannten »höheren Welten« zu gewinnen. Durch Konzentration und Meditation erzielt der Mensch ein intuitives Schauen, das ihn befähigt, die geistige Welt und ihre Erscheinungen zu erfassen. Dies gilt auch für die Auffassung vom Tod und der Wiederverkörperung des Menschen. Zum besseren Verständnis der Wiedergeburtsvorstellung bei Steiner empfiehlt sich ein kurzer Blick auf seine Definition des Menschen.

Im Werk von Steiner findet sich keine einheitliche Beschreibung des Menschen. Je nach Phase und Schrift verwendet er unterschiedliche Begriffe und Einteilungen. Im Hinblick auf die Darstellung der Lehren von Wiederverkörperung und Karma soll im folgenden lediglich die Vierteilung beschrieben werden. Die Bezeichnungen der vier Wesensglieder des Menschen lauten:

1. Physischer Leib
2. Ätherleib
3. Astralleib und
4. Ich

1. Der physische Leib ist das einzige materielle Wesensglied. Er ist aus den mineralischen Stoffen der Umwelt gebildet und zerfällt nach dem Tod des Menschen. Die anderen Wesensglieder sind übermateriell und drücken sich im Leib aus.
2. Der Ätherleib ist sozusagen der »Architekt« des Leibes. Er gibt dem physischen Leib und seinen Organen Form und Gestalt und bewirkt die einfachen Lebensfunktionen wie atmen oder verdauen. Ein Ätherleib findet sich auch bei den Pflanzen.
3. Der Astralleib unterscheidet den Menschen von den Pflanzen. Er gehört zum bewußten, seelisch-geistigen Teil des Menschen; er ist Träger des Bewußtseins. Der Astralleib ermöglicht es dem Menschen, äußere Eindrücke als seine Innenwelt zu erleben, Gefühle, Schmerz, Instinkte usw. zu empfinden.
4. Das Ich schließlich macht den Menschen zum Menschen. Es erhebt ihn über jedes Tier. Steiner spricht vom geistigen Kern des Menschen, der die bisher genannten niederen Fähigkeiten und Glieder wie »Hüllen« bewohnt und sich über alle momentane Empfindung hinaus als Bleibendes erlebt.[50]

Diese Sicht Steiners vom Menschen ist von zentraler Bedeutung für seine Idee von der Wiederverkörperung des Menschen und deren Begründung. In einem ersten Schritt stellt sich die Frage, was mit den von Steiner definierten Wesensgliedern im und nach dem Tod des Menschen geschieht.

Im Tod findet laut Steiner eine erste Trennung der menschlichen Wesensglieder statt. Die sogenannten übermateriellen Wesensglieder (das Ich, der Astralleib und der Ätherleib) lösen sich vom physischen Leib. Dieser zerfällt und löst sich wieder in die mineralischen Stoffe auf. Nach dieser Trennung der übermateriellen Wesensglieder vom Leib hält der Verstorbene Rückschau auf sein vergangenes Leben. In einem Erinnerungstableau nimmt er alle Erinnerungen wahr. Diese sind im Ätherleib aufbewahrt. Nach wenigen Tagen verblassen die Bilder, und der Ätherleib löst sich im allgemeinen Weltenäther auf. Astralleib und Ich bleiben zurück. Eine Art Zusammenfassung oder Extrakt des Erlebten wird im Ich eingelagert und bleibt auch in späteren Erdenleben erhalten. Es folgt eine Phase der Läuterung, auch

Fegefeuer oder Kamaloka (Ort der Begierde) genannt. Ich und Astralleib befreien sich langsam von allen irdischen Einflüssen und Bindungen. Der Mensch durchlebt jetzt sein Erdenleben nochmals, und zwar von hinten nach vorne. Dabei erlebt er nicht die eigenen Empfindungen, sondern Schmerz und Freude, die er anderen bereitet hat. Der Astralleib fällt als dritter Leichnam vom Ich ab und löst sich in der allgemeinen Astralwelt auf. In der letzten Phase nach dem Tod betritt das Ich das Geisterland. Hier wird es weitergebildet, erhält Einsicht in Absicht und Ziel, vergangener und künftiger Leben und bereitet sich damit auf weitere Inkarnationen vor; es entsteht der Drang nach Wiedergutmachung in einem weiteren Erdenleben. Das selbstgeschaffene Schicksal, das Karma, soll im kommenden irdischen Dasein abgetragen werden.[51]

Wann erfolgt die Wiederverkörperung? Steiner nennt zwei Bedingungen, die erfüllt sein müssen, damit der Mensch wieder in die physisch-sinnliche Welt zurückkehren kann. Erstens muß sich die Welt in der Weise verändert haben, daß das Ich Erfahrungen sammeln kann, die ihm in vorangegangenen Verkörperungen nicht möglich waren. Zweitens muß das Ich im Zustand zwischen Tod und neuer Geburt gewisse Entwicklungen durchgemacht haben, damit eine Wiedergeburt möglich wird. Das Ich gerät so nach einer bestimmten Zeit in eine geistige Verfassung, die einen inneren Drang nach einer neuen Verkörperung entwickelt.[52]

Was wird wiedergeboren? Auf diese Frage gibt es bei Steiner keine genaue Antwort. Am ehesten handelt es sich wohl um das Ich. Es bleibt durch mehrere Inkarnationen auf der Erde hindurch bestehen und gewährleistet eine Kontinuität während der einzelnen Inkarnationen. Damit wäre auch die prinzipielle Möglichkeit der Erinnerung an frühere Inkarnationen begründet.[53]

In engem Zusammenhang mit der Lehre von der Wiederverkörperung steht auch bei Steiner das Karma-Gesetz. Steiner spricht auch vom Schicksalsgesetz oder Kausalitätsgesetz. Dieses Gesetz erklärt, wie die verschiedenen Erdenleben, die das Ich durchläuft, zusammenhängen. Das Karma-Gesetz besagt laut Steiner, daß das Schicksal des gegenwärtigen Lebens das Ergebnis von Taten und Erlebnissen früherer

Leben ist und daß das Verhalten im gegenwärtigen Leben das Schicksal der zukünftigen Erdenleben beeinflußt. Einerseits läßt die »Wirkung aus der Vergangenheit« den Menschen nicht ganz frei, sondern verlangt den Ausgleich oder die Wiedergutmachung von schlechten Taten oder von Unterlassungen. Andererseits beeinflußt der Mensch durch sein Verhalten im derzeitigen Leben indirekt das Schicksal künftiger Wiederverkörperungen. Er kann sich als Urheber seines Schicksals verstehen.[54] Steiner formuliert pointiert: »Wir tragen in uns die Wirkungen vergangener Taten, und wir sind die Sklaven der Vergangenheit, aber die Herren der Zukunft.«[55] Steiner sieht Karma zwar als unabänderliches Gesetz; das Schicksal aber bleibt durch Leistung beeinflußbar. In diesem Sinne wird die menschliche Freiheit durch das Karma-Gesetz nicht beeinträchtigt. Steiner meint, daß der Mensch jederzeit »neue Posten ins karmische Lebensbuch«[56] eintragen kann.

Der Gedanke der Wiederverkörperung nimmt im Werk von Steiner eine zentrale Stellung ein. Hinter der Idee der Wiederverkörperung steht die Überzeugung, daß Welt und Menschheit in einer Entwicklung stehen. Der Mensch entwickelt und arbeitet sich empor im Wechsel zwischen Wiederverkörperungen auf der Erde und Aufenthalten in den geistigen Welten. Der Wiederverkörperungsgedanke ist bei Steiner eng mit dem Evolutionsbegriff verbunden. Welches ist das Ziel menschlicher Entwicklung? Ziel ist die menschliche Selbstwerdung, die Vollkommenheit. Die Lehre von der Wiederverkörpung besagt, daß der Mensch immer wieder auf die Erde zurückkehrt, um sich zu vervollkommnen. Mit dem Gedanken der Wiederverkörperung verbindet sich weiter die Vorstellung vom Hineinwachsen des Menschen in einen geistig-göttlichen Bereich. Das Ich des Menschen hat nach Ansicht Steiners Anteil am Geistigen; das Ich oder der Wesenskern des Menschen ist mit dem Göttlichen von einer Art und Wesenheit; das ureigenste Wesen des Menschen ist sozusagen dem Göttlichen entnommen. Die Wiederverkörperung dient dem Ziel, sich zum Geistigen hinauf zu entwickeln, die Vergöttlichung des Menschen anzustreben. Mit dem Karma-Gesetz klingt die Idee der Wiederverkörperung als Erziehung an. Der Mensch braucht sein aktuelles Schicksal, um sich weiterzuentwickeln; ein einziges Erdenleben wäre zu kurz für den menschlichen Lernprozeß.

Die Untersuchung der wichtigsten Reinkarnationsvorstellungen in der europäischen Antike und Neuzeit zeigt, daß es *die* Reinkarnationsvorstellung nicht gibt. Vielmehr existieren verschiedene Interpretationen des Reinkarnationsgedankens, die durch ihren jeweiligen weltanschaulichen Kontext geprägt sind. Als eine wichtige gemeinsame Prämisse der Reinkarnationsvorstellungen in der europäischen Antike und Neuzeit erweist sich die Idee der Entwicklung und Erziehung des Menschen während mehrerer Inkarnationen auf Erden. Sie klingt bei den griechischen Philosophen an, wird bei Lessing erstmals ausgefaltet und in den großen esoterischen Traditionen des 19. und 20. Jahrhunderts in ein vom Evolutionsgedanken geprägtes Gesamtsystem integriert.[57]

Schopenhauers und Wagners Verarbeitung des indischen Reinkarnationsgedankens

Wolfgang Seelig

Schopenhauer kannte vor dem Abschluß der ersten Auflage seiner »Welt als Wille und Vorstellung« im Jahre 1818 nur Teile des Brahmanismus.[1] Den Buddhismus – dessen Reinkarnationsvorstellungen ihn später tief beeindrucken sollten – entdeckte er erst später für sich.[2] (Dies mag auch daran liegen, daß man in Deutschland zu dieser Zeit noch recht wenig davon wußte.) Der mit Goethe und Herder befreundete Orientalist Friedrich Majer hatte Schopenhauer in Weimar im Winter 1813/14 in das indische Altertum (Vedanta) eingeführt,[3] was, wie er selber schreibt, von wesentlichem Einfluß auf ihn gewesen ist.[4] Dadurch angeregt hat Schopenhauer dann im selben Winter unter anderem die ›Mythologie des Indous‹ (1809) von Mme. de Polier gelesen und hat im März 1814 den Oupnekhat[5] kurz vor seiner Übersiedlung nach Dresden kennengelernt, wo er seine »indischen« Studien[6] intensiv fortsetzte. Dabei las er das Gesetzbuch des Manu und die Bhagavadgîtâ. Wie Schopenhauer schreibt,[7] ist es während dieses vierjährigen Aufenthaltes in Dresden gewesen, daß sein philosophisches System zu einem einheitlichen Gedankengebäude wurde, so wie er es dann unmittelbar anschließend im ersten Bande seines Hauptwerkes niedergelegt hat.

Die Synthese seines Systems ergab sich also für Schopenhauer nicht nur aus seinen intensiven Studien von Platon und Kant, sondern auch aus der indischen Mythologie und der Philosophie der Upanishaden. So schreibt Schopenhauer 1816: »Ich gestehe, daß ich nicht glaube, daß meine Lehre je hätte entstehen können, ehe die Upanishaden, Platon und Kant ihre Strahlen zugleich in eines Menschen Geist werfen konnten.«[8] Und bereits 1814 notiert Schopenhauer in einem Manuskript[9] die Worte aus dem Oupnekhat, welche dann das Motto[10] des vierten Buches seines Hauptwerkes (abgeschlossen März 1818) werden sollten: »Zur Zeit, da sich die

Erkenntnis einstellte, hat die Begierde sich von dannen gehoben.«[11] Und 1851 stellt er fest, daß der Oupnekhat die beloh-
nendste und erhebendste Lektüre sei, die auf der Welt möglich ist; sie sei der Trost seines Lebens gewesen und würde es
auch für sein Sterben sein.[12]

Vom Buddhismus erhält Schopenhauer auch in den späte-
ren Jahren zunächst nur eine annähernde, aber dennoch We-
sentliches erfassende Kenntnis aus dritter und vierter Hand,
trotz intensiven Studiums aller ihm zugänglichen Bücher,
Zeitschriften und Reiseberichte.[13] So etwa durch die Arbeit
Burnoufs[14] – die später auch für Richard Wagner eine der
Hauptquellen sein sollte! –, durch die Bücher von Spence
Hardy[15] und durch das für Deutschland lange Zeit als Standardwerk über den Buddhismus geltende Buch von Köppen
»Die Religion des Buddha und ihre Entstehung« (1857–59).
Schopenhauer fühlte sich dann in der zweiten Auflage (1854)
seiner Schrift »Über den Willen in der Natur«(1835) zu der
Feststellung gedrängt, daß diese Religion sowohl wegen
ihrer inneren Vortrefflichkeit und Wahrheit als auch wegen
der überwiegenden Anzahl ihrer Bekenner, als die vornehm-
ste auf Erden zu betrachten sei.[16] Auf diese Weise hat Schopenhauer zur Bekanntschaft des Buddhismus in Europa beigetragen, was dann, durch die Studien von Deußen – dem
Gründer der Schopenhauer-Gesellschaft – wissenschaftlich
vertieft, zur breiteren Kenntnis beitrug.[17]

Nach Schopenhauer ist der Mensch »im principio individuationis« befangen, also in der Vorstellung der Welt in
Raum und Zeit, welche sich in der individualisierten Darstellung jeder Erscheinung auswirkt. Demgemäß sieht eine Person sich von jeder anderen als verschieden und durch eine
weite Kluft getrennt an und hält an dieser Erkenntnis, »weil
sie seinem Egoismus allein gemäß und die Stütze desselben
ist«, mit aller Gewalt fest. Und wenn auch fast immer »die
Erkenntniß vom Willen bestochen ist«, so regt sich dennoch
im Innersten des Bewußtseins die geheime Ahnung, daß eine
solche Ordnung der Dinge doch nur Erscheinung ist, und es
sich eigentlich ganz anders verhält. So sehr auch Zeit und
Raum den Menschen von andern Individuen trennen und sie
als ganz fremd darstellen, so ist es an sich, abgesehen von der
Vorstellung und ihren Formen, der eine Wille zum Leben,

der in ihnen allen erscheint.[18] »Denn so wie im Traum in allen uns erscheinenden Personen wir selbst stecken, so ist es im Wachen der Fall – wenn auch nicht so leicht einzusehen.« Für diese Erkenntnis gelte im Sanskrit die Formel »tat twam asi«, daß heißt, »dies bist Du«,[19] und so trenne uns von dem Leben und Leiden der anderen nur der »Schleier der Maya«, »nur ein täuschender Traum, dessen Form Raum und Zeit ist«. Nur durch ihn sind für die Erkenntnis des Individuums Möglichkeit und Wirklichkeit, Nähe und Ferne der Zeit und des Raumes, verschieden; nicht so an sich. »Diese Wahrheit ist es, welche mythisch, d. h. dem Satz vom Grund angepaßt und dadurch in die Form der Erscheinung übersetzt, durch die Seelenwanderung ausgedrückt wird.«[20] »Die Millionen Jahre steter Wiedergeburt bestehn dabei zwar bloß im Begriff, wie die ganze Vergangenheit und Zukunft allein im Begriff existiert: die erfüllte Zeit[21], die Form der Erscheinung des Willens ist allein die Gegenwart[22], und für das Individuum ist die Zeit immer neu: es empfindet sich stets als neu entstanden. Denn von dem Willen zum Leben ist das Leben unzertrennlich und dessen Form allein das Jetzt.« »Außer der Zeit liegt allein der Wille, Kants Ding an sich, und dessen adäquate Objektivität, Platons Idee.«[23] Und Schopenhauer fügt hinzu: da so dem Willen zum Leben das Leben selbst stets gewiß sei und damit seine einzige wirkliche Form die der Gegenwart sei, der wir, analog zum Walten von Geburt und Tod in der Erscheinung, nimmer entrinnen, drücke dies der Indische Mythos dadurch aus, indem er sagt: »Sie werden wiedergeboren.«[24]

Wie Schopenhauer dann weiterhin darlegt, »geraten wir hier freilich auf eine Art Metempsychose; wiewohl mit dem bedeutenden Unterschiede, daß solche nicht [...] das *erkennende* Wesen betrifft, sondern den *Willen* allein; wodurch so viele Ungereimtheiten wegfallen, welche die Metempsychosenlehre begleiten.«[25] Da der individuelle Wille des Menschen bei einer Metempsychose sich im Tode von dem Intellekt trenne und dann durch eine neue Zeugung einen neuen Intellekt empfange, werde er ein neues Wesen ohne Erinnerung an ein früheres Dasein. Und da der Intellekt, welcher allein die Fähigkeit der Erinnerung habe, der sterbliche Teil oder nur die Form sei, das Ewige aber, die Substanz, demnach der Wille sei, so sei zur Bezeichnung dieser Lehre das Wort Palingenesie[26] richtiger als Metempsychose. »Mit dieser Ansicht stimmt nun auch die eigentliche, so zu sagen esoterische Lehre des Buddhaismus, wie wir sie durch die neuesten Forschungen kennengelernt haben, überein, indem sie nicht Metempsychose, sondern eine eigentümliche, auf moralischer Basis ruhende Palingenesie lehrt, welche sie mit großem Tiefsinn ausführt und darlegt.«[27] Da aber diese esoterische Lehre für die große Masse der Buddhaisten *zu subtil* sei, so Schopenhauer, werde sie für diese »als faßliches Surrogat, eben Metempsychose gepredigt.«[28]

Schopenhauer legt dar, daß zwar jedes neugeborene Wesen frisch und freudig in das neue Dasein tritt und es als ein geschenktes genießt, daß aber sein frisches Dasein bezahlt ist »durch den Tod eines abgelebten, welches untergegangen ist, aber den unzerstörbaren Keim enthielt, aus welchem dieses neue entstanden ist: sie sind *ein* Wesen.«[29] Und so zitiert er »was der Upanischad des Veda ausspricht: Alle diese Geschöpfe insgesamt bin ich, und außer mir ist kein anderes Wesen vorhanden.«[30] Die hier ausgesprochene große Wahrheit sei auch nie ganz verkannt worden, führt Schopenhauer weiterhin aus: »Wir finden nämlich die Lehre von der Metempsychose, aus den urältesten und edelsten Zeiten des Menschengeschlechtes stammend, stets auf der Erde verbreitet, als den Glauben der großen Majorität des Menschengeschlechtes, [...] am subtilsten jedoch und der Wahrheit am nächsten kommend, [...] im Buddhaismus.«[31]

Schopenhauer behandelt deshalb die Metempsychose im Rahmen der sich aus seiner Naturphilosophie ergebenden Ethik,[32] besonders unter dem Gesichtspunkt der Gerechtigkeit: Da aber die lebendige Erkenntnis der ewigen Gerechtigkeit, des Waagebalkens, der das *malum culpae* mit dem *malo poenae* unzertrennlich verbindet, eine gänzliche Erhebung über die Individualität und das Prinzip ihrer Möglichkeit erfordern würde, wird sie »der Mehrzahl der Menschen stets unzugänglich bleiben. – Daher haben die weisen Urväter des indischen Volkes sie zwar in den [...] Veden, oder in der esoterischen Weisheitslehre, direkt, so weit nämlich Begriff und Sprache es fassen und ihre immer noch bildliche, auch rhapsodische Darstellungsweise es zuläßt, ausgesprochen; aber in der Volksreligion, oder exoterischen Lehre, nur mythisch mitgeteilt.«[33] So werde also dem Volke jene große Wahrheit in die Erkenntnisweise übersetzt, welche dem Satz vom Grunde, also den Vorstellungen von Raum und Zeit folgt, also in der Form des Mythos, welcher die ethische Bedeutung durch bildhafte Darstellung faßlich mache; welches der Zweck aller Glaubenslehren sei, indem sie sämtlich »mythische Einkleidungen der dem rohen Menschensinn unzugänglichen Wahrheit sind«[34]. Der hier gemeinte Mythos von der Seelenwanderung lehre also,

daß alle Leiden, welche man im Leben über andere Wesen verhängt, in einem folgenden Leben auf eben dieser Welt, genau durch die selben Leiden wieder abgebüßt werden müssen. … Alle Qualen, die der Mythos droht, belegt er mit Anschauungen aus der wirklichen Welt, durch leidende Wesen, welche auch nicht wissen, wie sie ihre Qual verschuldet haben, und er braucht keine andere Hölle zu Hilfe zu nehmen. Als Belohnung aber verheißt er dagegen Wiedergeburt in besseren, edleren Gestalten, als Brahmane, als Weiser, als Heiliger.[35]

So führe ein gelebtes Wohlverhalten zu Wiedergeburten in immer edleren Formen, bis hin zu der nur negativ ausdrückbaren Verheißung, gar nicht mehr wiedergeboren zu werden und so erlöst zu sein von der Qual dieses Lebens. Deshalb meint Schopenhauer, der Mythos von der Seelenwanderung entferne sich nur in der Hinsicht von der Wahrheit, daß er in die Zukunft verlege, was schon jetzt sei. Die Lehre von der Metempsychose »läßt nämlich mein inneres Wesen an sich erst nach meinem Tode in Andern dasein, während der Wahrheit nach, es schon jetzt auch in ihnen lebt, und der Tod blos die Täuschung, vermöge deren ich dessen nicht inne werde, aufhebt«[36].

Schopenhauer trennt also die philosophisch-begriffliche Erkenntnissuche nach der ›Wahrheit‹ von der gleichnishaft mythologischen Darstellung des Erlebens unserer Vorstellungen der Raum-Zeit-Welt;[37] und nur dort ergeben sich die Bilder der Metempsychose und der Palingenesie. Schopenhauer legt also die Metempsychose in den Mythos – und eben der Mythos ist die Darstellungsweise Wagners![38]

Auch für Richard Wagner hatte alles seine Begründung

»in einem unendlichen Zusammenhange mit allem«[39]. Seine Naturphilosophie beruhte aber weitgehend auf der Philosophie Feuerbachs,[40] bevor er die Philosophie Schopenhauers im Herbst 1854 kennenlernte.[41] Auch bleibt viel von Feuerbachs Philosophie in ihren philosophischen und politischen Grundzügen in den Schriften und Arbeiten nach 1854 enthalten, als Wagner meinte, erst durch Schopenhauer seine eigenen bisherigen Werke wirklich zu verstehen. Zudem waren der »Holländer«, der »Tannhäuser« und auch »Lohengrin« vor 1854 vollendet und die Dichtung des »Ring« war bereits 1849 veröffentlicht worden.

Wagner schreibt voller Begeisterung noch im Dezember 1854 – unter dem unmittelbaren Eindruck von Schopenhauers »Die Welt als Wille und Vorstellung« – an Franz Liszt, daß die Philosophie Schopenhauers, »des größten Philosophen seit Kant«, »wie ein Himmelsgeschenk, in (seine) Einsamkeit gekommen« sei. »Sein Hauptgedanke, die endliche Verneinung des Willens zum Leben, ist von furchtbarem Ernste, aber einzig erlösend. Mir kam er natürlich nicht neu, [...] aber zu dieser Klarheit erweckt hat mir ihn erst dieser Philosoph.«[42] Wagner meinte also, wie er dann 1856 an seinen Freund Röckel schreibt, daß er in seinen bisherigen Werken bis hin zum Ring auch die Verneinung des Lebens als Ganzes, als Grundgedanke zur Lösung der Lebensprobleme ausgedrückt habe, wenn auch unbewußt, aber erst jetzt habe er »wirklich verstanden, d. h. auch mit dem Begriffe erfaßt, und meiner Vernunft verdeutlicht«[43]. Jetzt erst verstehe er, was er mit seiner Darstellung des Nibelungenmythos zum Ausdruck bringen wollte.[44]

So entstand zwar die erste Konzeption[45] zu »Tristan und Isolde« bereits im Oktober 1854 unter diesem Verständnis der Philosophie Schopenhauers, aber – wie es Thomas Mann darlegt –

was von Schopenhauer auf Wagner wirkte und worin dieser sich wiedererkannte, war die Welterklärung aus dem »Willen«, dem Triebe, die erotische Konzeption der Welt (das Geschlecht als »Brennpunkt des Willens«), von der die Tristan-Musik und ihre Sehnsuchtskosmogonie bestimmt sind. Man hat bestritten, daß der »Tristan« von schopenhauerischer Philosophie beeinflußt sei, – mit Recht, soweit die ›Verneinung des Willens‹ in Frage kommt: denn es handelt sich ja um ein Liebesgedicht, und in der Liebe, im Geschlecht bejaht sich der Wille am stärksten. Aber eben *als* Liebesmysterium ist das Werk bis ins letzte schopenhauerisch gefärbt.[46]

Wagner hatte ja schon im Januar 1854 – also bevor er Schopenhauers Philosophie kennenlernte – in einem Brief an seinen Freund Röckel geschrieben, daß wir nur durch die Liebe das Ganze in der einzelnen Erscheinung im vollen Sinne des Wortes wahrnehmen; wirklich *begreifen* können wir eine Erscheinung nur, wenn wir uns völlig von ihr einnehmen lassen: Alles, was ich nicht lieben kann, bleibt außer mir, und ich bleibe außer ihm. »Und wie geschieht dieser wunderbare Prozeß [...]? Die Liebe in vollster Wirklichkeit ist nun bloß innerhalb des Geschlechtes möglich: nur als Mann und Weib können wir Menschen am wirklichsten lieben.«[47]

Und so folgen alle Werke Wagners, vom »Fliegenden Holländer« bis zum »Parsifal«, mit ihrer endlichen Erlösung[48] von der Entzweiung des Lebens durch die (Wieder-)Vereinigung in Liebe, eben nicht der Schopenhauerschen Verneinung, obwohl Wagner selbst meinte, »Schopenhauerianer« zu sein. Die Erklärung gibt Wagner selbst – wie es der Schopenhauerforscher Arthur Hübscher darlegte –

in einer Tagebuchaufzeichnung und in dem unvollendeten Entwurf eines Briefes an Schopenhauer und später mehrfach noch in einzelnen Versuchen einer Abänderung und Erweiterung des Systems: Nicht in der Verneinung, sondern in einer Steigerung und Sublimierung des Willens sei das Heil zu suchen. Gerade in den starken, leidenschaftlichen Äußerungen des Willens liege der Keim zur Veredelung. So lebt im »Tristan«, in den »Meistersingern«, im »Parsifal«, ein neuer, in Schopenhauers Lehre nicht enthaltener Glaube an die Höherbildung des Menschen und die Regenerationsfähigkeit des menschlichen Geschlechts.[49]

Wagner überraschte die Klarheit der Gedanken Schopenhauers, und er erkannte, »daß es vor allem darauf ankam, den ersten Teil derselben, die Erklärung und erweiterte Darstellung der Kantischen Lehre von der Idealität der bisher in Zeit und Raum so real gegründet erschienenen Welt, zu verstehen«[50], und, wie Wagner weiterhin in »Mein Leben« ausführte, gewann er durch Schopenhauers Philosophie nun für die begriffliche Beschreibung der Welt und für sein Urteil

über alles, was er sich bisher rein nach dem Gefühle« ange-
eignet hatte, die Erkenntnis der Struktur, die er für die Musik
seinerzeit – aus der Lehre seines alten Meisters Weinlich ent-
lassen – »durch das eingehendste Studium des Kontrapunktes« gewonnen hatte.[51] Somit standen nun seiner »poetischen
Konzeption«, sowohl die Klarheit der Gedanken (Schopenhauer) als auch die Harmonik der Musik (Bach, Beethoven,
Mozart) zur Verfügung.[52]

Wagner folgt also Schopenhauer in dessen Willens-Meta-
physik und fühlt sich durch Schopenhauer in seiner bisherigen Auffassung der Natur bestätigt. Wie wir später noch sehen werden, folgt er ihm auch in der Ethik der mitleidenden
Liebe und sogar bei der Erkenntnis aus Mitleid. Und natürlich war Wagner auch von der hohen Stellung der Kunst und
vor allem der Musik bei Schopenhauer angetan, bis hin zum
Ausdruck des Dinges an sich durch die Musik. Aber in der
Schlußfolgerung Schopenhauers, der Beendigung der Leiden
und aller Qual des Lebens durch die endliche Verneinung
des Willens zum Leben aus der Erkenntnis der Nichtigkeit
der Raum-Zeit-Vorstellungen der Welterscheinungen, in
dieser unerbittlich zu Ende denkenden Philosophie Schopenhauers folgt Wagner ihm nicht!

Bevor Wagner die Dichtung des ›Tristan‹ entwirft, hatte er
noch vor der Bekanntschaft mit Schopenhauer die Partiturreinschrift des »Rheingold« fertiggestellt und die Partitur
des ersten Aktes der »Walküre« niedergeschrieben, um dann
noch bis Januar 1855 die Partitur aller drei Akte abzuschlie-
ßen. Im dritten Akt der »Walküre« verwendet Wagner hierbei ein wohl in seiner Kompositionsskizze zu »Siegfrieds
Tod« (woraus sich ja dann die »Götterdämmerung« und der
ganze »Ring« entwickelten) schon angedeutetes Motiv,[53]
welches dann zum ›Erlösungs-Motiv‹ aus Liebe wird, mit
der sich aus ihr herausentwickelnden Wiedergeburt.[54] Im
August 1857 aber bricht Wagner nach Abschluß der Orche-
sterskizze des zweiten »Siegfried«-Aktes die Komposition
des »Rings« ab, und er wird diese erst nach der Komposition
des »Tristan« und der »Meistersinger« (am 1. März 1869)
wieder aufnehmen. Wagner mußte sich erst vertieft mit dem
Thema Liebe befassen, bevor er den dritten Akt des »Siegfried« mit der Liebe von Brünhilde und Siegfried komponie-

ren konnte, wozu er im »Tristan« eine weitgehend neue Harmonik[55] schuf und in den »Meistersingern« die Kunst der Fuge zur Meisterschaft brachte, was er dann für die Darstellung der Menschen (nicht mehr Götter!) und der Massenszenen in der Götterdämmerung brauchte.

Während der Arbeit am »Tristan« entwirft Wagner den seiner Ansicht nach von Schopenhauer übersehenen »Heilsweg zur vollkommenen Beruhigung des Willens durch die Liebe, und zwar [...] der wirklich, aus dem Grunde der Geschlechtsliebe, d. h. der Neigung zwischen Mann und Weib keimenden Liebe«[56]. Wagner tut dies im bewußten Gegensatz zu Schopenhauer – dessen von ihm gesehene Lücken im System er damit »vollkommen und befriedigend ergänzen«[57] möchte. Einen entsprechenden Briefentwurf an Schopenhauer schickt er aber nicht ab, in dem er die Erlösung[58] vom zerreißenden Willen durch die bejahende Liebe beschreibt. Dabei war zwar auch für Schopenhauer die geschlechtliche Liebe die höchste Form der *Bejahung des Willens zum Leben*, aber eben nicht der Weg zu seiner *Beruhigung*! Wie Schopenhauer in seiner »Metaphysik der Geschlechtsliebe«[59] schreibt, ist die wachsende Zuneigung zweier Liebender eigentlich schon der Lebenswille des neuen Individuums, welches sie zeugen können und möchten. Die beiden Liebender »fühlen die Sehnsucht nach einer wirklichen Vereinigung und Verschmelzung zu einem einzigen Wesen, um alsdann nur noch als dieses fortzuleben«[60], womit sie gleichsam in diesem gemeinsamen neuen Wesen wiedergeboren sind. Wagner hat also im »Tristan« den von Feuerbach übernommenen Ansatz – der ihn ja bis kurz vor dem »Tristan« mit seiner psychologischen Auffassung des religiösen Bewußtseins als (Produkt der) Sehnsucht nach der höchsten Liebe beeinflußt hat – zur ideell vollendeten Form weiterentwickelt; dies zwar mit Hilfe der Schopenhauerschen Metaphysik der Geschlechtsliebe, aber im Gegensatz zu dessen Verneinung des Willens aus Erkenntnis.

Wagner war durch Schopenhauer – dessen »Welt als Wille und Vorstellung« er schon im ersten halben Jahr viermal gelesen hatte – auf den Buddhismus aufmerksam gemacht worden. Er beschäftigte sich daraufhin intensiv mit Indien, besonders mit der Lehre und den Legenden des Buddhismus.

Schon im April 1855 schrieb er an Mathilde Wesendonck: »Wie beschämt steht unsere ganze Bildung da vor diesen reinsten Offenbarungen edelster Menschlichkeit im alten Orient«[61]. In seinem Brief an Liszt vom Juni 1855 geht er sogar von einem historischen Ursprung des *reinen* Christentums aus dem Buddhismus aus.[62] Im Winter 1855/56 wird er – wie er in »Mein Leben« schreibt – in seiner Lektüre vorrangig von Eugène Burnoufs (1801–1852) »L'Introduction à l'histoire du buddhisme indien«, Paris 1844, angeregt. Diesem Werk[63] entnahm er auch den Stoff zu einer dramatischen Dichtung, der er den Titel »Die Sieger« gab. Der schon am 16. Mai 1856[64] – also nach der Komposition der Walküre und vor Beginn der Komposition zu Siegfried – verfaßte kurze Entwurf[65] dieses »Buddha«-Projektes »Die Sieger«[66], zeigt dann Szenen und Motive, welche später in den »Parsifal« eingehen.

Wie Wagner in »Mein Leben« schreibt, gründet sich der Entwurf

auf die einfache Legende von der Aufnahme eines Tschandala-Mädchens in den erhabenen Bettlerorden Cakyamounis (des »Weisen aus dem Shakya-Geschlecht«, Buddhas also), wozu sie durch die schmerzlichst gesteigerte und geläuterte Liebe zu Ananda, dem Hauptjünger des Buddha, sich würdig macht. [...] Außer der tiefsinnigen Schönheit des einfachen Stoffes, bestimmte mich zu seiner Wahl alsbald ein eigentümliches Verhältnis desselben zu dem in mir seitdem ausgebildeten musikalischen Verfahren. Vor dem Geiste des Buddha liegt nämlich das vergangene Leben in früheren Geburten jedes ihm begegnenden Wesens offen, wie die Gegenwart selbst, da. Die einfache Geschichte erhielt nun ihre Bedeutung dadurch, daß dieses vergangene Leben der leidenden Hauptfiguren als unmittelbare Gegenwart in die neue Lebensphase hineinspielte. Wie nur die stets gegenwärtig miterklingende musikalische Reminiszenz dieses Doppellebens vollkommen dem Gefühle vorzuführen möglich werden durfte, erkannte ich sogleich, und dies bestimmte mich, die Aufgabe der Ausführung dieser Dichtung mit besonderer Liebe mir vorzubehalten.[67]

Wagner legt den, nach seinem Verständnis, Kern der Schopenhauerschen Willenmethaphysik – eingebunden in seine eigene Philosophie – in einem *Grundsatzbrief* an Franz Liszt vom 7. Juni 1855 aus London dar, ohne allerdings Schopenhauer selbst nochmals zu erwähnen: Die Heiligen aller Zeiten hätten die *normale* Beschaffenheit alles Lebenden als Leiden erkannt und mit Mitleid erfühlt, in seiner grauenvollen, sich ewig widersprechenden, sich ewig selbst zerfleischenden Natur des allen gemeinsamen Willens zum Leben. Die Befreiung davon sei schließlich nur in der *vollkommenen Verneinung des Willens* erreichbar gewesen, was den Akt der Verneinung des Willens als die eigentliche Handlung der Heiligen zeige, der

sich endlich nur vollendet in der vollständigen Aufhebung des Bewußtseins – es gibt aber kein anderes Bewußtsein als das persönlich individuelle –. [..] Reiner und bedeutsamer spricht aber diesen tiefsten Drang die urheilige älteste Religion des menschlichen Geschlechts, der Brahmanenlehre, namentlich aber in ihrer schließlichen Verklärung und höchsten Vollendung durch den Buddhaismus aus.[68]

Da diese Wahrheit nur von außerordentlichen Menschen verstanden werden kann,

müssen die erhabenen Religionsstifter daher in Bildern reden. [...] Ein solcher Heiliger war jener *Buddha*; nach seiner Lehre von der Seelenwanderung [Wagner geht hier offensichtlich weiterhin von der bildhaft-mythologischen Einkleidung und nicht von der eigentlichen Lehre aus!], wird jeder Lebende in der Gestalt desjenigen Wesens wiedergeboren, dem er, auch bei sonst reinstem Lebenswandel, irgend einen Schmerz zufügte, damit er selbst diesen Schmerz kennenlerne, und nicht eher hört diese leidenvolle Wanderung für ihn auf, nicht eher wird er somit *nicht* wiedergeboren, als bis er nach einer Wiedergeburt in einem Lebenslaufe keinem Wesen ein Leid mehr zufügte, sondern im Mitgefühl mit Ihnen sich, seinen eigenen Lebenswillen, vollkommen verneinte.[69]

Wie bereits gesagt, war das deutschsprachige Standardwerk über den Buddhismus Carl Friedrich Köppens »Die Religion des Buddha und ihre Entstehung«, Berlin 1857–59. Köppen beschreibt darin das Wesen des Buddhismus auch mit Schopenhauerischen Wendungen wie der »Verneinung des Willens« und dem »principii individuationis«, als Voraussetzung der Vervielfältigung des Weltwillens in Zeit und Raum.[70] In einem Brief an Mathilde Wesendonk vom 5. Oktober 1858 bezeichnet Wagner das Buch Köppens als unerquicklich, fand aber doch einen ihm neuen oder früher unbeachteten Zug für eine Erweiterung seiner ersten Gedanken zum »Buddha-Drama«, wie er am 5.Oktober 1858 in sein venezianisches Tagebuch für Mathilde Wesendonck notiert:

Cakyamuni war anfänglich durchaus gegen die Aufnahme der Frauen in die Gemeinde der Heiligen. [...] Sein Lieblingsschüler, Ananda... war es nun, der endlich den Meister vermochte, von seiner Strenge abzugehen und auch den Frauen die Aufnahme in die Gemeinde zu eröffnen. – Hiermit gewann ich etwas ungemein wichtiges. Ohne allen Zwang erhält mein Plan eine große Erweiterung. Das Schwierige war hier, diesen vollkommen befreiten, aller Leidenschaft enthobenen Menschen, den Buddha selbst, für die dramatische und namentlich musikalische Darstellung geeignet zu machen. Es löst sich nun dadurch, daß er selbst noch eine letzte Entwicklungsstufe erreicht, durch Aufnahme einer neuen Erkenntnis, die ihm hier – wie alle Erkenntnis – eben nicht durch abstrakte Begriffsverbindungen, sondern durch anschauliche Gefühlserfahrung, somit auf dem Wege der Erschütterung und Bewegung des eigenen Inneren, zugeführt wird, und die ihn daher in einem letzten Fortschreiten zur höchsten Vollendung zeigt.[71]

In der Diskussion mit den Brahmanen, die ihm den Verkehr mit einem solchem Mädchen als Beweis für das Irrige seiner Lehre vorwerfen, enthüllt er sich und seinen Gegnern deren frühere Existenzen, so daß er sie, als sie nun den ganzen ungeheuren Zusammenhang des Welt-Leidens an ihrem eigenen Leiden erkennen konnte, die Erlösung zusprechen konnte und sie unter die Heiligen aufnimmt.

Das seltsam Schwebende in dem Motiv des Tristan-Vorspiels schildert Wagner selbst aus Paris am 3. März 1860 in einem Brief an Mathilde Wesendonck: »[...] sehnsüchtig blicke ich oft nach dem Land Nirwana. Doch Nirwana wird schnell wieder Tristan. Sie kennen die buddhistische Weltentstehungstheorie. Ein Hauch trübt die Himmelsklarheit: [...]; das schwillt an, verdichtet sich, und in undurchdringlicher Massenhaftigkeit steht endlich die ganze Welt wieder vor mir.«[72] Und im Mai 1868 notiert Wagner in seinen Annalen:

Buddhismus: Sieger neu überdacht. Dyâna-regionen: Musik [...] Wahrheit = Nirvana = Nacht. Musik = Bramá = Dämmerung. Dichtkunst = Sansára = Tag. Neue Weltbildung: aus dem Dhyâna steigen die Wesen wieder in die Welt hinab, welche dort die Belohnung für früheren Tugend-Dienst im richtigen, nun gefüllten Maasse empfangen haben, um jetzt von Neuem in den Kreis der Geburten, zur Erreichung noch größerer Vollkommenheit, einzutreten.«[73]

Und so schreibt Wagner Anfang August 1860 aus Paris an Mathilde Wesendonck, daß nur die tiefsinnige Annahme der *Seelenwanderung* ihm den trostreichen Punkt zeigen konnte, auf welchen endlich alles zur gleichen Höhe der Erlösung zusammenläuft, nachdem die verschiedenen Lebensläufe, welche, in der Zeit getrennt, nebeneinander laufen, außer der Zeit sich verständnisvoll berührt haben.

Nach der schönen buddhistischen Annahme wird die fleckenlose Reinheit des Lohengrin einfach daraus erklärlich, daß er die Fortsetzung Parzifals – der die Reinheit sich erst erkämpfte – ist. Ebenso würde Elsa in ihrer Wiedergeburt an Lohengrin heranreichen. Somit erschien mir der Plan zu meinen »Siegern« als die abschließende Fortsetzung von Lohengrin. Hier erreicht »Sawitri« (Elsa) den »Ánanda« vollständig. So wäre alle furchtbare Tragik des Lebens nur in dem Auseinanderliegen in Zeit und Raum zu finden; da aber Zeit und Raum nur unsere Anschauungsweisen sind, außerdem aber keine Realität haben, so müßte dem vollkommen Hellsehenden auch der höchste tragische Schmerz nur aus dem Irrtum des Individuums erklärt werden können: ich glaube, es ist so! Und in voller Wahrheit handelt es sich durchaus nur um das Reine und Edle, das an sich schmerzlos ist. –[74]

Suneson weist in seinem Buch über »Richard Wagner und die indische Geisteswelt« darauf hin, daß Wagner den Ausdruck ›Seelenwanderung‹ im Bezug auf Buddha verwende, »was aber vom buddhistischen Standpunkt aus, der ja keine Seele anerkennt oder ein Ich, das wandern kann, unannehmbar«[75] sei. Nun verstand auch Wagner den Buddhismus als die letzte große Lehre der Einheit alles Lebenden; da aber, wie er in »Oper und Drama« (1880) schreibt – das Jahr vorher hatte er sich intensiv mit der Partiturreinschrift des »Parsifal« beschäftigt – diese Lehre der Brahmanen ausschließlich den *Erkennenden* zugänglich war, konnte sie dem Volke – das nur durch zahllose Wiedergeburten zur Einsicht in die Nichtigkeit der Welt gelangen konnte – einzig durch eine mythische Erklärung der Welt zugänglich werden, durch welche das Volk auf dem Wege des Glaubens zur Befolgung der aus der Grunderkenntnis fließenden Lehre hingeleitet wurde.[76] Damit folgt Wagner fast wörtlich – wie dargelegt – Schopenhauer, in der Unterscheidung der begrifflichen Beschreibung der reinen Wahrheit von dem Versuch ihrer Übermittlung im Mythos, womit die Grundgedanken und -bilder auf der Bühne zwar in Worten und in Musik ausgedrückt werden und auch personifiziert allen Sinnen faßlich als Gesamtkunstwerk dargestellt werden, so daß Wagner auch den Ausdruck Seelenwanderung für das »Buddha-Drama« verwenden mußte.

So meinte Wagner also, daß das wesentliche Werk eines Religionsgründers im Erfinden mythischer Allegorien bestehe und daß so die Kunst durch ideale Darstellung derselben die in ihnen verborgene tiefe Wahrheit erkennen lassen könne: »Man könnte sagen, daß da, wo die Religion künstlich wird, der Kunst es vorbehalten sei, den Kern der Religion zu retten, indem sie die mythischen Symbole, welche die erstere im eigentlichen Sinne als wahr geglaubt wissen will, ihrem sinnbildlichen Werthe nach erfaßt.«[77] Somit war – wie Dahlhaus formuliert – »Religion – oder deren Wahrheit – aus der Form des Mythos in die der Kunst übergegangen. [...] Und der Inbegriff der Kunst, deren geschichtsphilosophische Stunde geschlagen hat, war für Wagner das Drama.«[78] Wagner selbst formuliert: »Das Kunstwerk ist die lebendig dargestellte Religion –, Religionen aber erfindet nicht der Künstler, die entstehen nur aus dem Volke.«[79]

Anders verhielt es sich – wie Wagner meint – »mit der christlichen Religion. Ihr Gründer war nicht weise, sondern göttlich; seine Lehre war die That des freiwilligen Leidens: an ihn glauben, hieß: ihm nacheifern, und Erlösung hoffen, hieß: mit ihm Vereinigung suchen.«[80] Und so entwarf Wagner ebenfalls schon 1848 – also neben der Komposition von Siegfrieds Tod – einen »Jesus von Nazareth«[81]. Darin löst Jesus sich aus dem jüdischen Volke und dessen Heilserwartung durch den Erlöser aus dem Hause Davids, indem er sich auf Adam, also den Stamm-Vater *aller* Menschen, bezieht. »Durch Adam stammte er von Gott, und seine Brüder waren nun alle Menschen: nicht durch irdisches Königtum konnte er diese aus dem Elend befreien, nur aus der Erfüllung der von ihm erkannten höchsten Sendung, in der sich Gott zum

Menschen wandelt, um durch den einen Menschen, der ihn in sich zuerst erkannte, sich allen Menschen zum Bewußtsein zu bringen.«[82] Diese an Feuerbach gemahnenden Formulierungen, nach denen die Einheit von Gott und Welt durch Jesus im Bewußtsein (des Menschen) neu gewonnen wird, führen nun unmittelbar zum Schluß der Götterdämmerung mit der Aufnahme der Götter in das (Un)-Bewußtsein der Menschen und zur ›Erlösung des Erlösers‹ im Parsifal durch das wiedergewonnene Wissen im Mit-Leid mit allen Menschen.

Zur Gewinnung der inneren Handlung versenkte Wagner sich im »Tristan« noch tiefer in die inneren Seelenvorgänge der Mann-Frau-Bezüge: »Leben und Tod, die ganze Bedeutung und Existenz der äußeren Welt, hängt hier allein von der inneren Seelenbewegung ab. Die ganze ergreifende Handlung kommt nur dadurch zum Vorschein, daß die innerste Seele sie fordert und sie tritt so an das Licht, wie sie von innen aus vorgebildet ist.«[83] In den zunächst nicht bewußten inneren Empfindungen von Tristan und Isolde entwickelt sich eine Harmonisierung der individuellen Seelen-Stimmungen, die schließlich durchbricht ins Bewußtsein und dann von ihnen als gemeinsames inneres Erleben empfunden wird. In der Vereinigung von Tristan und Isolde erfüllt sich so deren bisheriges Individual-Leben, so daß all ihre Vergangenheit in diese Gegenwart einmündet; die Zeit als Lebensstrom *gerinnt*. Im »Rheingold« hatte Wagner ja *das Zeitliche*, also die real-existente Natur, aus dem unstrukturierten Strömen (des Rheins) sich herausentwickeln lassen. Nach der Herausbildung immer feinerer individueller Strukturen mit ihren polaren Einseitigkeiten führt dann die Wiedervereinigung in sehnsuchtsvoller Liebe zum Eingehen in das wieder unstrukturierte mit sich selbst einige Strömen des Lebens als solchem, was sich als das rauschende Meer unter dem Lebensschiff symbolisiert, das Tristan und Isolde ihrem Schicksale zuträgt. Die Zeit wird unstrukturiert, nicht mehr unterscheidbar; die Zeit wird unendlich und ruht in sich selbst; sie wird zur Ewigkeit.[84] In dieser Ewigkeit sind Vergangenheit und Zukunft enthalten in der Gegenwart der Vereinigung. Wagner schrieb 1863: »Da ersehne ich denn eine Gegenwart; denn eben nur Gegenwart kann beruhigen.«[85]

Im zweiten Aufzug von »Tristan und Isolde« wird in der »Nacht der Liebe« die Vereinigung der beiden Individuen zum gemeinsamen Leben besonders ausgedrückt. Damit die beiden Individuen sich vereinen können, müssen sie aus dem Gefängnis ihrer jeweiligen Individualität – aus dem principium individuationis Schopenhauers – herausbrechen, was eben nur mit dem Aufgeben der eigenen Individualität, also des eigenen individuellen Lebens möglich ist, um dann durch den Tod des Individuellen in der gemeinsamen Einheit zu leben.[86] Wie Suneson meint, lassen bei Isoldes Liebestod die Worte »in des Welt-Atems wehendem All« deutlich einen indischen Einfluß erkennen, da der Ausdruck »Welt-Atem« seine naheliegendste Entsprechung im indischen *brahman*, einem der beiden Hauptbegriffe der *vedanta*, haben dürfte.[87]

In der Komposition der »Götterdämmerung« kam Wagner für den endgültigen Schluß – der das Ende des ganzen »Ring«-Zyklus bildet – wieder auf den ursprünglichen Text aus der Vor-Schopenhauerzeit zurück. Er hatte 1856 die Verse des Schlußgesanges der Brünhilde mit der Absage an *Gut und Gold* und *göttlicher Pracht* und den *trügenden Bund trüber Verträge* und der Aussage, daß *selig in Lust und Leid, nur die Liebe sein läßt*, gestrichen und einen (später Schopenhauer-Schluß – da unter dem noch frischen Einfluß der Schopenhauerischen Philosophie entstanden – genannten) Abschluß entworfen, den er aber zunächst nicht veröffentlichte. Darin spricht er nun von *Der Weltwanderung Ziel, von Wiedergeburt erlöst* und daß »*Trauernder Liebe tiefes Leiden schloß die Augen mir auf: enden sah ich die Welt.*«[88] Diese Worte ergaben sich aber wohl vor allem aus dem Buddhismus-Verständnis Wagners, welches er ja auch aus Schopenhauers Philosophie mit entnommen hat, und verbindet es mit dem Leid der Liebe Feuerbachscher Prägung und ihrer Entsagung, aber keinesfalls mit der Schopenhauerischen Erkenntnis der Nichtigkeit der in Raum und Zeit wirkenden Welt.

Aber auch diesen Text hat Wagner dann nicht vertont, denn »[d]aß diese Strophen, weil ihr Sinn in der Wirkung des musikalisch ertönenden Drama's bereits mit höchster Bestimmtheit ausgesprochen wird, bei der lebendigen Ausführung hinwegzufallen hatten, durfte schließlich dem Musiker nicht entgehen.«[89] Er *ersetzte* ihn also durch die Schluß-Musik, welche die liebende Vereinigung von Brünhilde mit Siegfried im Tode des Individuellen – »ihn zu umschlingen, umschlossen von ihm«[90] – mit der Geburt des nun *erfahrenen* neuen Menschen schildert, der so die Götter-Mächte und -Schicksale *verdämmernd* im (kollektiven) Unbewußten in sich trägt. Nach dem Entwurf von 1848 (der auch letztlich die Endfassung bestimmte) möchten die Götter in den Menschen als Elemente eingehen, in ihnen aufgehen: »Ihre Absicht würde erreicht sein, wenn sie in dieser Menschenschöpfung sich selbst vernichteten, nämlich in der Freiheit des menschlichen Bewußtseins ihres unmittelbaren Einflusses sich selbst begeben müßten.«[91] »Und« – so stellt Dahlhaus fest – »nichts anderes besagt die Musik, die Wagner 1874 zum Schluß der Götterdämmerung komponierte. Die erste Konzeption war zugleich die letzte.«[92]

Die Musik schildert – in Fortsetzung der letzten Worte Brünhildes und entsprechend der eingehenden Regieanweisung Wagners – die Auflösung der etablierten Strukturen der Gibichungen im Feuer (Wagner hatte sich 1849 – also nach Abschluß der Textdichtung zu »Siegfrieds Tod« – gemeinsam mit dem ›Anarchisten‹ Bakunin am Dresdener Mai-Aufstand mit Wort und Tat beteiligt und beim Brand der Oper zugesehen!). Der Rhein überflutet das Geschehen, nimmt es samt dem Ring mit sich, um dann wieder als das strömende Leben ruhig dahinzufließen, nun aber nach der Struktur-Entfaltung anders als am struktur- und konturlosen Beginn. »Aus den Trümmern der zusammengestürzten Halle sehen die Männer und Frauen, in höchster Ergriffenheit, dem wachsenden Feuerscheine am Himmel zu«[93], in dem sich Walhall mit all seinen Göttern auflöst. Als Schluß des Ganzen zeigt das erklingende Wiedergeburtsmotiv, das in dem ganzen Werk des Ringes sonst nur ein einziges Mal, nämlich bei der Nachricht an Sieglinde, erklingt, daß sie Siegfried im Schoße trägt, als jubelnde Freude über die Geburt des Menschen in einer neuen Welt. In diesem Schluß der »Götterdämmerung« werden alle Motive der vierzehnstündigen Musik des »Rings« wieder in das einheitliche Strömen des Lebens aufgelöst, symbolisiert durch das Wasser des Rheins, aufgehoben und erlöst. Aus den Strukturen der in das Unbewußte verdämmernden Götter entsteht der Mensch.

Der so wiedergeborene Mensch hat alle kollektiven Gegensätze und die Schuld hieraus in sich aufgehoben. Er leidet darunter, und *büßt* diese Schuld als Person auf seinem individuellen Lebensweg *ab*, wie es Wagner dann im Parsifal darstellt. Parsifal erwirbt das Wissen darum aus dem Erleben der zeugenden Liebe seiner Eltern im Kuß der Kundry. Kundry: »Die Liebe lerne kennen/die Gamuret umschloß als Herzeleids Entbrennen/ihn sengend überfloß.«[94] Und Parsifals Erkenntnis aus Mitleid angesichts der Wunde des Amfortas, die durch Kundrys Kuß zu seiner Hellsichtigkeit führt, verbindet sogar Schopenhauers Philosophie der Erkenntnis mit seiner Anforderung an die Moral, nämlich dem Mitleid.[95]

In der Erfahrung der äußeren Welt in Wechselwirkung mit unserem inneren Erleben und aus dem Leiden an der Entzweiung und dem sich aus der Erkenntnis dieses Leidens ergebenden Mitleiden – »durch Mitleid wissend«[96] – erwächst im erfahrenden Erleben der Überwindung der Gegensätze durch das in sich Aufnehmen des ganzen Leides – Parsifal-Amfortas-Kundry – der Mensch wieder als Ganzes, als Ebenbild und damit Sohn Gottes, da er ja die ganze Natur einschließlich der nicht belebten in sich vereint (›Karfreitagszauber‹) und wird durch diese Einheit – in welcher ihre Wirksamkeit nicht aufgehoben, wohl aber geordnet in das Leben einbezogen ist[97] – vom Leid entsündigend erlöst und findet auch selbst in der Wahrheit der wiedererrungenen Einheit seine Erlösung: *Erkenntnis durch Mitgefühl*.

Kundry verkörpert in ihren verschiedenen Wiedergeburten – infolge des Fluches, der sie »endlos durch das Dasein quält«, da sie den Heiland »kühn geschmäht«[98] – zunächst die heidnische, noch unerlöste Natur, aus der heraus sie auch einst den Heiland in seinem Leid verlachte. »Ihre Erlösung durch die Taufe (durch Parsifal) wird deshalb auch – wie es Borchmeyer formuliert – symbolisch mit der Erlösung auch der außermenschlichen Natur verbunden.«[99] Kundrys Verlachen von Jesus auf dem Kreuzwege, aus *naturhaftem*, »mitleidlosem Egoismus«[100], ist das komplementäre Gegenstück des von Parsifal in seiner Lebens-Weg-Erfahrung im

2. Akt und in seiner Begegnung mit Kundry reifenden Wissens des Mitleidens mit aller Kreatur, also von diesem Zwiespalt und Widerspruch von Ego und Einheit. So sind also die Seelen-Wanderungen – die Wanderungen der personhaften, sich gleichbleibenden Seelen – im *ewigen* Kreislauf der Natur und der Wiedergeburten von Kundry (und vom »Holländer«) nicht im indischen Sinne von Wiedergeburten aus den guten oder schlechten Taten der jeweiligen Vorleben – oder auch im Sinne der Wandlungen der Gesamt-Welt-Seele – zu sehen, wobei auch die guten Taten nur zu einer günstigen Wiedergeburt, nicht aber zur Erlösung vom Geburten-Kreislauf führen. Diese kann in den Upanishaden nur die Einsicht in die Einheit mit dem Brahman herbeiführen. Dabei ist von Wagner das Brahman innerhalb unserer Welt gedacht, wenn auch ohne Raum-Zeit-Struktur, also ohne die Individuation (das principium individuationis Schopenhauers). Und so hatte ja Wagner auch das Hauptthema seines Sieger-Projektes in den Parsifal-Stoff eingearbeitet. – Er schreibt in seinem letzten, durch den tödlichen Herzanfall abgebrochenen Aufsatz »Über das Weibliche im Menschlichen«: »Es ist ein schöner Zug der [Buddha-] Legende, welche auch den Siegreich-Vollendeten zur Aufnahme des Weibes sich bestimmen läßt.«[101] Aus Pankriti wurde Kundry, aus Ananda Parsifal, und die endliche Erlösung des Menschen ergibt sich jeweils aus dem aus spontanen Gefühlserschütterungen erfolgendem Gefühls-*Verständnis,* welches Wagner ja in seiner Ergänzung Schopenhauers neben der Verstandes-*Erkenntnis* komplementär einbringt, um die Gesamt-Welt-Erfahrung umfassend insgesamt und von ihren Gegensätzen und Widersprüchen erlöst in sich aufzunehmen.

Dabei wird aus der Vereinigung durch Liebe (Feuerbach), der Aufhebung des Schleiers der Maya in der Erkenntnis (Schopenhauer) und durch das Mitleiden mit aller Kreatur (Christus – Buddha) jeweils der neue, in sich einige Mensch *wiedergeboren,* aber nicht aus schuldbedingtem Leid durch Wiedergeburten hindurch bis zur Befreiung in der Heiligung – wie Wagner es in einem vollendeten ›Buddha-Drama‹ hätte zeigen müssen –, und nicht in Entsagung von der Welt und dem Heil im Jenseits – wie Wagner in einem »Jesus von Nazareth«[102] hätte darlegen müssen –, sondern im Durchbruch zum Erkennen der Wahrheit und der erleuchtenden Welt-hellsichtigkeit in dieser unserer Welt. So Tristan und Isolde in ihrer Vereinigung zum *einen Menschen*, so Siegfried und Brünhilde im wechselseitigen Erkennen mit der Geburt des *einen, wahrhaften Menschen*, und so Parsifal, der in sich das ganze Leid der in sich mit sich selbst entzweiten Natur auf-nimmt und damit Speer und Gral, Wissen und Glauben, mit-leidend und so ›durch Mitleid wissend‹ erlöst.

Während Wagner so den indischen Seelenwanderungs-Mythos – neben germanischen, griechischen und christli-chen Überlieferungen – in seine eigenen, dramatisch ver-dichtete Darstellung der Menschheits-Entwicklung mit ein-beziehend verarbeitete, war für Schopenhauer die indische Methaphysik ein Spiegel, in dem er seine eigenen Gedanken und Ideen wiedererkannte, wobei er Sinnverwandtes in sein schon bestehendes Gebäude einordnete. So haben Schopen-hauers Natur-Philosophie und Wagners Natur-Psychologie wesentlich zur Aufnahme indischen Gedankengutes und mythologischer Vorstellungen in Europa beigetragen, was durch ihre Aktualität gerade heute weiterhin zum wechsel-seitigen Verständnis beiträgt.

Reinkarnationsidee und
»New Age«

Christoph Bochinger

1. Zwischen Polemik und Sachlichkeit Einleitende Fragen zum Umgang mit religiösen Phänomenen der Gegenwart

Der folgende Beitrag ist unter religionswissenschaftlicher Perspektive geschrieben.[1] Religionswissenschaft bemüht sich, ihre Themen ohne Herantragen fremder Wertungen und unter Absehung von der Wahrheitsfrage zu behandeln. Religiöse Inhalte dürfen in dieser Perspektive nicht nach den Maßstäben einer anderen Religion oder sonstiger weltanschaulicher Bewertungskriterien beurteilt werden. Sie sollten unabhängig vom Standpunkt des Forschers bzw. der Forscherin aus der jeweiligen religiösen Grundlage heraus verstanden und beschrieben werden. Das schließt ein eigenes Urteil des Forschers zwar nicht aus, dieses muß aber als solches klar gekennzeichnet sein und von den beschreibenden Aussagen unterschieden werden.

Im Blick auf das Thema »Reinkarnationsidee und New Age« ergeben sich daraus mehrere methodische Fragen. Die erste hängt mit der Dynamik des vorliegenden Sammelbandes zusammen: Bereits in den anderen Beiträgen werden Reinkarnationsvorstellungen aus verschiedenen Religionen und Zeitepochen, aus Ost und West, aus Antike und Moderne berücksichtigt. Was bleibt da noch übrig? Wie jeder weiß, gibt es derzeit – gerade im Westen – viele oberflächliche Formen des Reinkarnationsglaubens, von denen sich zusammen mit den zuständigen Wissenschaftlern auch die Angehörigen östlicher Religionen distanzieren. Daraus erwächst die Gefahr, im Gegenzug zu den bisherigen Beiträgen nun wie auf einem großen Marktplatz alles zusammenzutragen und zur Schau zu stellen, was nach erschöpfender Behandlung der »seriösen« religionsgeschichtlichen Befunde noch zu finden ist. Es läuft aber der Zielsetzung religions-

115

wissenschaftlicher Forschung zuwider, zum Zweck der Diffamierung eine polemische Phänomenologie von »Auswüchsen« zu bieten. Daher wird der folgende Beitrag nicht eine Breitenanalyse diffuser Reinkarnationsvorstellungen der Gegenwart anbieten, sondern zunächst die Rahmenbedingungen zu klären versuchen und dann ausgewählte Entwürfe darstellen und analysieren.[2]

Die zweite Frage hängt mit dem Schlagwort »New Age« zusammen. Oberflächlich betrachtet bietet sich diese Bezeichnung – zusammen mit »Esoterik« – als eine Art Sammelbecken für diffuse religiöse Vorstellungen des gegenwärtigen Westens an. Da Reinkarnationsglaube in unterschiedlicher Form weitverbreitet ist, wird oft gesagt, »Reinkarnation« sei eine zentrale Lehre der »New-Age-Bewegung«. Aber was ist die »New-Age-Bewegung«, wenn sie denn etwas Spezifischeres sein soll als der oben schon erwähnte »Marktplatz«?

Die Bezeichnung »New Age« kam im deutschen Sprachraum Ende der siebziger Jahre in Gebrauch und erlebte etwa zwischen 1985 und 1988 eine ungeahnte Verbreitung. Heute ist das Stichwort zumeist negativ besetzt, und es gibt fast niemanden, der sich selbst (noch) dazu rechnet. Von Anfang an handelte es sich bei »New Age« um eine Sammelbezeichnung für eine Reihe höchst disparater Vorstellungen, Themen und Gruppierungen. Sie wurde zwar von einigen ›Insidern‹ als Selbstbezeichnung eingeführt, in ihrer inhaltlichen Festlegung aber hauptsächlich von außen, d. h. von Verlagslektoren und von kirchlichen Kritikern, geprägt. So hat z. B. Fritjof Capra, der in Deutschland in den entscheidenden Jahren als »Klassiker« der »New-Age-Bewegung« galt, diesen Ausdruck nie benutzt.[3]

Aufgrund dieser Unklarheit kann es methodisch nicht sinnvoll sein, »Reinkarnation« als »zentrale Lehre« von »New Age« darzustellen. Weder die geläufigen Reinkarnationsvorstellungen noch die als »New Age« zusammengefaßten Strömungen sind bei genauerem Zusehen auf einen gemeinsamen Nenner zu bringen. Obwohl eine Fülle von Literatur über »New Age« erschien, ist ziemlich unklar geblieben, was genau darunter zu verstehen ist. Fragt man ›Insider‹, so bekommt man häufig eine bestimmte Vorstellung oder ein Stichwort zu hören, das die jeweilige Person für zentral hält, wie »Bewußtseinswandel«, »Netzwerk«, »Selbstorganisation«, »Wassermann-Zeitalter«, »Spiritualität« und viele andere. Für den einzelnen mag ein solches Stichwort durchaus genügen, um seine spezifischen Bedürfnisse und Interessen zu artikulieren und sich zugleich auf eine nicht genauer bestimmte Art mit anderen zu solidarisieren, die ähnlich denken. Doch für eine wissenschaftliche Analyse sind solche Auskünfte nur schwer verwertbar, weil die einzelnen Stellungnahmen zu unterschiedlich sind.[4]

Auch die Deutungsschemata der zumeist kritischen Sekundärliteratur über »New Age« führen nicht viel weiter. Wieder findet man Schlagworte: »Selbsterlösung«, »Neo-Gnosis«, »Pantheismus«, »religiöser Supermarkt«, »Primat des Geistes«. Als Grund für die Attraktivität von »New Age« wird häufig – auch von Sozialwissenschaftlern – eine allgemeine Sehnsucht nach Lebenssinn ausgemacht, die daraus resultieren soll, daß Menschen nicht mehr in die Kirche gehen oder mit den modernen Lebensbedingungen nicht zurechtkommen.[5] Dabei wird leicht unterschlagen, daß die moderne religiöse und kulturelle Situation auch bei Wissenschaftlern nicht selten Ratlosigkeit auslöst.

Oft dient der Ausdruck »New Age« lediglich als Stellvertreter für moderne Problemfelder in ganz anderen Bereichen, beispielsweise in der Auseinandersetzung christlicher Theologen mit östlichen Religionen oder in der Beschäftigung religionskritischer Sozialwissenschaftler mit der Tatsache, daß Religion auch unter Bedingungen der Moderne nicht auszusterben scheint. So werden z.B. in theologischen Auseinandersetzungen mit »New Age« häufig dieselben Argumente verwandt, die man schon am Anfang des Jahrhunderts gegen Buddhismus und Hinduismus vorbrachte.[6] Zielpunkt solcher Argumente ist in Wahrheit nicht eine wie immer geartete »New-Age-Bewegung«, sondern die nach wie vor ungeklärte Verhältnisbestimmung des Christentums zu östlichen Religionen oder die ebenso ungeklärte Frage, was »Säkularisierung« bedeutet.

Im Zusammenhang der Kritik an »New Age« wird nun oft die Reinkarnationslehre erwähnt. So wird gesagt, die Reinkarnationslehre sei die »Eschatologie« der »New-Age-Be-

wegung«.[7] Das suggeriert die falsche Vorstellung, als handle
es sich bei »New Age« um eine festgefügte, neue Religion,
eine Art Gegenkirche mit einem eigenen Lehrgebäude in
Konkurrenz zum evangelischen und katholischen Christentum. Auch wenn manche Vertreter das so sehen mögen, muß
man als neutraler Beobachter sagen, daß es sich dabei um
eine Fiktion handelt, schon weil der Zusammenhalt, soziolo-
gisch gesehen, viel zu schwach ist. Hinzu kommt, daß eine
solche Gegenposition von vielen Beteiligten gar nicht ange-
strebt wird.

Wenn aber die »New Age-Bewegung« angeblich gar nicht
existiert, warum schreibt man dann einen Beitrag über »New
Age« im Zusammenhang des vorliegenden Bandes? Dazu
nun eine erste These: Das Stichwort »New Age« bringt gerade in seiner Vieldeutigkeit einen allgemeinen Veränder-
ungsprozeß der Religion in der Gegenwart zum Ausdruck.[8]
Seit der Nachkriegszeit und besonders seit den siebziger Jahren hat sich das Thema der Religion mehr und mehr aus dem
Monopol der christlichen Kirchen gelöst. Infolgedessen setzen sich immer mehr Menschen selbständig in irgendeiner
Form mit Religion auseinander, ohne die Hilfestellungen
von Theologen und anderen kirchlichen Beratern in Anspruch zu nehmen. Manche befassen sich zusätzlich zu ihrer
Teilnahme am kirchlichen Leben damit, manche sind überhaupt nicht mehr kirchlich gebunden. Nur ein Teil dieser
Menschen bindet sich fest an eine andere Glaubensgemein-
schaft. Das Ergebnis zeigt sich unter anderem darin, daß in
vielen Buchhandlungen Theologie, Religionswissenschaft
und Esoterik ziemlich gleichgewichtig nebeneinander im
Regal stehen: Jeder kann sich heraussuchen, was er will. Beobachter mögen darüber die Nase rümpfen und von »spirituellem Supermarkt« oder »religiösem Konsumverhalten«
sprechen. Aber die Entwicklung hat verschiedene Seiten.
Eine davon ist, daß sie vielen Menschen Zugänge zu unterschiedlichen Bereichen der Weltreligionen erschließt, die
vorher unerreichbar waren. In dieser Perspektive ist »New
Age« nicht mehr und nicht weniger als ein Sammelbegriff für
Religion im Abendland unter den Bedingungen der Moderne, die sich aus dem kirchlichen Rahmen gelöst hat.
Daraus ergeben sich methodische Konsequenzen für die

folgenden Abschnitte: Nicht die historischen Hintergründe einzelner Reinkarnationsvorstellungen der Gegenwart werden analysiert – das fiele zusammen mit dem Thema anderer Beiträge des vorliegenden Sammelbandes; sondern es werden Rahmenbedingungen moderner Religionskultur benannt, die für die Verbreitung der Reinkarnationsidee bedeutsam sind. Außerdem werden inhaltliche Beziehungen zwischen Reinkarnationsvorstellungen und anderen Themen von gegenwärtigem religiösem Interesse überprüft. Ziel ist es, die Attraktivität der Reinkarnationsidee in der gegenwärtigen westlichen Religionsgeschichte zu hinterfragen.

2. Warum glauben gegenwärtige westliche Menschen an Reinkarnation? Zum Kontext abendländischer Religionsgeschichte der Moderne

Nach Umfragen des Allensbacher Instituts für Demoskopie und der Wickert-Institute aus den Jahren 1988 und 1991 glauben zwischen 12 und 17 Prozent der westdeutschen Erwachsenen daran, schon einmal gelebt zu haben.[9] Zahlreiche Bücher zu diesem Thema sind auf dem Markt.[10] Weil das Christentum zumindest in seinen traditionell orientierten Formen dieser weitverbreiteten Vorstellung wenig Raum bietet, liegt es nahe, die enorme Zugkraft mit »New Age« zusammenzubringen. Das ist auch kaum zu widerlegen, weil »New Age« nicht klar bestimmbar ist: Alles hängt von der Definition ab! Faßt man »New Age« als ein allgemeines Sammelbecken gegenwärtiger freier Religiosität, so ist es selbstverständlich, daß Reinkarnation darin einige Bedeutung hat. Definiert man »New Age«, wie oben vorgeschlagen, stärker problemorientiert, so ist zu berücksichtigen, daß das Phänomen in einer geprägten Tradition steht: In der abendländischen Religionsgeschichte gab es zu allen Zeiten religiöse Bewegungen, die sich von den kirchlichen Autoritäten distanzierten. Man nennt sie »Sekten« oder »spiritualistische Bewegungen«.[11] Bei diesen Bewegungen findet man Vorbilder für die Themen und Fragestellungen, die auch die heutige freireligiöse ›Szene‹ beherrschen – inklusive der Reinkarnationsvorstellungen.

Hinzu kommt, daß ein wesentlicher Teil dieser Themen aus der Zeit der beginnenden Moderne stammt, d. h. aus dem Zeitraum von etwa 1750 bis 1850. Sie sind ein Resultat der Auseinandersetzung zwischen Moderne und Religion. Erst diese Auseinandersetzung führte zu dem, was man heute »Esoterik« nennt. Zwar gab es schon immer einzelne esoterische Wissenschaften und Richtungen wie z.B. die Astrologie; doch das Bewußtsein, daß sie alle zusammengehören, bildete sich erst heraus, als man sie als Gegenentwurf zum modernen naturwissenschaftlichen Weltbild aufzufassen begann. Manche Theoretiker der Moderne interpretieren Esoterik als ein Relikt aus vormodernen Zeiten.[12] Im folgenden soll dagegen die These vertreten werden, daß es eine »Rückseite der Moderne« gibt: »Esoterik« im heutigen Sinne ist selbst als ein Kind der Moderne anzusehen. Ein gutes Beispiel dafür – und durchaus kein Einzelfall – ist Isaac Newton (1643–1727), der nicht nur ein revolutionärer Physiker, sondern nebenbei auch ein ausgeprägter Okkultist war.[13]

Es gab einzelne Gestalten, die beides, moderne Naturwissenschaft und esoterische Interessen, zusammenführten. Sie gelten in der üblichen Selbstwahrnehmung der Moderne als ›Verrückte‹ oder ›Sonderlinge‹, aber vielleicht waren sie nur konsequenter als Newton. Genannt sei Emanuel Swedenborg (1688–1772).[14] Er war ein Universalgelehrter von hohem Rang, hatte in seiner Jugend bei Newton und anderen führenden Naturwissenschaftlern studiert und wurde zum hervorragenden Vertreter dieser neuen Wissenschaften in Schweden. Doch in seinem 58. Lebensjahr erfuhr er eine Reihe von Visionen, die ihn in eine tiefe persönliche Krise stürzten. Er gab alle wissenschaftlichen Ämter und Funktionen auf und zog sich in das Privatleben zurück. In dieser Zeit entwickelte er ein visionäres Weltbild. Er berichtete von Himmelsreisen, bei denen er mit Engeln und den Seelen der Verstorbenen kommuniziert und sie sogar belehrt habe. Entscheidend ist nun, daß Swedenborg eine Kontinuität zwischen seiner Tätigkeit als Naturwissenschaftler und seiner späteren visionären Weltsicht erkennt. Naturwissenschaftliches und visionäres Weltbild gehören für ihn zusammen.

Ziel ist eine >wissenschaftliche Religion<, d. h. eine Religion, die den modernen Kriterien der Wissenschaft genügt und mit diesen kompatibel sein soll.[15]

Swedenborgs Weltsicht mag den meisten modernen Zeitgenossen obsolet erscheinen, doch seine Wirkungsgeschichte ist überaus weitläufig. Zunächst ist die Swedenborgische Kirche zu nennen, die bald nach seinem Tod in England gegründet wurde und heute weltweit besteht. Swedenborgs Einfluß geht jedoch weit über diese unmittelbare Wirkung hinaus. Nicht nur in der seit etwa 1840 in Nordamerika entstandenen spiritistischen Bewegung gibt es explizit nachweisbare Spuren, sondern auch die etwa gleichzeitig aufkommende, ebenfalls amerikanische New-Thought-Bewegung greift auf ihn zurück.[16] Diese prägte ihrerseits die 1879 in Boston gegründete »Christian Science« (»Christliche Wissenschaft«: Hier kommt die beanspruchte Verbindung von Religion und moderner Wissenschaft sogar im Namen zum Ausdruck!). Auch der bekannte französische Okkultist Eliphas Lévi nimmt swedenborgisches Gedankengut auf, ebenso die 1875 in New York gegründete Theosophische Gesellschaft, die maßgeblich von Helena Petrowna Blavatsky geprägt war. Ihr Hauptwerk, »Die Geheimlehre«, hat bezeichnenderweise den Untertitel: »Die Vereinigung von Wissenschaft, Religion und Philosophie«.[17]

Der Versuch, Religion und Wissenschaft zu verknüpfen, ist also seit den Anfängen der Moderne ein Anliegen abendländischer Religions- und Geistesgeschichte. Fritjof Capras Erstlingswerk »Das Tao der Physik«[18] das mit seiner Zusammenschau östlicher Lehren und westlicher Theoretischer Physik ein Vorreiter bei der Verbreitung sogenannter »New Age«-Bücher war, steht auf seine Weise in dieser zweihundertjährigen Tradition, auch wenn das dem Autor und seinen Lesern nicht bewußt sein mag. Moderne Religiosität verlangt offenbar nach einem fortlaufenden Ausgleich zwischen Religion und Wissenschaft und nach neuen Formen wissenschaftlich geläuterter Religion oder aber religiös geläuterter Wissenschaft.

Die Reinkarnationslehre bildet eines von mehreren möglichen Gegenmodellen zu der materialistischen Vorstellung, daß das Leben lediglich aus organischen Funktionen bestehe und mit dem Tod beendet sei. Bei Swedenborg findet sich das Reinkarnationsmodell noch nicht.[19] Nach seiner Vorstellung entwickeln sich die menschlichen Seelen nach dem Tod des Körpers im Himmel weiter. Jeder Mensch schafft zu seinen irdischen Lebzeiten die Voraussetzungen dazu, und alle seine Handlungen bewirken eine bestimmte Charakterprägung der Seele. Ist die Seele durch schlechte Handlungen belastet, verhindert das ihre weitere Entfaltung im Himmel. Manche Seelen ziehen vom Himmel in die Hölle um, weil sie die dortigen Bedingungen nicht verkraften.

Später konkurrierten im amerikanischen Spiritismus für lange Zeit verschiedene Modelle über das Weiterleben der Seele nach dem Tod. Neben Swedenborgs Vorstellung gewannen Reinkarnationsideen zunehmend an Gewicht, was wohl hauptsächlich auf beginnende indische Einflüsse zurückzuführen ist. Dieses Nebeneinander führte mehrfach zu Spaltungen innerhalb der spiritistischen Organisationen.[20] Durch die Theosophische Gesellschaft erfuhr die Reinkarnationslehre dann einen weiteren starken Auftrieb in westlichen Kontexten.[21]

Die zitierten Beispiele aus der abendländischen Religionsgeschichte machen deutlich, daß die modernen westlichen Reinkarnationsvorstellungen in einem historischen Zusammenhang verstanden werden müssen. Ältere westliche Seelenwanderungsmodelle wirkten mit östlichen Einflüssen zusammen. Aber auch aktuelle Bedürfnisse und Interessen kamen hinzu, die mit der Herausforderung und Infragestellung von »Religion« im weitesten Sinne durch die Moderne und ihre Errungenschaften zu tun haben. Nicht nur freie religiöse Bewegungen sind seither von solchen Fragestellungen geprägt, sondern Gleiches gilt prinzipiell auch für die christlichen Kirchen, die sich z. B. mit dem Problem »Naturwissenschaft und Theologie« seit langem auseinandersetzen. Ein genereller Unterschied besteht aber darin, daß es im außerkirchlichen Bereich keine ›Fachleute‹ gibt, die religiöse Interessen und auch Ideologien auf der Grundlage ihrer jeweils eigenen Lehrtradition professionell reflektieren und begründen, wie das im kirchlichen Bereich bestallte Spezialisten an den theologischen Fakultäten tun. Daher kann man im freien religiösen Feld, anders als in der Theologie, nicht davon ausgehen, ausgearbeitete Theorien vorzufinden, die modernen geisteswissenschaftlichen Kriterien genügen würden.

Moderne westliche Reinkarnationsvorstellungen stehen also im Kontext einer bestimmten Interessenlage, die sich zentral mit der Frage auseinandersetzt, wie »Religion« neben der technologischen Kultur und dem naturwissenschaftlichen Weltbild einen Platz behaupten kann. Reinkarnation bietet ein nicht-materialistisches Modell für Seelenvorstellungen, das an religiöse Überlieferungen anknüpft, aber strukturell mit modernen Bedürfnissen übereinzustimmen scheint.

3. Reinkarnation im »New Age«? Kritik eingefahrener Deutungsmuster

Sieht man sich die Bücher von Marilyn Ferguson oder Fritjof Capra an,[22] die oft als »Klassiker« für »New Age« gelten, stellt man erstaunt fest, daß die Reinkarnationslehre darin praktisch nicht vorkommt. Beiden Autoren geht es nicht um ein individuelles Erlösungsstreben als solches, sondern um die Integration des Individuums in das kollektive Ganze mit dem Ziel einer Veränderung und Weiterentwicklung der Menschheit. Wenn Ferguson oder Capra von »Bewußtseinserweiterung« reden, meinen sie damit ein kollektives Gewahrwerden der Menschheit für ihre Zusammengehörigkeit und die gemeinsame Verantwortung, zu der der einzelne jeweils seinen Beitrag leisten soll. Die Idee des »Paradigmenwechsels«, die in diesem Zusammenhang genannt wird, besagt, daß für die menschliche Gemeinschaft ein »Neues Denken« beginne.[23] Es geht um eine Veränderung im Hier und Jetzt angesichts der ökologischen, ökonomischen, psychologischen und spirituellen ›Mega-Krise‹, die beide Autoren am Anfang ihrer Bücher ausführlich beschreiben. Die Reinkarnationsidee mit ihren langfristigen Zyklen ist für eine solche Idee offenbar nicht sehr inspirierend.

Auch in anderen Entwürfen, die der sogenannten »New-Age-Bewegung« zugerechnet werden, spielt die Reinkarnationsvorstellung entweder keine oder eine völlig untergeordnete Rolle. Selbst bei Ken Wilber, häufig als »philosophischer Kopf der »New-Age-Bewegung« gesehen, fehlt die Reinkarnationslehre in den grundlegenden Entwürfen, obwohl der Autor östlichem, besonders buddhistischem Gedankengut einen zentralen Platz einräumt.[24] Auch bei anderen Autoren wie Peter Russell, Robert Muller und in den zahlreichen in Amerika und Deutschland erschienenen Sammelbänden wird das Thema Reinkarnation nicht erwähnt. Vielleicht glauben die Autoren daran, wenn man sie privat danach fragt, aber es handelt sich nicht um ein zentrales Konzept ihrer Theorien.

Als Ausnahme von dieser Regel ist Stanislav Grof zu nennen, ein Psychiater und Psychotherapeut, der maßgeblich an der Entwicklung der Transpersonalen Psychologie beteiligt war.[25] Grof führte jahrzehntelang Experimente mit kontrollierten Trance-Zuständen durch, die er zunächst durch »LSD«, später durch eine bestimmte Atemtechnik (Hyperventilation) erzeugte. Grofs primäres Interesse richtet sich darauf, Menschen zu einer Rückerinnerung an die Ereignisse rund um ihre Geburt zu führen. In den Trance-Zuständen zeichnen Patienten Bilder oder sprechen von bestimmten Erlebnissen, die sich häufig wiederholen. Grof teilt die dabei auftretenden Phänomene in vier grundlegende Schemata, sogenannte perinatale Matrizen, ein, die dem Geburtserleben des Embryos aus dem Mutterleib in seinen verschiedenen Stadien entsprechen. Aktuelle Erlebnisse von Glück und Harmonie, Depression, Sadismus und Masochismus und schließlich auch Befreiung lassen sich, so Grof, in dieses Schema perinataler Matrizen einzeichnen. Sinn der Rückerinnerungen ist eine integriertere Persönlichkeitsstruktur des Patienten in der Gegenwart.

Häufig bleibt es aber nicht bei den »perinatalen« Erfahrungen, sondern der Patient erlebt in den Trance-Zuständen die zeitliche und räumliche Transzendierung seiner eigenen Lebensumstände. So kann er sich plötzlich in einem anderen Kulturraum wiederfinden oder aber in einer früheren Zeitepoche. In diesem Zusammenhang erscheinen, so Grof, häufig auch Erlebnisse, die vom Patienten als Rückerinnerungen an ein früheres Leben gedeutet werden – und diese könnten starke therapeutische Wirkung haben.

124

Reinkarnationserlebnisse spielen somit im Therapievorgang eine wichtige Rolle. Doch ist damit noch nicht gesagt, daß sie auch zum Welt- und Menschenbild des Therapeuten Stanislav Grof gehören. Auf entsprechende persönliche Nachfrage bei einem Fortbildungsseminar führte Grof aus, man müsse zwischen seiner Theorie der perinatalen Vorgänge und den im Therapieverlauf von den Patienten erlebten Inhalten unterscheiden. Man könne nicht mit Hilfe von Trance-Erlebnissen die Realität der Reinkarnationsidee beweisen. Ob es sich dabei um rein intrapsychische Vorgänge handle oder ob sie ein reales historisches Ereignis in der Außenwelt abbildeten, sei wissenschaftlich nicht entscheidbar. Als Arzt stehe in seiner Arbeit der pragmatische Therapieerfolg im Vordergrund. Wenn Reinkarnationsvorstellungen für die Patienten hilfreich seien, sehe er keinen Grund, ihnen eine solche Möglichkeit auszureden. Persönlich halte er Reinkarnation in der einen oder anderen Form für durchaus plausibel. Aber man könne das nicht beweisen.[26]

Diese Position bestätigt auf ihre Weise den weitgehend negativen Befund über den Zusammenhang von Reinkarnationsidee und »New Age«: Zwar treten im einzelnen Reinkarnationsvorstellungen auf, und privat glaubt man möglicherweise daran, sie haben aber in übergreifenden Deutungsversuchen zum Welt- und Menschenbild keine wesentliche Funktion – ganz anders als etwa in der Anthroposophischen Bewegung.

4. Reinkarnationsvorstellungen der Gegenwart als Fortsetzung älterer Traditionen

Im folgenden Abschnitt soll nun in umgekehrter Richtung gefragt werden, ob und wo Reinkarnationsideen im Bereich von »New Age« tatsächlich für die Theoriebildung wesentlich sind. Dazu greife ich auf die theologische Diplomarbeit von Angela Feder zurück, die sich speziell mit dem Thema »New Age« und »Reinkarnation« befaßte.[27] Die Autorin analysiert das Thema anhand dreier Beispiele: Jane Roberts,

Sir George Trevelyan und Thorwald Dethlefsen.[28] Obwohl Feder explizit feststellt, daß Reinkarnation in vielen anderen Entwürfen nicht erwähnt wird, ist sie doch der Überzeugung, es handle sich dabei um eine zentrale Lehre der »New-Age-Bewegung«.[29] Nach den obigen Ausführungen bin ich dagegen der Meinung, daß die erwähnten Beispiele gerade nicht typisch und verallgemeinerbar sind, sondern mit den spezifischen Hintergründen der drei Autoren zu tun haben.

Jane Roberts' Bücher, die »Gespräche mit Seth«, sind erkennbar geprägt von Vorstellungen der spiritistischen Bewegung. Roberts sieht sich selbst als Medium einer nicht-materiellen Wesenheit, die ihr die Lehren ihrer Bücher diktiert habe. Die Bücher sind zwar weitverbreitet, aber insofern atypisch für »New-Age«-Literatur, als die Frage einer spiritistischen Kontaktaufnahme mit nicht-materiellen Wesen einen sehr spezifischen Vorstellungskomplex voraussetzt, der in vielen anderen zu »New Age« gezählten Entwürfen nicht die geringste Rolle spielt.

Für die Theoriebildung alternativer Spiritualität sicherlich zentraler ist der Entwurf Sir George Trevelyans. Dieser stand als Berater und Kenner esoterischer Lehren im Kontakt mit der Findhorn-Gemeinschaft in Schottland, von der der Ausdruck »New Age« bereits seit 1975 in den deutschen Sprachraum ausstrahlte. Trevelyans Buch, »Eine Vision des Wassermannzeitalters«, wurde 1984 als erster Band in die »New-Age«-Taschenbuch-Reihe des Münchner Goldmann-Verlags aufgenommen, die wesentlichen Anteil am Bekanntwerden des Ausdrucks »New Age« im deutschen Sprachraum hatte.[30] Das Buch enthält einige Abschnitte über Reinkarnation. Trevelyan ist davon überzeugt, daß der einzelne Mensch und die Menschheit im ganzen einer geistigen Erziehung bedürfe und daß die Reinkarnation der Seele des Menschen einen allmählichen Lernprozeß ermögliche. Auf diese Weise verknüpft er den Reinkarnationsgedanken mit den Vorstellungen eines Bewußtseinswandels oder Paradigmenwechsels, wie sie bei vielen anderen Autoren zu finden sind.

Ebenso wie bei Jane Roberts ist jedoch auch bei Trevelyan die Reinkarnationsvorstellung nicht eigenständig entwickelt, sondern er bezieht sich ausdrücklich und in der ganzen

126

Ausrichtung seiner Darstellung auf Rudolf Steiner.[31] Trevelyan schloß sich bereits in den dreißiger Jahren einer lebensreformerischen Bewegung in England an, die mit der deutschen Jugendbewegung verwandt war. Er experimentierte mit alternativen Landwirtschaftsmethoden und entdeckte Rudolf Steiner durch die von ihm gelehrte biologisch-dynamische Wirtschaftsweise. So wurde er Anthroposoph und arbeitete sich u.a. in Steiners Erziehungsmethode ein, die er in jahrzehntelanger Arbeit in der Erwachsenenbildung umzusetzen versuchte. Über diese Prägung kam er auch zur Reinkarnationslehre. In dem genannten kleinen Alterswerk bietet er eine Art Übersetzung der eigenen Lebensphilosophie in die Sprache und Interessensphäre der jüngeren Generationen, die seinen Rat suchen.

Auch Trevelyans Aufnahme der Reinkarnationsvorstellung läßt sich also nicht verallgemeinern, weil der Einfluß Rudolf Steiners eine Besonderheit ist, die sich nicht auf andere Autoren übertragen läßt. Zudem ist Trevelyan selbst zwar in Deutschland und mehr noch in Großbritannien eine wichtige Identifikationsfigur von Teilen der »New-Age-Bewegung«, aber er repräsentiert keinesfalls alle dieser Teile. So wird er in den Büchern Fritjof Capras an keiner Stelle zitiert.

Auch das dritte Beispiel, der Entwurf Thorwald Dethlefsens, ist ähnlich zu bewerten. Es ist wie bei allen anderen Autoren eine Frage der Definition, ob man ihn zu »New Age« rechnen will oder nicht. Dethlefsen entwickelte eine Therapieform, die den Patienten unter Hypnose zur Rückerinnerung an frühere Existenzen führen soll, wodurch er seinen derzeitigen Platz in der Welt besser verstehen und zu einem integrierteren Wesen werden könne. Reinkarnation hat in Dethlefsens Büchern den Charakter einer Glaubensform, bei der es im Grunde unwichtig ist, ob sie nach modernen Kriterien wissenschaftlich beweisbar ist oder nicht. Dethlefsen stellt sie in den Rahmen einer eigenen Wissenstradition, der abendländischen Esoterik, die er auf den legendären Weisen Hermes Trismegistos zurückführt.[32] Auch bei Dethlefsen findet sich der Gedanke der allmählichen Reifung durch Reinkarnation. Eine ausgearbeitete Reinkarnations-*theorie* hat jedoch auch er nicht entwickelt, sondern er verweist lediglich darauf, daß der größte Teil der Menschheit um diese Tatsache wisse und nur die moderne Wissenschaft infolge ihrer einseitigen Entwicklung dafür blind sei.[33]

Außer den genannten drei Beispielen erscheint das Thema der Reinkarnation in zahlreichen weiteren Entwürfen, die man im einen oder anderen Sinne mit »New Age« identifizieren könnte. Allen ist jedoch gemeinsam, daß sie entweder in einer spezifischen Tradition stehen – so wie Jane Roberts in der Tradition des Spiritismus oder George Trevelyan in der der Anthroposophie – oder daß sie den Reinkarnationsgedanken lediglich als eine allgemeine Glaubensvorstellung aufgreifen und nicht auf eigener Grundlage durchdenken und spezifizieren – so z.B. Thorwald Dethlefsen. Eine eigenständige »Reinkarnationssidee der »New-Age-Bewegung« ist in keinem der beschriebenen Fälle zu erkennen.

Zusätzlich zu den von A. Feder genannten Entwürfen sei ein weiteres Beispiel genannt, das meines Erachtens für die Entwicklung des neuen religiösen Feldes der Gegenwart bedeutsam ist. Es handelt sich um das Werk der Theosophin Alice Bailey (1880–1949). Bailey gehörte kurze Zeit der von H. P. Blavatsky gegründeten Theosophischen Gesellschaft und auch deren esoterischer Sektion an, trennte sich aber von dieser und gründete eine eigene Schule, die »Arkanschule«, in der sie das Gedankengut Blavatskys und ihrer Nachfolger eigenständig weiterentwickelte.[34] Bailey war davon überzeugt, daß in Kürze ein »New Age« beginnen werde, das Zeitalter der Wiederkunft Christi, das ein geistiges Zeitalter sei.[35] Sie verstand Reinkarnation als ein Mittel zur Reifung und verknüpfte ähnlich wie Trevelyan das Geschick der sich inkarnierenden Person mit dem Geschick der Menschheit als Kollektiv. Auch sie vertrat ein Modell der Erziehung der Menschheit mit Hilfe der Reinkarnationsvorstellung. Ihre Gedanken sind weit verbreitet, aber auch weit zerstreut, so daß Bailey zumindest im angelsächsischen Sprachraum sicherlich großen Anteil an einer unspezifischen allgemeinen Reinkarnationsvorstellung hat. Ihre Spuren finden sich auch in Trevelyans Buch.

Bailey steht ihrerseits über Blavatsky in einer wesentlich von Indien inspirierten Reinkarnations-Tradition. Das unterscheidet sie sowohl von Dethlefsen wie von Roberts, aber auch von der Wirkungsgeschichte Steiners, dessen Reinkarnationsvorstellung zwar ebenfalls von der Theosophischen Gesellschaft vorgeprägt ist, sich aber später von indischen Vorstellungen bewußt absetzte.[36]

5. Auswertung

Zusammenfassend läßt sich sagen: Die Reinkarnationsidee erscheint in der gegenwärtigen freireligiösen Szenerie entweder diffus als ein allgemeiner Glaubensinhalt oder im Verbund mit bestimmten freireligiösen Strömungen, die zumeist auf das 19. Jahrhundert zurückgehen. Zu ihnen gehören unter anderem die spiritistische Bewegung, die theosophische und die anthroposophische Bewegung. In denjenigen Entwürfen, die üblicherweise als zentral für »New Age« gesehen werden, wie bei Capra oder Wilber, werden zwar östliche Religionen breit zitiert, wogegen explizite Reinkarnationsvorstellungen keine erkennbare Bedeutung haben (über die richtige Wiedergabe indischer religionsgeschichtlicher Gehalte müßte gesondert diskutiert werden[37]). Umgekehrt haben östliche Lehren dort, wo die Reinkarnationslehre im heutigen »New Age«-Feld vorkommt, bei Trevelyan oder Dethlefsen, keine entscheidende Funktion. Eine Ausnahme bildet lediglich der Entwurf Stanislav Grofs, der die religiöse Dimension der Trance-Erfahrungen weitgehend mit Hilfe östlicher Konzeptionen (einschließlich der Karma- und Reinkarnationsvorstellung) beschreibt. Von diesem Sonderfall abgesehen, handelt es sich bei den von mir beschriebenen Reinkarnationslehren um eine westliche Problemstellung, die im Duktus des vorliegenden Tagungsbandes im Anschluß an den Beitrag von Norbert Bischofberger anzusiedeln und kaum als Fortsetzung der von Hans-Peter Müller beschriebenen modernen indischen und buddhistischen Entwicklungen zu sehen sind. Zwar stehen auch religiöse Bewegungen des 19. Jahrhunderts bereits in Auseinandersetzung mit östlichen Religionen, aber im Blick auf die Reinkarnationslehre dienen diese mehr oder weniger nur als Lösungsmuster, während die zugrundeliegenden Problemstellungen westlicher Natur sind und nach meiner Ansicht mehr mit der Geschichte des Christentums als mit der des Buddhismus oder Hinduismus zu tun haben. So erklärt sich die Umwertung der Reinkarnationslehre im Sinne einer kollektiven Reifung der ganzen Welt etwa bei Trevelyan oder schon bei Alice Bailey als eine typisch westliche Fragestellung. Es handelt sich um eine Verbindung westlich-christlicher Zielgerichtetheit auf das Ende der Zeit mit nicht-christlichen Zeitvorstellungen. Das Ergebnis ist eine Art Spirale mit esoterischen Konnotationen. Wenn man »New Age« als gegenwärtige Fortsetzung westlicher Esoterik betrachtet, ist daher die eingangs kritisierte Behauptung teilweise durchaus berechtigt, die Reinkarnationslehre sei eine Parallele zur christlichen Eschatologie. Doch besteht dann »New Age« lediglich aus einigen wenigen Vertretern, die fast alle in älteren westlich-esoterischen Überlieferungen verwurzelt sind (außer den genannten Autoren könnte man unter anderen noch Arnold Keyserling und seinen Vater, Hermann Graf Keyserling, nennen, außerdem Autoren wie Hans-Dieter Leuenberger, die sich explizit als »Esoteriker« definieren). Wendet man dagegen den Begriff auf Autoren wie Capra, Ferguson oder Wilber an, die explizit auf östliche Konzepte zurückgreifen, so ist die Reinkarnationsvorstellung fehl am Platz, da es hier um ganz andere Fragen geht.

III.

PERSPEKTIVEN DER FORSCHUNG UND DISKUSSION

Das Konzept der Reinkarnation als Ort des interkulturellen Dialogs

Peter Graf

Die zunehmende Globalisierung und Internationalisierung des sozialen, wirtschaftlichen und kulturellen Lebens darf als ein herausragendes Kennzeichen der Moderne angesehen werden. In keiner Zeit der Menschheitsgeschichte gab es für so viele Menschen auch nur annähernd vergleichbare Möglichkeiten des Reisens über Kontinente hinweg, ein so dichtes Netzwerk des unmittelbaren Informationsaustausches rund um den Globus und ähnliche Möglichkeiten des Studiums fremder Kulturen und Religionen vor Ort und in der konkreten Begegnung mit Menschen, die andere Lebensformen kultivieren. In Europa, das über Jahrhunderte als ein eindeutig christlich geprägter Kontinent galt, sind inzwischen alle Weltreligionen präsent. Millionen von Menschen praktizieren in Europa Religionen und Lebensformen, die sich wesentlich vom abendländisch-christlichen Modell unterscheiden.

Mit der Internationalisierung des öffentlichen Lebens, mit den anhaltenden Migrationsprozessen, die Kontinente in einer neuen Weise miteinander verflechten, sind tiefgreifende Prozesse interkulturellen Lernens verbunden. Diese Lernprozesse sind nicht nur neuer und komplexer Art, auf die Begegnung mit fremden Kulturen und Religionen sind vor allem jene Gruppen unzureichend vorbereitet, die sich selbst nicht in Migration befinden und jenen nationalen Mehrheiten angehören, die die großen Sprach- und Kulturtraditionen Europas begründet haben. Während der technisch-zivilisatorische Entwicklungsstand Europas und Nordamerikas den westlichen Industrienationen die Möglichkeit eröffnet hat, einen beherrschenden Einfluß auf die Entwicklung anderer Länder auszuüben, beschäftigen sich im Westen nur bestimmte Menschen intensiv mit asiatischen oder afrikanischen Kulturen und Religionen. Wilhelm Halbfass spricht von einem generellen und weitreichenden Prozeß der »Europäisierung« Indiens[1], eines Kontinents, der inzwischen die Sprache der fremden ehemaligen Kolonialherren, das Englische, als moderne lingua franca übernommen hat. Nicht nur Geschäftsleute und Politiker, auch herausragende Philosophen des Westens haben bis in die Gegenwart hinein die führende Rolle europäischer Kulturen hervorgehoben. Darüber hinaus hat Martin Heidegger dafür plädiert, die zivilisatorische Entwicklung der Welt als einen Prozeß der »vollständigen Europäisierung der Erde und des Menschen« zu verstehen.[2]

Trotz der wirtschaftlichen und zivilisatorischen Überlegenheit des Westens, trotz eines allgemeinen Glaubens an die Überlegenheit westlicher Kulturen erweist sich der anhaltende Prozeß der Internationalisierung des öffentlichen Lebens keineswegs nur als eine kulturelle Einbahnstraße. Die interkulturellen Lernprozesse folgen nicht nur dem Strom der Güter, gehorchen keineswegs nur den Programmen der international ausstrahlenden Medien-Netzwerke. Parallel zum aktuellen Prozeß der »Europäisierung« Indiens findet im Westen eine ebenso aktuelle wie intensive Auseinandersetzung mit den Welt- und Menschenbildern indischer Herkunft statt. Dieses läßt sich am Beispiel der Begegnung mit dem Konzept der Reinkarnation geradezu paradigmatisch verdeutlichen. Obgleich diese Lehre im Westen eine lange und generelle Ablehnung erfahren hat, beschäftigt und bewegt sie eine überraschend große Zahl von vor allem jüngeren Menschen in Europa und Nordamerika. Obgleich dieses Konzept weithin dem christlichen Verständnis von Tod und Auferstehung widerspricht, erweitert eine bedeutende Zahl von Christen ihre Klärung der entscheidenden Fragen nach den »letzten Dingen« mit Hilfe der Reinkarnationslehre.[3] Nach Christoph Bochinger wird die Lehre der Reinkarnation weithin als die »Eschatologie des New Age« bezeichnet, obwohl dieses Urteil nur teilweise gültig ist und nur eine Folgerung aus den Thesen etwa Fritjof Capras darstellt, die östliche Spiritualität in westliches Denken zu integrieren.[4]

Die Internationalisierung des öffentlichen Lebens beinhaltet damit einen Austausch von Konzepten und Lehren, der auf Gegenseitigkeit beruht und nicht nur in eine bestimmte Richtung wirkt. Trotz des westlichen Überhangs innerhalb der Begegnung zwischen Europa und Asien läßt sich nicht übersehen, daß prinzipiell alle Beteiligten in interkulturelle Lernprozesse eingebunden sind und sich deren Auswirkungen weder durch vorgegebene Einflußsphären kontrollieren noch durch eine technische oder zivilisatorische Überlegenheit einseitig steuern lassen.

1. Interkulturelles Lernen als interkultureller Dialog

Der Austausch von Konzepten der Wahrnehmung von Welt, die unterschiedlichen Kulturen entstammen, kann sich darauf beschränken, die Positionen der jeweils »anderen« zu studieren oder Informationen über sie zu sammeln. Wer sich in diesem Sinn mit den Lebensformen fremder Völker beschäftigt oder das Welt- und Menschenbild einer fremden Religion studiert, begibt sich bereits in einen Prozeß interkulturellen Lernens. Gleichzeitig kann dieses Lernen im Bereich der Aneignung von Wissen und der Übermittlung von Informationen verbleiben, wie man sich etwa Kenntnisse in einem bislang fremden Fach aneignet. Eine wesentliche Schwelle, die darüber hinaus zum interkulturellen Dialog überleitet, überschreitet interkulturelles Lernen dann, wenn Informationen über andere und die Logik ihrer Lebensform nicht nur das eigene Wissen erweitern, sondern das eigene Denken in Frage stellen, die eigene Logik durchlaufen und sie eventuell verändern. Der interkulturelle Dialog ist daher mehr durch gemeinsames Fragen als durch die Antworten, die entweder die eine oder die andere Seite zu geben weiß, gekennzeichnet. Er schließt nach Martin Buber notwendigerweise Phasen des »mitteilenden Schweigens« ein.[5] Ein interkultureller Dialog findet dann statt, wenn in Frage und Antwort ein unmittelbares Gespräch zwischen Menschen stattfindet, dessen Ergebnis nicht im voraus festgelegt ist. Wo die Botschaften der Gesprächspartner vorweg feststehen, wo man aufeinander einredet oder nur stehende Fakten miteinander verhandelt, findet ein wirklicher Dialog nicht statt. Dort allerdings, wo man im Gespräch sich nicht nur ge-

genseitig Bälle zuspielt, wo das Wort nicht nur *zwischen* den Gesprächspartnern hin- und hergeht, sondern – dem ursprünglichen Sinn des Begriffs dia-logos (δια-λογος) gemäß – *durch* die beteiligten Sprecher hindurch-geht, und über sie hinausführt und dabei das urprünglich Gemeinte neue Bedeutungen annimmt. Wo im Prozeß des Gesprächs selbst neue Formulierungen gesucht und gefunden werden, dort erschließt der Dialog einen Lernprozeß, der interkulturelle Begegnung beinhaltet. Über den Austausch von Wissen hinaus verändern sich die Partner im Laufe des Dialogs. Nach Martin Buber erfüllt ein Dialog dieser Art das anthropologische Ziel, das sein Konzept des »Dialogischen Prinzips« kennzeichnet: der Dialog begründet die Personwerdung, die ohne dialogische Begegnung nicht stattfinden kann: »Der Mensch wird am Du zum Ich.«[6]

Diese Feststellung führt zu einer weiteren, grundlegenden Dimension des Dialogs. Ein gelungener Dialog ist nicht dadurch gekennzeichnet, daß er ein Ergebnis oder neue Erkenntnisse hervorbringt, sondern dadurch, daß er bestehende Fragen aufgreift, sie gemeinsam untersucht und insofern auch ein offenes Ende zuläßt. Dialoge erfüllen auch dann ihre Funktion, wenn sie mit der Formulierung neuer Fragen schließen. Damit ist der Dialog eine Form sprachlicher Erkenntnis, die jenen Bereichen, in denen Menschen ein Leben lang gemeinsam mit anderen Fragen nachgehen, höchst angemessen ist, etwa den Fragen nach der eigenen Existenz: Woher komme ich? Wohin gehe ich? In der Auseinandersetzung mit Fragen dieser Art kennt der Dialog keine Grenze, macht keinen Halt vor fremden Sprachen, vor vergangenen Zeiten und fremden Kulturen. Damit erfüllt sich im interkulturellen Dialog eine Dimension, die der Begegnung zwischen Menschen inhärent und wesentlich ist, die Suche nach Antworten auf jene Fragen, die das Verstehen des eigenen Selbst und der eigenen Stellung in der Welt klären und vertiefen, ohne es dem Schema einer feststehenden Antwort zu unterwerfen.

Interkulturelles Lernen als interkultureller Dialog bezieht sich daher auf den Dialog zwischen Menschen unterschiedlicher kultureller Herkunft oder den Dialog über unterschiedliche Kulturen, der durch eine Haltung des Fragens gekennzeichnet ist und die Bereitschaft beinhaltet, aus dem gemeinsamen Gespräch zu lernen und verändert aus dieser Begegnung hervorzugehen. Damit setzt der interkulturelle Dialog vor allem in jenen Feldern der Reflexion an, wo ein ›Rest an Fragen‹ im eigenen Verstehen der Welt und der eigenen Stellung in der Welt bleibt. Aus einer Position der geschlossenen Sicherheit und Gewißheit heraus kann diese Form des Dialogs eigentlich nicht stattfinden. Ferner liegt die primäre Aufgabe des interkulturellen Dialogs nicht darin, neue Gewißheiten im Sinne von stehenden Antworten zu erzeugen. Sie kann vielmehr eher darin liegen, die Grenzen des eigenen Wissens aufzudecken, neue Fragen zu erkennen und damit gemeinsam das eigene Wissen tiefer zu verankern. Nach diesem Verständnis würde der interkulturelle Dialog genau jene Aufgaben erfüllen, die dem Dialog als philosophische Methode seit der Antike, vor allem von Sokrates selbst, zugeschrieben wurden: die Vorläufigkeit bestehender Urteile und Denkstrukturen zu erkennen und sie entsprechend durch gemeinsame Reflexion weiter zu differenzieren und zu vertiefen.

Die Begegnung mit dem Konzept der Reinkarnation im Westen erweist sich in verschiedenen Dimensionen als ein geradezu paradigmatisches Beispiel für die Chancen und Grenzen des interkulturellen Dialogs. Im folgenden unternehme ich den Versuch, diesen paradigmatischen Prozeß anhand von vier Dimensionen, die für interkulturelles Lernen generell Gültigkeit haben, auf den Ort und die Form der Auseinandersetzung mit dem Konzept der Reinkarnation zu beziehen.

2. Der interkulturelle Dialog als Frage nach der eigenen Existenz

Wenn eine Haltung der Frage generelle Bedingung des Dialogs ist, dann erweist sich die Frage nach der eigenen Existenz als vornehmlicher Ansatzpunkt und eigentlicher Ort des interkulturellen Dialogs. Es sind nicht Traditionen oder Lehrgebäude als kulturspezifische Systeme, die in einen Dialog eintreten, und es sind nur teilweise Institutionen, die dialogisch aufeinander zugehen. Vielmehr sind es Menschen, die als Individuen einen weltweiten Dialog eröffnet haben und weiter intensivieren. Am Ursprung der New-Age-Bewegung steht nicht eine indische Missionsbewegung oder das Programm einer westlichen Partei oder Nation. Die New-Age-Bewegung beschränkt sich nicht auf bestimmte Gruppen, sondern ist Ergebnis einer neuen Form der Auseinandersetzung mit Fragen zur eigenen Existenz, die über Länder und Nationen hinweg Bedeutung erlangt hat. Nur auf den ersten Blick verbleibt diese Bewegung in Bereichen eines farbenfrohen und verspielten Umgangs mit unterschiedlichen Kulturen und Religionen. Gewiß ist durch sie der Esoterik-Markt entstanden, doch hätte dieser seine aktuelle Bedeutung nicht erlangt, wenn er sich nicht angeboten hätte, neue Antworten auf tiefgreifende Zweifel über den Sinn und die Werte der westlichen Lebensform zu geben, die vor allem unter jungen Menschen Nordamerikas und Europas Platz gegriffen haben.

Deutlicher noch setzt die Auseinandersetzung mit dem Konzept der Reinkarnation bei der wohl existentiellsten Frage an, die jeden einzelnen Menschen konkret bewegt, während sie Institutionen kaum und Lehrsysteme nicht betrifft: die Frage nach dem Ereignis des eigenen Sterbens. An diesem Ort existentiellen Fragens setzt der interkulturelle Dialog an, eben dort, wo das Nachschlagen im Lexikon feststehender Antworten aufhört. Irgendwann endet in jeder Lebensform das Nachschlagen von Bedeutungen, am entscheidenden Ort muß sich der Mensch stellen, wie Martin Buber sagt. Dieser Ort fängt da an, »wo das Nachschlagen aufhört, wo es einem vergeht«[7]. Der sich an diesem Ort zeigende Riß oder offene Spalt im eigenen Bild von sich und der Welt ist der eigentliche Anlaß, in einen interkulturellen Dialog mit anderen einzutreten. Das Bedürfnis nach einem Dialog über offene Stellen im Eigenen, der an den Grenzen der eigenen Gruppe und kulturellen Tradition nicht haltmacht und Bereiche des Fremden einschließt, stellt im Grunde ein normales Bedürfnis dar, denn die Gegebenheiten und Lebensumstände einer individuellen Biographie sind zu vielfältig, um sie durch ein bestimmtes, noch so entfaltetes Welt- und Menschenbild abschließend beantworten zu können. So werden Fragen um das Sterben und den eigenen Tod auch dann den einzelnen beschäftigen, wenn die Gruppe und Religion, der er angehört, diesen Fragenkreis durch eine bestimmte, in sich kohärente Aussage beantwortet. Damit werden eben die Fragen nach den letzten Dingen zu einem herausragenden Anlaß auch des interreligiösen Dialogs, der sich deshalb auch durch niemanden verhindern läßt und den keine religiösen, kulturellen oder sprachlichen Grenzen aufzuhalten vermögen. Wenn ihn dennoch nur eine begrenzte Anzahl von Menschen im Osten wie im Westen pflegt, so wohl deswegen, weil mit dem Sich-Stellen und dem Sich-Einlassen auf den interkulturellen Dialog eine eher schmerzliche Erfahrung verbunden ist. Die existentiellen Fragen, die den Dialog anstoßen, sind zunächst anzuerkennen, die Lücken oder offenen Stellen im eigenen Selbst- und Weltbild, um die Notwendigkeit des Dialogs zu sehen. Zu gerne werden in jeder Gruppe diese Stellen eher verdeckt als freigelegt, durch Konventionen eher verkleidet als offengelegt. Werden existentielle Fragen als teilweise offene jedoch angenommen, so zeigt sich eine große Nähe zwischen Menschen unterschiedlicher Zeiten, Kulturen und Sprachen. Vor mehr als zwei Jahrtausenden verfaßte ein Jude einen Text über die Vergänglichkeit des Menschen, niedergelegt im Buch der Weisheit. Dieser Text inspiriert bis heute Menschen in der eigenen Reflexion über das menschliche Dasein, ohne daß sich diese Menschen dem Judentum, der hebräischen Kultur und der Zeit des Verfassers verbunden fühlen. Vor dem letzten Gericht beschreiben Menschen ihr unglückliches Schicksal mit folgenden Worten:[8]

[...] »Dies alles ging vorüber wie ein Schatten, wie ein flüchtiges Gerücht,

wie ein Schiff, das die wogende Flut durchschneidet, von dessen Fahrt keine Spur zu entdecken ist und nicht seines Kieles Pfad in den Wellen,

oder wie man von einem Vogel, der durch die Lüfte fliegt, kein Wahrzeichen des Weges findet – vom Schlag der Flügel gepeitscht und durch die sausende Gewalt der leichtbewegten Schwingen geteilt, wird die leichte Luft durcheilt und hinterher keine Spur des Durchflugs mehr gefunden, oder wie bei einem Pfeil, der nach dem Ziel abgeschossen wird, die durchschnittene Luft sofort wieder zusammenfließt, so daß man seine Bahn nicht mehr erkennen kann.

So sind auch wir, kaum geboren, schon gestorben und hatten kein Zeichen der Tugend aufzuweisen, sondern werden in unserer Bosheit dahingerafft.«

Ja, die Hoffnung der Gottlosen gleicht der Spreu, die vom Lufthauch weggetragen, und dem dünnen Schaum, der von dem Sturm gejagt wird, dem Rauch, der vor dem Wind zerstiebt, der Erinnerung an einen Gast, der nur einen Tag verweilte.

Den Schlußvers dieses Textes hat der Naturwissenschaftler und Philosoph Blaise Pascal im 17. Jahrhundert zum Anlaß für eine seiner Betrachtungen in seinen Pensées genommen, die sein Konzept von der Stellung des Menschen im Kosmos im Kern umschreibt:

Wenn ich die kurze Dauer meines Lebens betrachte, verschlungen in der Ewigkeit, die dem kleinen Raum, den ich ausfülle, vorausgeht und ihm folgt, und den ich selbst in der grenzenlosen Unendlichkeit der Räume vergehen sehe, die ich nicht kenne und die mich nicht kennen, dann erschrecke ich und wundere mich, daß ich mich hier sehe und nicht dort, denn es gibt keinen Grund, warum ich hier bin und nicht dort, warum jetzt und nicht irgendwann. Wer hat mich hierhin gestellt? Durch wessen Befehl und Führung sind dieser Ort und diese Zeit für mich bestimmt worden? *Memoria hospitis unius diei praetereuntis.* [Die Erinnerung an einen Gast, der im Vorübergehen nur einen einzigen Tag zu Gast war; Übers. v. P. G.].[9]

Eben dieser Text inspiriert wiederum Jahrhunderte später Botho Strauß zu einer modernen Versdichtung, erschienen 1985 (München). Dieser Band trägt den Titel: »Diese Erinnerung an einen, der nur einen Tag zu Gast war«. Im Text selbst erscheint kein Verweis, weder auf das Judentum, noch die Philosophie von Blaise Pascal. Allein auf der abschließenden Seite nennt B. Strauß die doppelte Brücke zum alten Judentum, die Anstoß und Thema für einen modernen Text der deutschen Literatur bildete.

Eine einmalige, kulturspezifisch bestimmte Äußerung über die Vergänglichkeit der menschlichen Existenz verbindet Menschen, die in gänzlich verschiedenen Epochen der Menschheitsgeschichte leben, und inspiriert sie je neu, obgleich sie verschiedene Sprachen sprechen, sich weder der gleichen Religion zurechnen, noch einer bestimmten Kulturgruppe angehören. Die Auseinandersetzung mit dem Konzept der Reinkarnation ordne ich diesem Kontext zu. Dieser Zusammenhang erklärt auch, warum die christliche Ablehnung eine Auseinandersetzung mit diesem Konzept ebensowenig verhindern konnte wie eine allgemeine Verdrängung von Tod und Sterben in der westlichen Welt. Nach David S. Toolan glauben 21% der Europäer an die Reinkarnation, darunter ein Großteil von Christen, deren Lehre eine Reinkarnation ausschließt.[10] Ähnlich sprechen Johann B. Metz und Hermann Häring von einer neuen Diskussion über das Verhältnis von Reinkarnation und Auferstehung unter Christen.[11]

Da in existentiellen Fragen immer ein »Rest an Fragen« bleibt und niemand in der Gegenwart nur innerhalb seiner eigenen Kultur lebt und wahrnimmt, findet interkulturelles Lernen laufend statt und greift, intensiver als in der breiten Öffentlichkeit vermutet, in die Auseinandersetzung um existentielle Fragen ein. Dieses ist weniger eine Leistung der Gruppen oder dem Öffnungsgrad bestimmter Kulturen zuzuordnen, sondern lebt aus der Suche des einzelnen nach Antwort auf individuelle Fragen. Kaum eine Frage ist so offen, kaum ein Problem geht so sehr wie ein Riß durch das Selbstverständnis eines jeden Menschen – über die Zeiten, Kulturen, Sprachen und Länder hinweg – wie das bevorstehende Ende allen Lebens. Damit wird dieser Gegenstand geradezu zum paradigmatischen Ort des interkulturellen Dialogs.

3. Interkulturelle Antworten aus Segmenten des Fremdverstehens

Interkulturelles Lernen steht in dem Maße, in dem es Antworten auf existentielle Fragen sucht, unter einem Erklärungsdruck, der dazu einlädt, Lücken im eigenen Verstehen durch Elemente aus fremden Verstehenskontexten aufzufüllen. Mit dieser Funktion sind zwei Gefahren verbunden, die beide dazu verleiten können, Fehler zu erzeugen. Zum einen ist mit der Erklärungsleistung häufig eine Segmentierung der fremden Tradition verbunden, indem ein Teilkonzept herausgeschnitten und es als ein isoliertes Erklärungskonzept verdinglicht wird. In diesem Fall ist das Verstehen des Fremden auf isolierte und verdinglichte Teilkonzepte begrenzt.

Der zweite Schritt, dieses Segment in einen kulturell anders angelegten Erklärungskontext zu übertragen, es eben dort im Sinne einer »Antwort« einzufügen, wo sich ein Spalt im eigenen Verstehen auftut, führt die verdinglichte Funktionalisierung fremder Teilkonzepte im Sinne einer Bestätigung des Eigenen fort. Gleichzeitig können auf diese Weise Scheinlösungen entstehen, da ein Erklärungsfeld, das aus Teilstücken unterschiedlicher Herkunft zusammengefügt ist, nicht mehr zu halten vermag, was es verspricht oder aber die Aussagen der einzelnen Teile wesentlich verändert. Im Umgang mit dem Konzept der Reinkarnation können dann Scheinlösungen entstehen, wenn allein die Lehre von der »Wiedergeburt« betrachtet und mit dem westlichen Themenfeld Tod und Sterben verbunden wird, ohne durch ein vertieftes Studium des Hinduismus oder des Buddhismus den Gesamtkontext des Bildes vom Menschen auszuwerten, in dem die Lehre von der Wiedergeburt ein Teilstück darstellt und ihre spezifische Bedeutung entfaltet.

Vieles in der Kultur-Debatte lädt gegenwärtig dazu ein, verdinglichte Segmente im Sinne von Teilantworten zu übertragen und sich selbst zu eigen zu machen. Nicht nur das Neuigkeitserlebnis und die Attraktivität fremder Religionen und ferner Kulturen, auch eine generelle Tendenz westlichen Konsumverhaltens, die immer wieder neue Versionen und Alternativen auch im intellektuellen Leben wünscht, unterstützen diese Haltung. Darüber hinaus wird die Multikulturalismus-Debatte weithin so geführt, als ob es ausreichend oder für moderne Zivilisationen sogar wünschenswert sei, Lebensformen zu entwickeln, die sich aus mehreren, eher bunt gemischten kulturellen Anteilen zusammensetzen.[12] Eben in dieser Perspektive beschränken sich die inzwischen vielfach erscheinenden multikulturellen Kalender auf das bloße Nebeneinander unterschiedlicher Kultur-Teile, die keine überzeugende und übergreifende Struktur miteinander verbindet. Wenn das Neujahrsfest verbindlich gefeiert werden soll, dann kann dieses eben nicht mehrere Male innerhalb eines Monats stattfinden. Vor allem buddhistische Lehrer lehnen dieses Vorgehen entschieden ab. Sogyal Rinpoche schreibt zu dieser in seinen Augen vornehmlich »westlichen Haltung«:

Auf keinen Fall sollte man sich auf etwas einlassen, was mir im Westen immer wieder begegnet und was ich die »Shopping-Mentalität« nenne: Man nimmt von diesem Meister eine Kleinigkeit und ein wenig von jenem, von dieser Lehre eine Wahrheit und eine von jener – ist aber ohne Beständigkeit und ohne wirklich aufrichtiges Engagement für irgendeine dieser Disziplinen.[13]

Die deutsche Sprache hält für diesen Lernprozeß den Begriff der ›Aneignung‹ bereit: Teilelemente aus einem ›fremden‹ Kontext in den ›eigenen‹ zu integrieren verdeckt zunächst offene Stellen, doch beinhaltet diese Assimilation eine mehr oder weniger weitreichende Veränderung des Stellenwerts und der Bedeutung jenes Elements, das in einen neuen Kontext integriert wurde. Die damit verbundenen Fallen sind zudem nicht leicht zu erkennen, da diese Form der Aneignung des Fremden zunächst leistet, was beabsichtigt war: die offene Frage im eigenen Verstehenskontext erscheint als beantwortet, der klaffende Riß im Selbstbild durch neue Elemente verdeckt.

Die westliche Zuwendung zum Konzept der Reinkarnation scheint nicht frei von diesen generellen Gefahren interkulturellen Lernens zu sein. Eine Vereinfachung oder Verkürzung des Reinkarnationsgedankens auf das Problem des Sterbens findet dann statt, wenn man dieses Teilkonzept verdinglicht gebraucht, es aus seinem umfassenden Zusammenhang herauslöst und sich dieses Segment indischen Denkens aneignet. In Texten der Esoterik-Literatur laden Zitate großer Meister des Ostens, die an sich den großen Kontext meinen, den westlichen Leser, der sich keinem umfassenden Studium des Buddhismus unterzieht, leicht zu einfachen Verkürzungen ein. Als Beispiel nenne ich die Antwort des Meisters Genza aus der Schule des Jodo-Shin-Buddhismus auf eine Frage nach Wiedergeburt und Erlösung:

Frau Yasuka: »Mein Mann hat nicht das rechte Ohr für die Weisung Buddhas. Das macht mir Sorgen.« Darauf Genza: »Wenn du dich nicht beunruhigst, wär's schon recht. Es eilt doch nicht. [...] Auch nicht einer wird ausgelassen bei der Erlösung, diese große Zusage ist doch gegeben. Klappt's in diesem Leben nicht, dann im nächsten. Klappt's im nächsten Leben nicht, dann im übernächsten. Diese große Zusage verspricht doch gerade, daß wir auf jeden Fall erlöst werden.«[14]

Wie einfach und klar erscheint diese Aussage – zumindest auf den ersten Blick! Wie streng hingegen steht dem westlichen Leser die vertraute christliche Eschatologie gegenüber, wie sie etwa in der Ermahnung, die die heilige Theresia von Avila ihren Schwestern zu diesem Gegenstand gibt, zum Ausdruck kommt:

Bedenke, daß du nur *eine* Seele hast und nur *einmal* sterben wirst, daß du nur *ein* Leben, und zwar ein kurzes Leben hast, und daß es nur *eine* ewige Glorie gibt.[15]

Auch die zweite Falle interkulturellen Lernens, die darin liegt, daß durch die Übertragung eines Teilkonzepts in den Kontext einer anderen Kulturtradition dessen ursprüngliche Bedeutung wesentlich verändert wird, scheint in der westlichen Rezeption der Reinkarnation nicht immer vermieden worden zu sein. An die abendländische Auseinandersetzung mit Tod und Sterben ist das Konzept der Erlösung unmittelbar gebunden. »Tod und Auferstehung« sind im westlichen Kulturkreis auf unterschiedlichen Ebenen eine untrennbare Verbindung eingegangen. Den Reinkarnationsgedanken mit dem Konzept von Tod und Erlösung zu verbinden, *reincarnatio* in ein von der Heilsvorstellung der *ressurrectio* bestimmten Bedeutungsfeld einzusetzen, verändert das ursprüngliche Reinkarnationskonzept erheblich. Beide Konzepte entstammen nach A. Pieris unterschiedlichen soteriologischen Vorstellungen, sind also unterschiedlichen Heilskonzepten zuzuordnen.[16] Aufgrund des veränderten Kontexts nimmt im westlichen Umfeld die Reinkarnation, die im Osten kein vorwiegend erstrebenswertes Ereignis darstellt, eine soteriologische Bedeutung an, die das Unheil weitgehend ausschließt. Im hinduistischen Umfeld hingegen ist mit Reinkarnation zwar auch eine Heilserwartung verbunden, gleichzeitig ist das Verstehen der Wiedergeburt im Hinduismus und Buddhismus wesentlich durch Karma und Samsara bestimmt. Beides unterwirft den Gläubigen dem leidvollen

Rad der Wiedergeburten, schafft so in jeder Existenz neu
›dem Tod eine Speise‹, so daß eben an jenem Ort des Verstehens, mit dem der westliche Leser vorwiegend eine Heilserwartung verbindet, hinduistische oder buddhistische Leser
deutlich auch das mit der Wiedergeburt verbundene Nicht-
Erreichen des Heils wahrnehmen. Auf diese Weise nimmt
die Wiedergeburt, die Sogyal Rinpoche als »schmerzvollen
Teufelskreis« einer »leidvollen Tretmühle von Geburt und
Tod« bezeichnet, im westlichen Kontext eine engere und damit veränderte Bedeutung der Befreiung von der Not eines
endgültigen Todes im Sinne einer erweiterten Erlösungs-
chance an.[17]

4. Neustrukturierung des Eigenen aus dem Studium des Fremden

In der modernen Kognitionspsychologie wird die Wahrnehmung von Umwelterfahrungen als ein Prozeß beschrieben,
der in seiner Verarbeitung von Erfahrungen einer inneren
Karte der Orientierung (*cognitive map*) folgt.[18] In diese
Karte werden alle Lernprozesse eines Lebens integriert und
zu einem kohärenten Feld der Orientierung vereinigt. Alles
Lernen wird durch die bis dahin bestehende Karte der
Orientierung geleitet und hat damit zu tun, diese weiter zu
differenzieren. Fremde Karten der Orientierung im Sinne interkulturellen Lernens einzusehen, stellt somit eine günstige
Gelegenheit für weiterführende Lernprozesse dar. Diese
Einblicke zu suchen kann nicht nur niemandem verwehrt
werden, sie stellen vielmehr eine besondere Gelegenheit dar,
die eigene Karte unter neuen Kriterien zu reflektieren und
auszuweiten. Bedingung dafür ist allerdings, daß nicht einfach nur stehende Schemata gelernt oder Handlungsmuster
übernommen werden, also unterschiedliche Karten neben-
einandergelegt werden, sondern der Umgang mit den neuen
Karten als Teil und Differenzierung der eigenen Orientierung vollzogen wird. Auf diese Weise kommt es innerhalb
der bestehenden Orientierung zu Prozessen des Verstehens
und der Einsicht, die erlauben, fremde Karten in die eigenen
Verstehensprozesse produktiv zu integrieren. Dieser Vor-

gang stellt dann eine Neustrukturierung der eigenen Karte dar. Im Bild geographischer Landkarten, dem dieses kognitionspsychologische Modell entnommen ist, läßt sich dieser Zusammenhang weiter verdeutlichen: Landkarten können nicht kontinuierlich durch zusätzliche Karten über neue Landschaften ergänzt werden, vor allem dann nicht, wenn die neuen Karten nach anderen Koordinaten ausgerichtet sind. Daher besteht die Lernleistung der Erweiterung von Karten der Orientierung darin, die Grundkoordinaten der bestehenden Karte auf die Erweiterungen abzustimmen und so auszurichten, daß sie auch die neuen Felder integral einschließen. Die Veränderung der Grundkoordinaten allerdings hat zur Folge, daß *alle* Inhalte der neuen Karte in eine entsprechend erweiterte Bedeutungsstruktur integriert werden und damit selbst neue Dimensionen beinhalten.

Bezogen auf das Feld des interkulturellen Lernen macht das Konzept der kognitiven Karten sichtbar, wie sehr es in diesen Lernprozessen darauf ankommt, über die Aneignung neuer Teilkarten hinaus diese Erfahrung zum Anlaß zu nehmen, die Gesamtstruktur der eigenen Orientierung neu zu reflektieren und so auszurichten, daß eine integrale Grundstruktur der Orientierung entstehen kann. Kognitionspsychologisch hat dieser Prozeß der Umstrukturierung damit zu tun, die bestehende Orientierung von äußerlichen Konventionen, scheinbaren Selbstverständlichkeiten und vorläufigen Erfahrungen zu reinigen, wesentlichere Strukturen zu erkennen und ihre Fundamente tiefer zu verankern.

In der Begegnung mit dem Konzept der Reinkarnation kann es daher nicht darum gehen, ausschließlich im thematischen Feld des Sterbens und seiner geistigen Verarbeitung zu bleiben, den Glauben an die Wiedergeburt jenem von der Auferstehung gegenüberzustellen, eventuell beide gegeneinander auszuspielen oder sie miteinander verbinden zu wollen. Vielmehr stellt sich die Frage nach einer Reinigung oder Vertiefung der Grundkoordinaten westlichen und östlichen Denkens derart, daß die jeweils eigene Orientierung Formen des wesentlich anderen Umgangs mit diesem Thema zuzulassen vermag. Gleichzeitig müssen Lernprozesse dieser Art keine endgültige Antwort erzeugen, kann ihre Leistung darin bestehen, neue Aufmerksamkeiten und damit weiteres Lernen zu verstärken.

In jedem Fall erfordern interkulturelle Lernprozesse dieses Typs eine deutliche Ausweitung des Themenfelds. Nicht nur die Begegnung mit dem Tod, das Bild vom Menschen und seiner Stellung in der Welt, religiöse und anthropologische Vorstellungen vom Beziehungsverhältnis zwischen Leib und Geist stehen dann zur Debatte. Nicht nur der Vergleich der Religionen, auch das Studium philosophischer Positionen und kulturspezifischer Traditionen wird so bedeutsam.

Für den westeuropäischen Kontext ist in diesem weiteren Feld der Philosoph Gottfried Wilhelm Leibniz zu nennen, der in seiner Monadologie von 1705 eine Lehre entworfen hat, nach der die Seelen als Monaden »ihren« Körpern jeweils Substanz und Leben verleihen, selbst jedoch nicht vergehen, sondern im Moment des Todes in neue Zustände entweder höherer oder niederer Art übergehen und so ihr Leben in anderer Weise fortführen.[19] Ebenso findet sich bei G. W. Leibniz die Vorstellung, daß Monaden im Laufe ihrer Wanderung durch verschiedene Körper einen Prozeß der Vervollkommnung durchlaufen.[20] Es ist weniger die frappierende Nähe dieser Ideen zu indischen Vorstellungen, die mir hier bedeutsam erscheint, als vielmehr der Versuch des Philosophen und Mathematikers G. W. Leibniz, ein gedankliches System der universellen, Materie und Geist einschließenden Harmonie zu entwerfen, das zu einem gänzlich neuen Verständnis der Natur und ihrer Gesetze führte und eben auch das neue Konzept der Monaden entfaltete.

Für eine christliche Philosophie nenne ich ferner das Konzept Teilhard de Chardins vom »Aufstieg der Menschheit« innerhalb eines umfassenden, die gesamte Welt umspannenden Dialogs.[21] Teilhard de Chardin hat sein Konzept sicher nicht zufällig im Umfeld und in der Begegnung mit asiatischer Kultur entwickelt. Teilhard de Chardins Konzept stellt einen Versuch dar, übergreifende Grundkoordinaten zu erarbeiten und Konvergenzen sichtbar zu machen, die sowohl zwischen den Naturwissenschaften und den Geisteswissenschaften wie auch zwischen den Religionen und Kulturen der Welt vermitteln. Seine Texte führen zu einer für die christliche Theologie neuen Bestimmung des Verhältnisses von Materie und Geist. Sie können eine Brücke herstellen zum spezifischen Leib-Geist-Verhältnis, das dem Konzept der Reinkarnation zugrunde liegt.

Ein in diesem Sinn vertiefter Prozeß interkulturellen Lernens, der auf konvergente und gleichzeitig kohärente Grundkoordinaten der Orientierung zielt, vermeidet vorschnelle Antworten und verdinglichte Funktionalisierungen ›fremder‹ Konzepte. Er führt ebenso über das bloße »multikulturelle« Nebeneinander oder die Vermischung von Elementen unterschiedlicher Herkunft und den damit verbundenen Bedeutungsveränderungen hinaus. Ein Lernprozeß dieser Art begründet vielmehr eine Form des interkulturellen Dialogs, der dazu auffordert, primär an den eigenen Positionen zu arbeiten, Vorläufigkeiten abzulegen und die Strukturen der eigenen Orientierung zu öffnen, sie vertieft und wesentlich in ihrem eigentlichen Kern zu verankern.

5. Interkulturelles Lernen als Aufmerksamkeit für den Weg

Über interkulturelles Lernen werden die Möglichkeiten, sich mit neuen und alternativen Theorien, Lehren und Traditionen auseinanderzusetzen, erheblich ausgeweitet. Das Studium unterschiedlicher Konzepte wird das eigene Verstehen differenzieren und ergänzen, gleichzeitig jedoch auch die grundsätzlich begrenzte Reichweite rationaler Konzepte sichtbar machen. Die wechselnden Perspektiven, die unterschiedliche Konzepte vor Augen führen, können zu einer grundsätzlichen Verlagerung der Aufmerksamkeit führen, eine Art methodischen Schwenk begründen. Sie schärfen den Blick dafür, daß Theorien ebenso wie schriftlich fixierte Texte einen spezifisch rationalen Zugang zur Wirklichkeit erschließen, den Menschen benötigen, um ihr Handeln reflexiv verantworten zu können. Gleichzeitig macht dieser veränderte Blick deutlich, daß sich den Menschen eine wesentliche Aufgabe zusätzlich stellt, die über rationale und allgemeine Lösungsangebote hinausführt: die täglich neue Frage der eigenen Lebenspraxis. Unter diesem neuen Blickwinkel wird deutlich, daß die Schritte täglichen Handelns durch Ereignisse und Impulse bestimmt werden, die über rational strukturierte Muster hinausführen. Mit anderen Worten: Rational begründete Konzepte erfahren erst innerhalb einer konkreten Lebenspraxis ihre eigentliche Erfüllung, ohne daß die Lehre oder das Konzept selbst die entsprechenden Situationen vorhersehen und Mittel der Steuerung vorsehen müssen. Tatsächlich hängt jede Biographie von einer zahllosen Fülle von Einzelereignissen emotionaler, sozialer, auch körperlicher Herkunft ab, die sich einer nur rationalen Kontrolle entziehen und insofern die Praxis täglichen Handelns wesentlich mitbestimmen. Diese Einsicht führt zu einer neuen Aufmerksamkeit für die Ereignisse des täglichen Lebens, denn nur in einer sensiblen Abstimmung auf die tägliche Lebenspraxis lassen sich rationale Konzepte, Lehren und auch Religionen konkret verwirklichen und erfüllen. Nur in diesem Zusammenspiel einer doppelten Aufmerksamkeit für theoretische Reflexion im konkreten Alltag entsteht ein reflektierter Lebensweg. Je verbindlicher beide Aufmerksamkeiten entfaltet werden, um so konsequenter können wesentliche Strukturen erkannt und konkret verwirklicht werden.

Für die Begegnung mit verschiedenen Konzepten zum Thema Tod und Leben bedeutet dies, daß ein interkulturelles Studium der Lehraussagen dazu dem Lernenden sehr wohl zu verdeutlichen vermag, was vor allem asiatische Meister nicht müde werden zu betonen, wenn sie die Frage stellen: Was gibt es da zu erklären? Wenn überhaupt, besteht die Auseinandersetzung mit dem Thema in ihren Augen darin, im Angesicht des Todes leben zu lernen. Der eingangs zitierte Meister des Jodo-Shin-Buddhismus, dessen Antwort, daß es in irgendeinem Leben auf jeden Fall »klappen« wird, zunächst so einfach erschien, beschreibt den langen und mühsamen Weg der Befreiung von diesen Fragen als einen Weg täglicher Entsagung, der bedeutet, regelmäßig den Tod zu meditieren:

Auch wenn ihr mir so gegenüber hockt, Tag für Tag rinnt das Leben dahin. Alltäglich kommt der Tod in seiner Maske.[22]

Ein Meister der Jodo-Shin-Schule, Meister Kichibe, beginnt seinen Weg damit, daß er allen seinen Lehrern die eine große Frage stellt, die ihn selbst unentwegt umtreibt: »Ich kann nicht sterben.« Erst die Gegenfrage eines Meisters »Wenn du stirbst, ist es dann nicht gut?« wies ihm den Weg, einen Weg des endlosen Sich-fallen-Lassens.[23] Tod und Sterben beschränken sich nicht auf die Lehre der Wiedergeburt, sondern werden zum Gegenstand täglicher Praxis.

Auch im Westen gibt es trotz der vielfältigen rationalen Auseinandersetzung mit Tod und Sterben, trotz der zahlreichen Bücher über die Vorbereitung auf einen ›guten Tod‹ jene Position, die den Unterschied herausstellt zwischen rationalen Karten der Orientierung und dem Erkunden der Landschaft selbst, hier dem Sprechen über den Tod und dem eigentlichen Betreten der Landschaft des Sterbens. Am prägnantesten hat dieses Spannungsverhältnis, in dem sich eine grundlegende Unterscheidung zwischen sprachlich begründeter Logik einerseits und dem tatsächlichen Ereignis des Lebens andererseits spiegelt, der Philosoph Ludwig Wittgenstein in seinem Tractatus logico-philosophicus (1918) zum Ausdruck gebracht:

6.4311 Der Tod ist kein Ereignis des Lebens. Den Tod erlebt man nicht.
Wenn man unter Ewigkeit nicht unendliche Zeitdauer, sondern Unzeitlichkeit versteht, dann lebt der ewig, der in der Gegenwart lebt.
Unser Leben ist ebenso endlos, wie unser Gesichtsfeld grenzenlos ist.
[…]
6.522   Es gibt allerdings Unaussprechliches. Dies *zeigt* ist, es ist das Mystische.[24]

So radikal und so erstaunlich die Trennungslinie ist, die Wittgenstein hier zwischen logischen Problemen, die gestellt werden, und dem »Unaussprechlichen«, das sich ereignet und so menschliche Existenz wesentlich bestimmt, zieht, so grundlegend ist diese Unterscheidung für Wittgenstein: Er erkennt dem »Ereignis des Lebens«, in dem sich nicht nur nebenbei, sondern am entscheidenden Ort »Unaussprechliches« zeigt, eine eigene, logisch nicht mehr verfügbare Wirklichkeit zu. Er nennt es »das Mystische«. Wenige Zeilen weiter wird er seinen Traktat mit dem allzu bekannten Satz abschließen, der verlangt, den logisch entscheidenden Schluß zu ziehen, der darin besteht, »zu schweigen«, um positiv jene Wirklichkeit anzuerkennen, über die nicht mehr gesprochen werden kann. [25]

Eben dieser methodische Schwenk zu einer neuen Aufmerksamkeit für das »Ereignis des Lebens« ist kein Ausweichen oder Ablenken von rationalen Fragen, sondern eine simultane Hinwendung zur eigenen Lebenspraxis, in die alle mentalen Vorstellungen münden und durch die sie erst ihre konkrete Erfüllung erfahren. Ihre jeweilige Relevanz gewinnen sie nur dort, verwirklicht werden sie nicht ohne die Impulse zahllos kleiner Ereignisse, die sich selbst der rationalen Kontrolle oder Steuerung entziehen.

Bis in die Gegenwart findet sich vor allem im Mahâyâna-Buddhismus eine hochentwickelte Aufmerksamkeit für den konkreten Lebensweg, die unscheinbar kleinen Ereignisse des Alltags. Entsprechend stößt der Leser dieser Literatur auf zahlreiche Anleitungen über den Umgang mit dem Thema des Todes, die sich auf den Alltag beziehen, in denen der Reinkarnationsgedanke als Lehre nicht erscheint. Taisen Deshimaru, einer der führenden Lehrer des Soto-Zen in Europa, erklärt dieses Thema zu einem zentralen Anliegen regelmäßiger Meditationspraxis, einer Meditation wohlgemerkt, in der alles Gelernte und Gedachte »auszuatmen« ist:

Im Zazen sollen wir wenigstens einmal ganz und gar sterben, ohne Reste zu hinterlassen, ohne irgendeine Bindung zu bewahren. Alles vergessen, vor allem sich selbst, indem man in seinem Sarg Platz nimmt, so wie man sich vor den Fernseher setzt, sich von einem Film fesseln läßt und die ganze Umgebung vergißt: Wir sollten uns vom Universum davontragen lassen, indem wir uns selbst und die Welt vollkommen vergessen.[26]

Der interkulturelle Dialog erweist sich somit keineswegs als ein unverbindliches Hantieren mit Konzepten unterschiedlicher Herkunft. Vielmehr zeigt er sich dort, wo einem vertieften interkulturellen Studium Relevanz für das »Ereignis des Lebens« zugesprochen wird, wo er entsprechend zusammen mit den Menschen, die dieses Ereignis mittragen und daher mitbestimmen, gelebt wird, als ein Lernprozeß, der eine intensive Aufmerksamkeit für den täglich zu vollziehenden Weg begründet. Dieses neue Aufmerken geschieht aus einem sensibleren und interkulturell differenzierten Bewußtsein über mögliche Lebenspraxen heraus. Es kann jedoch im Zusammenspiel mit rationalen Konzepten nur dann eine kontinuierliche Reflexion und tiefere Einsicht erzeugen, wenn der gewählte Weg verbindlich vollzogen wird. Darüber hinaus verstärken die sozialen und persönlichen Bindungen, die Menschen eingehen, die Notwendigkeit, den gewählten Weg zusammen mit anderen und damit verbindlich zu gehen. Die zahllosen kleinen Ereignisse des täglichen Lebens, an denen nichts wiederholbar oder austauschbar ist, sind dennoch nicht ›klein‹, sondern konstituieren den entscheidenden Weg. Sie erfordern einen hohen Grad kontinuierlicher Aufmerksamkeit, um in den vielen, unscheinbaren Ereignissen eine Wegstruktur zu erkennen und zu lernen, sie anzunehmen, und so schließlich den eigenen Weg zusammen mit anderen zu verwirklichen. Sich für einen Weg verbindlich zu entscheiden, erscheint Sogyal Rinpoche wesentlicher als die Wahl des Wegs selbst:

In Tibet hieß es immer: »Wenn du eine Tradition wirklich kennst, verwirklichst du alle.«[27]

Läßt sich Reinkarnation wissenschaftlich beweisen? Methodologie und Ergebnisse der empirischen Reinkarnationsforschung

Eberhard Bauer

1. Terminologisches

Reinkarnation, so heißt es in Michael Thalbournes »Glossary of Terms Used in Parapsychology«, sei eine »Form des Überlebens [survival], bei der die menschliche Seele [soul] oder bestimmte Aspekte des Selbst nach dem körperlichen Tod in einem neuen Körper wiedergeboren werden, wobei sich dieser Prozeß viele Leben hindurch wiederholen kann«.[1] Diese Minimaldefinition kann die Fülle der unterschiedlichen Reinkarnationskonzepte natürlich nicht abdecken: Sie paßt zwar am ehesten in den Rahmen der hinduistischen Religion, wiewohl für den Buddhisten die Seele nur ein Gespinst der menschlichen Imagination ist und sich daher nicht von dem einen Körper auf einen anderen übertragen läßt. Im Buddhismus ist eine neue Persönlichkeit das Resultat einer Art Ausgleich karmisch bedingter Teile. Hinduismus und Buddhismus kennen beide den Begriff Karma, der für die meisten anderen Glaubensvorstellungen anscheinend unbekannt ist. In anderen Glaubenssystemen finden wir wiederum die Vorstellung, daß die Reinkarnation erst nach der Geburt der neuen Persönlichkeit stattfindet oder daß sie sich gleichzeitig in mehr als einem Körper abspielen kann. Wiederum andere glauben, daß sich jedermann reinkarnieren kann, andere beschränken sich auf eine Art Elite, andere nur auf solche Personen, die jung verstorben sind. Andere wiederum gehen von der Annahme aus, daß Menschen auch in nichtmenschlicher Form wiedergeboren werden können, andere geben nur diese Möglichkeit zu, während andere diese Möglichkeit wiederum ausschließen.

2. Spontane Reinkarnationserinnerungen als Forschungsproblem

Ich möchte in meinem Beitrag die religiösen, philosophischen und erkenntnistheoretischen Schwierigkeiten, die mit dem Reinkarnationsbegriff verknüpft sind, ausklammern und mich ausschließlich auf die *empirische Seite* der sogenannten »Reinkarnationserfahrungen« konzentrieren, wobei ich einen ganz speziellen Blickwinkel wähle: Es geht um Kinder und Jugendliche, die von spontan auftretenden »Rückerinnerungen« an frühere Leben berichten, und um die methodische Frage, wie sich solche Aussagen empirisch überprüfen oder verifizieren lassen.

Das Problem dieses Typs von Spontanerinnerungen wird auch als Gegenstand der parapsychologischen Forschung ernst genommen. Dies ist in erster Linie das Verdienst von Professor Ian Stevenson (Jahrgang 1918), der als Psychiatrieprofessor an der University of Virginia School of Medicine in Charlottesville bereits 1960 im »Journal of the American Society for Psychical Research« einen bahnbrechenden Artikel zum Thema »The Evidence for Survival from Claimed Memories of Former Incarnations« veröffentlicht hatte[2], der auch in deutscher Übersetzung vorliegt.[3] Im ersten Teil seines Aufsatzes gab Stevenson anhand der damals verfügbaren Literatur eine Übersicht über 44 Fälle angeblicher »Rückerinnerungen« und diskutierte im zweiten Teil verschiedene Interpretationsmöglichkeiten des Fallmaterials. Die abschließenden »Vorschläge für weitere Forschungen« setzte er einige Jahre später in die Tat um, als er (mit finanzieller Unterstützung der Parapsychology Foundation) eigene Feldforschungen in Indien und Ceylon (dem heutigen Sri Lanka) durchführen konnte. Daraus entstand sein Buch »Twenty Cases Suggestive of Reincarnation«[4] – mittlerweile ein moderner »Klassiker« der parapsychologischen Forschung –, das 1974 in einer erweiterten und überarbeiteten Fassung bei der University Press of Virginia herauskam.[5] Seit 1976 existiert davon eine deutsche Übersetzung (1993 bereits in der 6. Auflage!), allerdings mit dem irreführenden Untertitel »20 überzeugende und wissenschaftlich bewiesene Fälle«.[6] Die Ergebnisse seiner mit großer Sorgfalt und persönlichem Einsatz betriebenen interkulturellen Forschungsarbeit aus Indien, Sri Lanka, Libanon, Türkei, Thailand und Burma hat Stevenson in vier weiteren umfangreichen Bänden zum Oberthema *Cases of Reincarnation Type* (abgekürzt CORT) publiziert.[7] CORT ließe sich am ehesten übersetzen als »Fälle, die ihrem Typus nach an Reinkarnation erinnern«. Manche Autoren sprechen zur Vermeidung des Begriffs Reinkarnation lieber von »Fällen von Erinnerungen an frühere Leben« (»past life memory cases«). Eine Einführung in die CORT-Forschung, die sich an eine breitere Leserschaft wendet, folgte 1987[8], von der mittlerweile auch eine deutsche Übersetzung vorliegt.[9] Stevenson hat als ›Carlson Professor of Psychiatry‹ mit Hilfe privater Stiftungsgelder an der Universität Virginia die »Division of Personality Studies« aufgebaut, der er als Direktor vorsteht und die auch sein Archiv mit ca. 2600 CORT-Fällen beherbergt.[10]

3. Zusammenfassung zweier Fallstudien

Um dem Leser eine Vorstellung von dieser Art spontaner Wiedergeburtserinnerungen zu geben, möchte ich aus der Forschungsliteratur zwei Beispielfälle vorstellen. Der erste, Ravi Shankar, stellt einen der sieben Fälle aus Indien dar, die Stevenson in seiner ersten großen Monographie ausführlich dokumentiert hat.[11] Der zweite Fall, Tuthorn Chitpricha, stammt aus Thailand und wurde – unabhängig von Stevenson – von Jürgen Keil, einem aus Deutschland stammenden, seit vielen Jahren an der Universität Tasmania lehrenden Psychologen, untersucht und erst vor kurzem publiziert. Ich entnehme die Fallbeschreibung, nur unwesentlich gekürzt, der Originaldarstellung Keils in der »Zeitschrift für Parapsychologie und Grenzgebiete der Psychologie«.[12]

(1) Der Fall Ravi Shankar: Ravi Shankar wurde 1951 mit einem geradlinigen Muttermal am Hals geboren. Im Alter zwischen zwei und drei Jahren begann er von einem früheren Leben zu erzählen, daß er ermordet worden sei, und zwar sei ihm die Kehle durchschnitten worden. Die Narbe an seinem Hals rühre von der Wunde her, die ihm sein Mör-

der beigebracht habe. Im Laufe der nächsten Jahre erzählte er seiner Familie, den Nachbarn und seinem Lehrer immer wieder Einzelheiten aus seinem Leben und von seinen Todesumständen. Er sagte ihnen zum Beispiel, er sei der Sohn von Sri Jageshwar Prasad, eines Friseurs, der im Distrikt Chhipatti der Stadt Kanauj im Bundesstaat Uttar Pradesh gelebt habe, einer Stadt, in der er ebenfalls lebte. Er nannte die Namen seiner Mörder und gab an, der eine sei ein Friseur, der andere ein Wäscher gewesen. Er sagte weiter aus, er sei unter dem Vorwand von zu Hause weggelockt worden, man wolle mit ihm Geri (ein indisches Spiel) spielen; dann sei er zum Flußufer in der Nähe des Chintamini-Tempels gebracht worden, wo ihm seine Mörder den Hals durchgeschnitten und ihn im Sand vergraben hätten.

Ravi Shankar sagte weiter aus, daß er die Volksschule des Distrikts Chhipatti besucht habe und fragte nach Spielsachen, die er in seinem früheren Leben besessen habe. Darunter waren eine hölzerne Schreibtafel (Patti), eine Büchertasche, ein Tintenfaß, eine Spielzeugpistole, eine Spielzeugnachbildung des Gottes Krishna, ein an einem elastischen Band befestigter Ball, eine Armbanduhr sowie ein Ring, den ihm sein Vater geschenkt und der sich in seinem Pult befunden habe. Wiederholt verlangte er nach »seinen« Spielsachen und beklagte sich, daß das Haus, in dem er wohnte, nicht »sein« Haus sei. Wenigstens einmal lief er, nachdem man ihn gescholten hatte, mit den Worten aus dem Haus, er gehe jetzt zu seiner früheren Wohnung. Seine Mutter gab an, er sei von einer furchtbaren Angst gepackt worden, als er einen der Mörder das erste Mal sah und wiedererkannte.

Einige Jahre später gelangte die Kunde von Ravi Shankars Aussagen über sein »früheres Leben« zu Jageshwar Prasad vom Distrikt Chhipatti. Dieser hatte einen vierjährigen Sohn, genannt Munna, auf die Art und unter den Umständen verloren, die Ravi Shankar beschrieben hatte, und zwar sechs Monate, *bevor* dieser – R. S. – geboren worden war. Die des Mordes Verdächtigten waren zwei Männer gewesen, die Ravi Shankar beschrieben hatte. Einer von diesen hatte tatsächlich die Tat gestanden, später aber sein Geständnis widerrufen und war, da es keine Zeugen für das Verbrechen gab, wieder auf freien Fuß gesetzt worden.

Diese Männer waren mit Munna bekannt gewesen, der oft Geri mit ihnen gespielt hatte. Einer der Verdächtigen war mit Jageshwar Prasad verwandt, und das Motiv des Verbrechens scheint der Wunsch gewesen zu sein, durch die Beseitigung des einzigen Erben sich den späteren Besitz des Vermögens zu sichern. Als Jageshwar Prasad von den Angaben des Jungen hörte, besuchte er das Haus von Ravi Shankar, um sich genau zu informieren, aber dessen Vater (Babu Ram Gupta) wollte nicht mit ihm sprechen. Mit Hilfe von Ravi Shankars Mutter gelang es ihm aber später, den Jungen zu sprechen, und dieser erkannte ihn nach einiger Zeit als Vater aus seinem »früheren Leben« wieder. Ravi Shankar gab Jageshwar Prasad einen Bericht über die Ermordung Munnas, der sehr genau mit dem übereinstimmte, was dieser selbst über den Hergang des Verbrechens kombiniert hatte, und machte noch weitere Angaben über das Leben Munnas. Jageshwar Prasad versucht daraufhin, das Strafverfahren gegen die mutmaßlichen Mörder seines Sohnes wieder zu eröffnen, was sich aber offenbar als nicht durchführbar erwies.

Ravi Shankars Vater, aus der Furcht heraus, sein Sohn könnte ihm weggenommen werden, widersetzte sich nach wie vor einer Diskussion dieses Falles und verprügelte den Jungen sogar schwer, um ihn davon abzubringen, weiter über sein »früheres Leben« zu reden; schließlich ging er so weit, daß er Ravi Shankar für ein ganzes Jahr aus dem Distrikt wegschickte. Er geriet in Streit mit seinen Nachbarn und arbeitete hartnäckig darauf hin, daß jedermann die ganze Sache vergesse. Schließlich hatte Ravi Shankar Angst davor, über seine das frühere Leben betreffenden Äußerungen zu sprechen, obwohl er dies ab und zu noch mit seinem Schullehrer tat. Dieser informierte in einem Brief den indischen Philosophieprofessor Atreya über den Fall, der mit einer gründlichen Untersuchung begann, die dann von Ian Stevenson über mehrere Jahre hinweg fortgesetzt wurde.

Dieser Fall ist typisch für spontan auftretende Erinnerungen an frühere Leben. Schauplatz ist Indien, wo der Glauben an Reinkarnation weit verbreitet ist. Die Familien der »jetzigen« und der »früheren« Persönlichkeit lebten in der gleichen Stadt und hatten miteinander nur sehr geringen Kontakt, bevor der Fall begann. Ravi Shankar begann im Alter von zwei bis drei Jahren über sein früheres Leben zu sprechen. Er machte eine Reihe verifizierbarer Aussagen über dieses Leben und erkannte Personen und Örtlichkeiten aus dieser Zeit offenbar spontan wieder. Er entwickelte eine starke Identifizierung mit der Person, die er angeblich in einem früheren Leben gewesen war; schließlich war er noch im Besitz eines Muttermals, das eine Ähnlichkeit mit der Wunde aufwies, die ihm seine Mörder zugefügt hatten.

(2) Der Fall Tuthorn Chitpricha: Jürgen Keil wurde zum erstenmal auf diesen Fall von einem thailändischen Akademiker aufmerksam gemacht. Dieser selbst hatte nur vereinzelte Hinweise von einer Kollegin, das heißt von der Schwester der »früheren Person«, erhalten. Keil lernte diese zunächst kennen und später auch andere Angehörige der beiden Familien sowie Tuthorn selbst, die angebliche Verbindungsperson. Tuthorn war 1988 sechs Jahre alt. Keil befragte ihn mit Hilfe eines Dolmetschers aber zunächst nicht über ein früheres Leben, weil die spontanen Erinnerungen daran anscheinend mit traumatischen Ängsten und Alpträumen verbunden waren. Deshalb hatten Tuthorns Eltern gehofft, daß sich diese Erinnerungen bald wieder verlieren würden. Sie hatten sich auch darum bemüht, ihrem Kind dabei zu helfen. Seit zweieinhalb Jahren hatte Tuthorn nichts mehr von einem früheren Leben erwähnt, und seine Eltern glaubten, daß er sich nicht mehr daran erinnern könne. Tuthorns Vater, Tosarot Chitpricha, ist der Bruder von Dang Chitpricha, das heißt von der früheren Person. Keil besuchte Dangs Vater, Dangs Bruder Korn Chitpricha und danach Tuthorns Eltern selbst. Allerdings hatte er keine Gelegenheit mehr, Dangs Familienangehörige ein zweites Mal zu befragen. Die Interviews ergaben folgendes Bild:

Tuthorns Vater, Tosarot Chitpricha, hat gute berufliche Qualifikationen und eine Stellung bei der Regierung in Bangkok. Tuthorns Mutter ist eine gut qualifizierte Lehrerin, die an einer angesehenen Oberschule unterrichtet. Sie spricht gut englisch. Tuthorn war 1988 das einzige Kind in dieser Familie. Dang Chitpricha (die frühere Persönlichkeit) war der Bruder von Tosarot. Bevor dieser sein Universitätsstudium begann und bevor er später heiratete, wohnte er mit seinen Eltern und seinem Bruder Dang in einer Stadt (A), etwa 500 Kilometer von Bangkok entfernt. Dangs Vater (und Tosarots Vater) gehörte (bzw. gehört) zu den führenden Geschäftsleute in A. Er leitet eines der größten Unternehmen in diesem Bezirk. Dangs Schwester, die Keil zuerst kennengelernt hatte, hat auch sehr gute berufliche Qualifikationen. Sie wohnt in einer anderen Stadt, die mehrere hundert Kilometer von A entfernt ist. Dangs Bruder Korn arbeitet in dem Unternehmen seines Vaters in A. Er war während Keils Befragung von Dangs Vater zugegen.

Dangs Vater war 1988 66 Jahre alt. Er ist chinesischer Abstammung. Dangs Mutter stammt aus einer thailändisch-chinesischen Familie. Das erste Kind in dieser Familie war Dangs Schwester, die Keil zuerst kennengelernt hatte. Das zweite Kind war Korn, der bei der Befragung anwesend war. Das vierte Kind war Dang. Er starb 1981 im Alter von 26 Jahren. Ungefähr ein Jahr nach der Geburt von Dang wurde Tosarot (der Vater der Verbindungsperson) geboren.

Die folgenden Einzelheiten erfuhr Keil bei der gemeinsamen Befragung von Dangs Vater und Dangs Bruder (in A) sowie bei einer separaten Befragung der bereits erwähnten Schwester Dangs. Abgesehen von einem thailändischen Akademiker, der dem Untersucher als Dolmetscher half, war auch der Abt von A bei der Befragung anwesend. Er hatte sich freundlicherweise bereit erklärt, Keil zu begleiten, weil Dangs Vater sonst wahrscheinlich nicht an der Befragung teilgenommen hätte.

Nach den Aussagen von Dangs Vater war Dang selbstsüchtig. Er aß gerne Reis und Fleisch, wie es in diesem Bezirk zubereitet wurde. Als Kind hatte er Angst vor Geistern. Er hatte auch Angst vor dem Tode, besonders wenn er krank war. Er beendete seine Schulausbildung in der zehnten Klasse, als er etwa 18 Jahre alt war. Zuerst arbeitete er für seinen Vater. Er kam sehr gut mit anderen Leuten aus und fand besonders gut Kontakt zu Frauen. Diese Verbindungen waren eigentlich zu gut. Frauen und Autos liebte er besonders. Er pflegte einen aufwendigen Lebensstil. Er hatte auch eine Vorliebe für verschiedene musikalische Darbietungen. Er war musikalisch sehr begabt und konnte fast alle Instrumente spielen. Er hatte ein sehr gutes Talent als Gastgeber. Das war ihm wichtiger als die Arbeit im Betrieb. Er war sehr gut und erfolgreich, wenn es sich um Veranstaltungen und Unterhaltungen handelte. Er war immer guter Laune und regte sich nicht leicht auf. Er war auch nicht leicht zu beleidigen und pflegte freundschaftliche Beziehungen zu fast allen Leuten. Vor der Heirat soll ein junger Mann eigentlich erst eine Zeitlang als Mönch leben. Vielleicht wollte Dang später als Mönch leben, aber er heiratete lieber erst einmal. Er hatte ein harmonisches Familienleben. Nach der Heirat arbeitete er selbständig für seine Familie. Sein Geschäft ging gut; er lieferte die Ausrüstung, die bei Bauarbeiten in einem anderen Bezirk benötigt wurde.

Er starb, als ein großer Lastwagen mit seinem Lieferwagen zusammenstieß. Dieser Unfall ereignete sich 97 Kilometer von A entfernt. Dangs Bruder Korn nannte Keil den Namen der Straße und andere Einzelheiten, die den Unfallort identifizieren. Dangs Vater bestätigte diese Aussagen. Der Unfall geschah in einer Kurve. Der große Lastwagen fuhr auf der Mitte der Straße. Dangs Lieferwagen war auf der richtigen Straßenseite, hatte aber nicht genug Platz, um dem Lastwagen auszuweichen.

Keil erfuhr den Namen des Fahrers, der den Unfall verursacht hatte. Allerdings ergab sich keine Gelegenheit, ihn ausfindig zu machen. Dangs Vater sagte Keil noch, daß er nicht abstreiten könne, daß Tuthorn die Reinkarnation seines Sohnes sei, aber er könne es auch nicht recht akzeptieren. Dangs Bruder Korn war ähnlicher Meinung.

Der Untersucher sprach mit Dangs Schwester in ihrem Wohnort (mehrere hundert Kilometer von A entfernt). Sie erzählte ihm, daß Dang und sein Bruder Tosarot (Tuthorns Vater) ein besonders enges Verhältnis zueinander gehabt hätten. Der Altersunterschied zwischen den beiden Brüdern betrug nur ein Jahr. Als Kinder schliefen sie in einem Zimmer und sprachen ihre Gebete gemeinsam. Sie selbst hatte keinen engen Kontakt zu den beiden. Sie ist acht Jahre älter. Dang hatte einen Sohn, und Dangs Frau war schwanger, als er starb. Dang hatte ein gutes Familienleben. Weitere Einzelheiten stimmten mit den Aussagen von Dangs Vater überein.

Danach besuchte Keil Tuthorns Eltern. Ihre Aussagen waren klar und präzise. Tuthorns Eltern waren über die Ereignisse besorgt. Sie konnten aber auch die humorvolle Seite dieser Ereignisse sehen; besonders seit Tuthorn nichts mehr mit einem früheren Leben zu tun zu haben scheint. Tuthorns Vater war zunächst mehr besorgt als Tuthorns Mutter. Beide berichteten über die Ereignisse. Es gab keine Meinungsunterschiede in bezug auf die folgenden Aussagen:

Bevor Tuthorns Mutter schwanger war, hatte sie einen Traum, in dem die Stadt A vorkam, in der Dang wohnte. Sie träumte von einer Bestattungsfeier und fragte, wer gestorben sei. Sie wachte dann auf. Danach bat sie ihren Mann (Tosarot), nicht nach A zu fahren. Am nächsten Morgen starb Dang. Vielleicht hat dieser Traum Tosarot das Leben gerettet. Vielleicht starb Dang anstelle Tosarots. Tuthorns Eltern hörten auch, daß Dangs Bruder Korn einen Traum hatte, nachdem Dang gestorben war. Im Traum kam Dang zu ihm und sagte ihm, daß es noch nicht die richtige Zeit zum Sterben sei und daß er nicht sterben wolle. Er wollte zurückkommen, aber sein Körper war schwer verletzt. In diesem Traum sagte Korn zu Dang, er solle seinen Bruder Tosarot um Rat fragen. Dang ging dann zu einem Tempel, und Korn wachte auf. Als Tuthorns Mutter etwa drei Monate schwanger war, träumte sie, daß Dang bei ihr wohnen wollte. Dieser Traum beunruhigte sie, weil Dang gestorben war. Nicht lange nach Tuthorns Geburt träumte sie, daß Dang lächelnd zu ihr kam. Er kam mit Gepäck und wollte bei ihr bleiben. Sie träumte diese Gepäckszene mehrmals. In den Träumen hatte sie zu Dang gesagt, daß er bei ihr bleiben könne. Tuthorns Mutter machte sich wegen dieser Träume Sorgen und fürchtete sich.

Ansonsten verlief ihre Schwangerschaft und die Geburt ohne Komplikationen. Tuthorn weist ein Geburtsmal an seinem linken Unterarm auf. Es ist ein dunkler Fleck, etwa drei Zentimeter lang und eineinhalb Zentimeter breit. Es besteht keine klare Übereinstimmung zwischen diesem Geburtsmal und Dangs Verletzungen. Er hatte die schlimmsten Wunden an der Brust gehabt, kann aber auch am Arm verletzt gewesen sein.

Tuthorn begann im Alter von etwa neun Monaten zu sprechen. Als er etwa eineinhalb Jahre alt war, fing er an, über ein früheres Leben zu sprechen. Er sagte, er habe Angst vor dem Tode. Seine Eltern sagten zu Tuthorn, daß man, wenn man noch so jung ist, nicht stirbt. Er sprach über einen Unfall. Er sagte, es werde ein Unfall passieren und er werde sterben. Er sagte, daß es sich um einen Verkehrsunfall handeln werde. Als Tuthorn diese Erinnerungen hatte, sprach er ungefähr einmal pro Woche darüber, bis er nicht ganz zweieinhalb Jahre alt war. Tuthorns Eltern machten diese Altersangaben mit Hilfe von Tuthorns Fotos und anderen Einzelheiten auf den Fotos.

Als Tuthorn etwa zwei Jahre alt war, besuchte er zum ersten Mal Dangs Eltern in der Stadt A. Tuthorn fuhr mit seinen Tanten in einem Auto nach A. Tuthorns Eltern befanden sich nicht in diesem Auto. Als sie zu der Stelle kamen, an der Dang verunglückt war, sagte Tuthorn, das Auto solle anhalten, weil ein Unfall passiert sei. Der Fahrer des Autos, in dem Tuthorn mit seinen Tanten unterwegs war, wußte, wo sich der Unfall ereignet hatte, und bestätigte, daß Tuthorn die richtige Stelle identifiziert hatte. Tuthorns Tanten kannten die Unfallstelle wahrscheinlich nicht; Tuthorns Eltern wußten das nicht genau. Sie können sich auch nicht genau daran erinnern, welche Tanten mit Tuthorn im Auto waren. Eine Anzahl von Fahrern arbeitete für Dang und für Dangs Vater. Tuthorns Eltern wissen nicht mehr genau, welcher Fahrer mit Tuthorn unterwegs war.

In Bangkok hatte Dang für sein Konto die Anschrift von Tuthorns Eltern angegeben. Als später ein Brief mit Dangs Namen in Bangkok ankam, fragte der Postbote das Dienstmädchen, ob hier ein Herr Dang wohne. Das Dienstmädchen sagte nein. Als Tuthorn dies hörte, dachte er, der Brief sei für ihn. Er war zu der Zeit etwa 21 Monate alt.

Etwa fünf Monate vor seinem Tode hatte Dang eine neue Maschine gekauft. Es handelte sich wahrscheinlich um eine Planierraupe. Dang war sehr stolz auf diese Maschine. Als Tuthorn zum ersten Mal Dangs Haus besuchte, erkundigte er sich nach dieser Maschine. Jeden Morgen bat Tuthorn seine Mutter, ihn zu dieser Maschine zu bringen. Während dieses Besuches, der etwa vier oder fünf Tage dauerte, wollte Tuthorn jeden Morgen und jeden Abend auf dieser Maschine sitzen. Als Tuthorn etwa zweieinhalb Jahre alt war, besuchte er Dangs Angehörige in A ein zweites Mal. Bei dieser Gelegenheit interessierte sich Tuthorn nicht mehr für diese Maschine, und er sagte und tat auch sonst nichts, was mit Dang im Zusammenhang steht.

Zwei Fahrer, die mit Dang gearbeitet hatten, suchten Tuthorns Eltern in Bangkok auf. Die Eltern kannten die Spitznamen dieser Fahrer, aber nicht ihre richtigen Namen. Tuthorn sprach die Fahrer mit deren Spitznamen an. Er sprach zu ihnen, als ob sie seine Untergebenen wären. Die thailändische Sprache hat dafür bestimmte Ausdrucksformen. Tuthorn sprach zu den Fahrern so, wie Dang mit ihnen geredet hätte. Tuthorn nahm dabei die Körperhaltung – mit seinen Händen hinter seinem Rücken – eines Betriebschefs an. (Tuthorns Vater machte das vor). Tuthorns Eltern sagten weiter, daß dies in so einer Situation eine typische Haltung für Dang gewesen wäre. Andere Fahrer, die nicht für Dang gearbeitet hatten, besuchten mehrmals Tuthorns Eltern; aber Tuthorn erkannte sie nicht und reagierte nicht auf diese Fahrer. Als Tuthorn zwischen eineinhalb und zweieinviertel Jahre alt war, verstand er einen bestimmten Dialekt, den Tuthorns Eltern nicht anwenden und der auch nicht in Bangkok gesprochen wird. Dieser Dialekt aus dem Bezirk, in dem Dang wohnte, ist schwerverständlich und unterscheidet sich stark von den Sprachgewohnheiten, die in Bangkok üblich sind.

In diesem Alter konnte Tuthorn diesen Dialekt auch sprechen, aber sein Wortschatz war begrenzt. Tuthorn spricht diesen Dialekt jetzt nicht mehr. Als Tuthorn die zwei Fahrer ansprach, tat er dies in diesem Dialekt. Er konnte auch die Fahrer verstehen und antwortete ihnen; aber sein Wortschatz in diesem Dialekt war begrenzt.

Wenn Tuthorn über sein früheres Leben sprach – er war zu der Zeit noch sehr jung –, drückte er sich wie ein Erwachsener aus. Dies geschah zumeist, bevor er einschlief. Er sprach mit einer traurigen Stimme, und er sah auch ganz traurig dabei aus. Er fing fast an zu weinen; aber er tat es dann doch nicht. Tuthorns Aussagen über ein früheres Leben hörten später auf. Er wohnt jetzt mit seinen Eltern in einem neuen Haus in Bangkok. In diesem neuen Haus hat Tuthorn nie etwas über ein früheres Leben gesagt.

Zu der Zeit, als Tuthorn über ein früheres Leben sprach, sagte er auch, daß er sich vor dem Tode fürchtet. Tuthorns

Eltern glauben auch, daß seine derzeitigen Alpträume mit einem früheren Leben zu tun hatten. Tuthorn hat eine Vorliebe für eine bestimmte Reiszubereitung, die in der Gegend, wo Dang wohnte, üblich ist. Tuthorn hat noch immer diese Vorliebe; aber Tuthorns Mutter ist nicht immer damit einverstanden. Diese Reiszubereitung (ein klebriger Reis) unterscheidet sich ganz deutlich von den üblichen Reisgerichten.

Tuthorns Eltern hörten es nicht gern, wenn er über ein früheres Leben sprach. Tuthorns Vater war besonders darüber besorgt. Tuthorn besuchte Dangs Vater vor etwa fünf Jahren. Bei diesem ersten Treffen sagte Tuthorn nichts, aber er ging sofort zu Dangs Auto und wollte damit fahren. Tuthorns Mutter war dabei. Mehrere andere Autos waren in der Nähe. Tuthorn ging aber sofort zu »seinem« Auto. Er wollte auch nicht nach Bangkok zurückkehren. Das führte zu Schwierigkeiten mit Dangs Vater. Als Dang noch lebte, war er mit seinem Vater nicht immer im besten Einvernehmen. Dangs Vater hatte ein ähnliches Verhältnis zu Tuthorn. Tuthorn redete indessen Dangs Eltern nie so an, als ob sie seine Eltern wären.

Es lassen sich folgende Argumente anführen, die *gegen* eine paranormale Interpretation dieses Falles sprechen:

1. Tuthorns Vater und Dang sind eng verwandt, und sie waren auch jahrelang gute Freunde.
2. Tuthorns Mutter und Tuthorns Onkel hatten Träume, die eine Wiedergeburt andeuteten, und könnten Tuthorn unabsichtlich beeinflußt haben.
3. Tuthorns Eltern kannten alle Einzelheiten, die mit Dang zusammenhängen, und sie könnten Tuthorn diese Einzelheiten unabsichtlich mitgeteilt haben.
4. Das Verhalten Tuthorns, das mit Dang übereinstimmt, war eine Nachahmung, nachdem Tuthorns Eltern diese Verhaltensweisen unabsichtlich angedeutet hatten.
5. Tuthorns Vorliebe für eine bestimmte Reiszubereitung (in Übereinstimmung mit Dang) kann sich zufällig entwickelt haben.

Für eine paranormale Interpretation sprechen nach Keil folgende Argumente:

1. Tuthorn machte genaue und zutreffende Aussagen über Dangs tödlichen Unfall.
2. Tuthorn konnte anscheinend den genauen Unfallort wiedererkennen.
3. Tuthorn änderte sein Verhalten, wenn er über ein früheres Leben sprach, und insbesondere auch, als er mit den zwei ehemaligen Fahrern von Dang sprach.
4. Tuthorn sprach einen Dialekt, als er sich mit den Fahrern unterhielt. Tuthorns Eltern verwenden diesen Dialekt nicht, und dieser Dialekt wird auch nicht in Bangkok gesprochen.
5. Tuthorn hat in Übereinstimmung mit Dang eine Vorliebe für eine bestimmte Reiszubereitung.
6. Tuthorns Eltern waren sehr besorgt, als Tuthorn anfing, über ein früheres Leben zu sprechen, und sie versuchten, ihn davon abzubringen.

Es scheint unwahrscheinlich, daß sich dieser Fall konventionell erklären läßt. Tuthorn erkannte die Unfallstelle, die über 90 Kilometer von Dangs Haus entfernt ist; das läßt sich nur schwer durch normale Vorgänge erklären. Tuthorn sprach über ein früheres Leben, als er noch sehr jung war; es ist unwahrscheinlich, daß er schon in diesem Alter ausreichende Einzelheiten nebenher mitbekam, um zusammenhängend über Dangs Unfall zu reden, wenn man etwa annimmt, daß Tuthorns Eltern unabsichtlich über diese Einzelheiten in seinem Beisein gesprochen hätten.

Tuthorns Stimmung änderte sich deutlich, wenn er über ein früheres Leben sprach. Tuthorn hat beobachten können, wie sich andere verhalten; aber es ist unwahrscheinlich, daß man dadurch Tuthorns Verhalten erklären kann, als er Dangs ehemalige Fahrer traf. Tuthorn machte einen Unterschied zwischen diesen und anderen Fahrern, die nicht für Dang gearbeitet hatten. Tuthorns Verhalten, als der Briefträger einen Brief für Dang abliefern wollte, war komplexer, als man es erwarten würde, wenn Tuthorn nur etwas unabsichtlich mitbekommen hätte.

Diese beiden Fallbeschreibungen sollen einen Eindruck von der besonderen »Atmosphäre« solcher spontaner Rückerinnerungen vermitteln. Bevor ich detaillierter auf phänomenologische Merkmale derartiger Berichte eingehe, möchte ich Ian Stevensons methodisches Vorgehen bei der Untersuchung solcher Fälle genauer schildern.

4. Stevensons methodisches Vorgehen[13]

Die Untersuchung spontaner Erinnerungen an frühere Leben sieht sich mit den gleichen Schwierigkeiten konfrontiert, die der Parapsychologie aus der Untersuchung anderer Spontanberichte seit langem bekannt sind. Im Zentrum steht jeweils das Problem der Zuverlässigkeit menschlicher Erinnerungen bzw. von Zeugenaussagen.

Was die unterschiedlichen Zugangsmöglichkeiten zu paranormalen Spontanberichten betrifft[14], so fallen Stevensons Untersuchungen in folgende Kategorien: a) Einzelfallstudien, b) Fallsammlungen, c) Umfragen, d) interkultureller Vergleich.

Stevenson knüpft damit bewußt an die Pionierarbeiten der 1882 gegründeten »Society for Psychical Research« an, indem er sich auf die Aussagen des Berichterstatters (hier: des Kindes) konzentriert, diesen gründlich interviewt einschließlich aller Zeugen, die etwas über die Erinnerungen und das Verhalten des Berichterstatters aussagen können. Er legt besonderen Wert auf unabhängige Berichte aus erster Hand, interviewt jeden einzelnen Zeugen mehrmals, fertigt ein Protokoll darüber an, wer wann was gesagt hat, und versucht ein Urteil über die Glaubwürdigkeit seiner Zeugen zu gewinnen. Schriftliche Aufzeichnungen *vor* der Verifikation der Aussagen der Verbindungsperson sind naturgemäß selten, aber Krankenhausberichte, Gerichtsprotokolle, Geburtsurkunden u. a. werden möglichst eingesehen oder angefordert.

Wenn die Verbindungsperson einschließlich deren Familie interviewt worden ist, befragt Stevenson als nächstes die »frühere« Familie (wenn diese identifiziert werden kann) und strebt eine unabhängige Nachprüfung des Falles an. Fälle, bei denen sich die »frühere« Person mit einiger Wahrscheinlichkeit identifizieren läßt, bezeichnet Stevenson als »gelöste Fälle« [solved cases]. (»Ungelöste Fälle« sind dementsprechend solche, bei denen sich die Identität einer frühe-

ren Person nicht feststellen läßt.) Mitunter versucht er auch
diese frühere Familie von sich aus zu identifizieren, wenn
entsprechende Hinweise vorliegen. Die wichtigsten Infor-
manten seiner Fälle werden in regelmäßigen Abständen von
ihm oder seinen Mitarbeitern befragt.

Stevenson wählt zur Präsentation seiner mitunter Dut-
zende von Druckseiten umfassenden Einzelfälle typischer-
weise folgendes Vorgehen:

o Er beginnt mit einer knappen Zusammenfassung des jeweiligen Falles;
o anschließend schildert er, wie und wann er zum ersten
Mal von dem Fall gehört hat, wann er zum ersten Mal die
betreffenden Familien besucht hat, wer noch an der Untersuchung beteiligt war usw.;
o es folgt eine Liste derjenigen Personen, die er interviewt
hat, mit oder ohne Hilfe eines Übersetzers;
o dann beschreibt er die jeweiligen geographischen Verhält-
nisse (Zustand der Straßen, verkehrstechnische Erschlie-
ßung usw.) und untersucht mögliche normale Kommuni-
kationskanäle, zum Beispiel zwischen den betreffenden
Familien oder Ortschaften;
o daraufhin präsentiert er seine Recherchen über das Leben
und die Todesumstände der früheren Persönlichkeit (auf
die sich die Reinkarnationserinnerungen zu beziehen
scheinen);
o sodann gibt er eine tabellarische Übersicht über die relevanten Aussagen und Wiedererkennungszeichen (zum
Beispiel Angaben über die häusliche Situation, »frühere«
Eltern, Geschwister, Spielgefährten usw.;
o es folgen Angaben darüber, ob die jeweiligen Aussagen
zutreffend sind oder nicht, und er listet – falls zutreffend –
entsprechende Belege dafür auf (Zeugenaussagen, Doku-
mente);
o es folgt eine Diskussion der »verhaltenspsychologischen«
Aspekte des Falles (zum Beispiel typische Verhaltens-
merkmale, ausgeprägte Fertigkeiten [skills], betonte Ge-
schmacksvorlieben bzw. Abneigungen, Einstellungen
usw., die die »gegenwärtige« Persönlichkeit mit der »früheren« zu teilen scheinen);

o dann werden mögliche paranormale Aspekte des Falles kommentiert, zum Beispiel telepathische Verbindungen, die Super-ASW-Hypothese u.dgl.;

o abschließend wird die weitere Entwicklung der betreffenden Persönlichkeit geschildert, wann sich zum Beispiel die Reinkarnationserinnerungen verlieren oder ob sie bis ins Erwachsenenalter erhalten bleiben – kurzum, wenn möglich, werden regelmäßige katamnestische Erhebungen vorgenommen.

Die Beziehung – bzw. die behauptete Beziehung – zwischen einem Kleinkind (resp. Jugendlichen) – also der »gegenwärtigen« Verbindungsperson – und einer bestimmten, einwandfrei identifizierten verstorbenen Person (der früheren Person) beruht also idealiter auf drei Säulen:

1. Es gibt nachprüfbare Aussagen der gegenwärtigen Person, die seine *Erinnerungen* an das Leben der früheren Person betreffen;

2. es gibt *Verhaltenszüge, Einstellungen, ausgeprägte Fertigkeiten* der gegenwärtigen Person, die mit denjenigen der früheren übereinstimmen;

3. es gibt *spontane Wiedererkennungen* der gegenwärtigen Person im Hinblick auf Familienbeziehungen, Freunde, Vorlieben, Örtlichkeiten u. dgl. der früheren Person.

Eine der wichtigsten methodischen Forderungen besteht in einer sorgfältigen Aufzeichnung dessen, was das Kind gesagt und getan hat, *bevor* es mit der Familie der früheren Person zusammentraf (gerade im Hinblick auf eine nachträgliche Verfälschung oder Beeinflussung der Erinnerungen). Ebenso wichtig ist die genaue Schilderung des Ablaufs der Wiedererkennungen (zum Beispiel: Wie spontan ist das Ganze abgelaufen? Welche Reaktion zeigte die Verbindungsperson? Inwiefern sind Suggestionen und andere Hinweise in die »gewünschte« Richtung unterblieben? [sensory cueing]), und schließlich die zentrale Frage, bis zu welchem Ausmaß die Aussagen und die Verhaltenszüge des Kindes mit demjenigen übereinstimmt, was vom Leben, den Todesumständen und anderen Kennzeichen der früheren Person bekannt bzw. verläßlich und nachprüfbar dokumentiert worden ist. In diesem

Zusammenhang spielt vor allem die Frage nach Muttermalen oder angeborenen Mißbildungen eine Rolle, von denen behauptet wird, daß sie von Wunden stammten, die der früheren Person zugefügt worden seien. Dazu später mehr.

Die *interkulturellen Merkmale* von Stevensons Reinkarnationsforschungen lassen sich in folgenden Punkten zusammenfassen:[15]

1. Die meisten seiner Fallpersonen beginnen im Alter zwischen zwei und vier Jahren von ihren früheren Leben zu erzählen, d. h. mit Beginn des Sprechalters;
2. die meisten Erinnerungen treten im Wachzustand auf;
3. bis zu 90 Prozent der Angaben der Personen können sich mitunter als richtig herausstellen, wobei manche Angaben sehr spezifisch sind;
4. in den meisten Fällen verlöschen die Erinnerungen an ein früheres Leben im Alter zwischen fünf und acht Jahren; nur in Ausnahmefällen bleiben die Erinnerungen bis ins Erwachsenenalter hinein erhalten;
5. zu einem hohen Prozentsatz starb die frühere Person relativ jung eines gewaltsamen Todes (durch Unfall oder Verbrechen);
6. die unmittelbar mit dem Tod zusammenhängenden (oder zeitlich kurz vorhergehenden) Ereignisse oder Lebensumstände der früheren Person pflegen in den Erinnerungen eine auffällige Rolle zu spielen;
7. die gegenwärtige Person wird häufig im Umkreis von wenigen Kilometern von der Ortschaft der früheren Person »wiedergeboren« und spricht die gleiche Sprache; allerdings gibt es – was die Entfernung betrifft – zahlreiche Ausnahmen. Hier stellt sich natürlich ein Verifikationsproblem: je größer die räumliche Entfernung zwischen den beiden Familien ist, desto größer wird das Identifikationsproblem der mutmaßlichen früheren Persönlichkeit.

Die *kulturspezifischen Merkmale* von Stevensons Reinkarnationsforschungen lassen sich in folgenden Punkten zusammenfassen:[16]

1. Die berichteten Fälle sind in denjenigen Ländern am meisten verbreitet, in denen auch der Glaube an die Reinkar-

nation weitverbreitet ist, zum Beispiel Indien und Sri Lanka sowie in Südostasien; dafür gibt es eine Reihe einleuchtender Erklärungen, wie etwa die Erwartungshaltung der sozialen Umgebung, Gewinnung von Sozialprestige u. ä.

2. Der Prozentsatz des gewaltsamen Todes der früheren Persönlichkeit schwankt erheblich, zum Beispiel 38 Prozent in Sri Lanka bis zu 78 Prozent bei den Drusen in Syrien und Libanon; daß hier die jeweiligen politischen Umstände eine Rolle spielen, liegt auf der Hand.

3. Erinnerungen an ein früheres Leben in einer entgegengesetzten Geschlechterrolle (verglichen mit der gegenwärtigen Person) schwanken ebenfalls beträchtlich: von über 50 Prozent bei den Kutchin (Nordwestliches Kanada) bis zu 28 Prozent in Burma bzw. 13 Prozent in Thailand, während ein solcher Geschlechtswandel bei den Drusen, Tlingits und Alevis offenbar unbekannt ist. Auch daran wird ein massiver Einfluß kultureller Normen erkennbar.

4. Reinkarnationen innerhalb der gleichen Familie sind in Burma, bei den Tlingits und den Eskimos sehr häufig, in anderen Kulturen dagegen selten;

5. Von kulturspezifischen Vorstellungen abhängig ist auch die Zeitspanne zwischen dem Tod der früheren Person und der Geburt der jetzigen; diese Zeitspanne beträgt zum Beispiel bei den Haida in Alaska vier Monate, bei den Drusen sechs Monate und in Sri Lanka und Indien 18 Monate.

6. Ankündigungsträume der schwangeren Mutter im Hinblick auf die spätere Identität ihres Kindes sind in den meisten Kulturen bekannt, sehr verbreitet zum Beispiel in Burma oder den Alevis der Zentraltürkei.

7. Praktisch in allen untersuchten Kulturen sind Muttermale bekannt, die entweder denjenigen der früheren Person entsprechen oder die Narben der tödlichen Verletzungen darstellen sollen, an denen diese Person starb. Derartige Merkmale sind wieder unter den Eskimos, den Tlingits oder den Burmesen sehr verbreitet. Stevenson hat über 300 derartiger Fälle zusammengetragen. Unter 48 Fällen, bei denen ein gerichtsmedizinischer Befund (Autopsiebericht) vorlag, ergab sich 42mal eine solche

Übereinstimmung. Zum Beispiel hatten Kinder in 18 Fällen zwei Muttermale auf gegenüberliegenden Seiten des Körpers: Diesen entsprachen offenbar den Ein- und Austrittsstellen von Kugeln, die den Tod der früheren Persönlichkeit herbeigeführt hatten.[17]

Zusammengenommen spricht die Variabilität dieser Merkmale dafür, daß das Reinkarnationserleben sehr stark von den sozialen Erwartungen und Vorannahmen der jeweiligen Kultur geprägt wird.

5. Erklärungshypothesen für Reinkarnationserinnerungen

Welche Deutungen oder Erklärungshypothesen gibt es für die behaupteten Erinnerungen an frühere Leben – abgesehen von der Reinkarnationshypothese selbst? Die alternativen Deutungen lassen sich am einfachsten unter dem Stichwort *»psycho-kulturelle Phantasiehypothese«* zusammenfassen, die folgende Elemente umfassen kann (entweder einzeln oder zusammen): paranormale Fähigkeiten (ASW) seitens des Berichterstatters zusammen mit »Quellenamnesie« (Kryptomnesie), Erinnerungstäuschungen bzw. -verzerrungen (Paramnesie) auf dem Hintergrund kultureller Sozialisations- und Erwartungsmuster (kultureller Konditionierungsprozeß [cultural conditioning]).
Zu den Erklärungsansätzen im einzelnen:[18]

1. *Erinnerungstäuschungen (Paramnesien) mit retrospektiver Ausschmückung oder Verfälschung:* Diese Hypothese (oder Fehlerquelle) läßt sich nie völlig eliminieren, doch sie ist zur Erklärung der Fülle von Korrespondenzen bei den gut dokumentierten Fällen eher unwahrscheinlich.

2. *Genetisches »Gedächtnis«:* Dafür liegen keine ernstzunehmenden Hinweise vor, denn in der Mehrzahl der Fälle lebten die frühere Persönlichkeit und die Verbindungsperson nur wenige Jahre voneinander getrennt, und es existierte gar keine biologische Verwandtschaft zwischen ihnen.

3. *Betrug:* Dieser Einwand kann nicht generell beantwortet werden, jeder Fall verlangt nach einer individuellen Prüfung, zum Beispiel in Hinblick auf die Motive bei den Eltern. Die Betrugshypothese ist bei den gut dokumentierten CORT-Fällen sicher auszuschließen. Stevenson kommt zum Schluß: »Berücksichtigt man die große Anzahl von Zeugen für viele der Fälle und das Fehlen einer erkennbaren Motivation und Gelegenheit für einen Betrug, dann ist die Betrugshypothese für die hier berichteten Fälle außerordentlich unwahrscheinlich.«[19]

4. *Kryptomnesie:* Darunter versteht man in der Psychologie Wissens- oder Gedächtnisinhalte, deren Herkunft man völlig vergessen hat (»Quellenamnesie«) und deren Auftauchen man als neues Erlebnis wertet.

Zur Illustration möchte ich einen Fall des schottischen Psychiaters James McHarg referieren, bei dem sich die Kryptomnesie als Erklärung für eine Erinnerungen an eine frühere Existenz hat eindeutig nachweisen lassen:[20] Ein 29jähriger Schotte hatte einen Motorradunfall mit schweren Kopfverletzungen erlitten (10. Dezember 1962). Nachdem er wieder sein Bewußtsein erlangt hatte, gab er wiederholt an, er habe als Major im amerikanischen Bürgerkrieg auf der Seite der Konföderierten gedient. Zusammen mit anderen Details nannte er einen Namen und sagte, er habe seinen Eid in einem Zug in Süd-Carolina abgelegt. Diese Erinnerungen hielten etwa drei bis vier Tage an; hinterher war der Patient über sein Erlebnis selbst erstaunt und erklärte seinem Arzt, er habe niemals ein besonderes Interesse an oder besondere Kenntnisse über den amerikanischen Bürgerkrieg gehabt. Der behandelnde Psychiater diagnostizierte ein posttraumatisches Korsakoffsyndrom, das üblicherweise mit einer erheblichen Beeinträchtigung des Kurzzeitgedächtnisses einhergeht zusammen mit der Tendenz zur Konfabulation, die den Zweck hat, diesen Gedächtnisverlust zu kaschieren zum Beispiel dadurch, daß der Patient plausibel klingende Pseudoerinnerungen erfindet. Im vorliegenden Fall war allerdings die Frage, warum diese Pseudoerinnerungen sich um eine Person drehten, die – angeblich – vor langer Zeit gelebt und mit dem Patient offenbar gar nichts zu tun gehabt hatte.

Des Rätsels Lösung kam anderthalb Jahre später. Mit Hilfe einer Gruppe von enthusiastischen Laien, die vom amerikanischen Bürgerkrieg so fasziniert waren, daß sie sich Uniformen der Konföderierten anfertigten und alles über den amerikanischen Bürgerkrieg sammelten, gelang es schließlich, eine bestimmte Ausgabe eines Magazins mit Namen *Weekend* ausfindig zu machen, in dem – ca. zwei oder drei Wochen *vor* dem Motorradunfall des Patienten – ein Bericht über den amerikanischen Bürgerkrieg erschienen war. Dem Patienten, damit konfrontiert, fiel schließlich zu seiner eigenen Überraschung ein, daß er das betreffende Magazin im Wartezimmer seines Zahnarztes gelesen hatte. Eine weitere Quelle konnte zufällig Jahre später ausfindig gemacht werden, als im BBC der Film »The Red Badge of Courage« gezeigt wurde, der zuerst 1951 gedreht worden war (der Patient war damals 18 Jahre alt gewesen). Der Film spielt im amerikanischen Bürgerkrieg und schildert das Schicksal eines jungen Helden im Alter von 18 Jahren; es war überaus wahrscheinlich, daß sich der Patient damit identifiziert hat und daß sich seine Inhalte aus zwei kryptomnestischen Elementen zusammengesetzt waren, einem Film von 1951 und einem Magazinartikel, der über 10 Jahre später erschienen war.

Wendet man die Kryptomnesie-Hypothese auf gut dokumentierte CORT-Fälle an, dann ergeben sich folgende Schwierigkeiten: a) Die meisten Kinder sind drei Jahre und jünger, wenn sie beginnen, von ihren Wiedergeburtserinnerungen zu berichten; b) die klassischen Fälle von Kryptomnesie werden im hypnotischen Zustand berichtet, was hier gerade nicht der Fall ist; c) in Stevensons Material gibt es offenbar keinen eindeutigen Fall von Kryptomnesie.

5. *Die ASW- oder Psi-Hypothese:* Diese geht davon aus, daß das Kind die betreffenden Informationen über die frühere Persönlichkeit durch paranormale Mittel (Telepathie und/oder Hellsehen und/oder Retrokognition) in Erfahrung bringen kann. Doch auch die Möglichkeit kann nicht so recht befriedigen: (a) Die ASW-Hypothese ist ein Konstrukt, aber keine Erklärung; (b) die Randbedingungen für die Informationsaufnahme (Reichweite usw.) sind

unbekannt; (c) es stellt sich die Frage nach der Motivation (warum wird ausgerechnet diese Person ausgewählt und keine andere?); (d) es ist nicht einsichtig, warum die erwachsenen Personen keine ausgeprägten ASW-Begabungen zeigen (Problem der Altersspezifität).

Zusammengefaßt kann man sagen, daß keine der hier aufgelisteten Gegenhypothesen auf das von Stevenson vorgestellte Fallmaterial so richtig »paßt«.

6. Unabhängige Replikationen von Stevensons Befunden und weitere Forschungsperspektiven

Angesichts der Ungewöhnlichkeit seiner Befunde legt Stevenson – verständlicherweise – großen Wert darauf, daß andere Forscher seine Ergebnisse nachprüfen und gegebenenfalls bestätigen. Zwei Psychologen (Erlendur Haraldsson und Jürgen Keil) und eine Anthropologin (Antonia Mills) haben die Aufforderung Stevensons zwischenzeitlich akzeptiert und unabhängige Fallstudien in eigener Regie durchgeführt.[21] Aus einer gemeinsam veröffentlichten Arbeit ergibt sich folgendes Bild: Keil untersuchte 60 Fälle in Burma, Thailand und der Türkei, Haraldsson 25 Fälle in Sri Lanka, Mills 38 Fälle in Nordindien. Dabei handelte es sich ausnahmslos um Fälle, die von den Forschern entweder selbst entdeckt oder die von Stevenson und seinen Mitarbeitern noch nicht untersucht worden waren. In 80 Prozent der 123 Fälle ließ sich eine frühere Persönlichkeit identifizieren, die mit einigen oder allen Aussagen der Kindes übereinstimmte (»gelöste« Fälle). Die Ergebnisse dieser drei unabhängigen Forscher legen also zumindest nahe, daß sich manche Kinder mit einer Person identifizieren, von der sie auf »normale« Weise keine Kenntnis haben konnten. Obwohl auch bei den hier untersuchten fünf Kulturen deutlich wird, daß der kulturelle Kontext den Glauben an Reinkarnation fördert (und insofern bei der sozialen Rekonstruktion solcher Fälle zu berücksichtigen ist), scheint die Glaubenseinstellung allein das komplexe Zusammenspiel von Aussagen und Verhaltensweisen des Kindes nicht erklären zu können.

In welche Richtung könnte sich eine empirische Reinkarnationsforschung weiter bewegen? Jürgen Keil diskutiert folgende Forschungsansätze:[22] Einmal müßte man, wie erwähnt, den kulturellen Hintergrund viel eingehender studieren. Insbesondere sollten auch Befragungen bei Familien ohne Reinkarnationsfälle vorgenommen und zum Beispiel die Geschichten und Gewohnheiten verglichen werden, die kleine Kinder zu hören bzw. zu sehen bekommen. Weiterhin wären Vergleichsuntersuchungen darüber wichtig, wie Todesfälle, Geburtsmale usw. in verschiedenen Familien besprochen und gehandhabt werden. Bei einer solchen Untersuchung müßte unbedingt jemand beteiligt sein, der mit den lokalen Sprachgewohnheiten und Gebräuchen vertraut ist und der zu den entsprechenden Familien einen vertrauensvollen Kontakt herstellen kann. Die zweite Forschungsmöglichkeit besteht aus einer longitudinalen Studie: Hier sollte man versuchen, einige Fälle von Geburt an über eine längere Zeitspanne hinweg zu verfolgen. Ein einheimischer Student mit Vordiplom in einem Fach wie Medizin, Psychologie oder Anthropologie müßte eine Familie wöchentlich oder wenigstens monatlich besuchen, um die Verhaltensweisen von allen Familienangehörigen nach jedem Besuch zu registrieren. Man könnte dadurch allmählich ein besseres Verständnis dafür bekommen, wie bei der Verbindungsperson die ersten Informationen über ein früheres Leben auftauchen und wie sich diese Informationen von den Bemerkungen unterscheiden, die von anderen Familienangehörigen gemacht werden. Dieser Forschungsansatz hat allerdings den Nachteil, daß man von der Geburt an einen Fall jahrelang studieren kann, bei dem das Kind nie etwas über ein früheres Leben sagt, obwohl das von den Familienangehörigen erwartet wurde. Solche Untersuchungen wären wahrscheinlich in der Türkei möglich.

Eine andere Forschungsrichtung hat der isländische Psychologe Erlendur Haraldsson eingeschlagen.[23] Er geht von der Überlegung aus, daß es sehr wahrscheinlich eine Reihe psychologischer und sozialpsychologischer Faktoren gibt, die das Auftreten solcher Erinnerungen an ein früheres Leben begünstigen. Derartige Faktoren könnten zum Beispiel sein eine lebhafte Phantasie, das Bedürfnis, soziale Isolierung zu kompensieren, eine ausgeprägte Suggestibilität in solchen Kulturen, in denen der Glaube an Reinkarnation hoch im Kurs steht, dissoziative Tendenzen, die Suche nach Zuwendung und schwierige Eltern-Kind-Beziehungen, die das Kind behaupten lassen, es gehöre woandershin. In diesem Zusammenhang verweist Haraldsson auf die von Antonia Mills zusammen mit dem Kinderpsychologen Patrick Fowler entwickelte Theorie der »Alternativen Identitäten« (AIs).[24] Diese geht davon aus, daß Kinder in allen Kulturen im Alter von 30 bis 90 Monaten eine sensible Periode durchlaufen, die für die Herausbildung alternativer Identitäten besonders geeignet ist. In dieser Zeitspanne können AIs im Leben eines Kindes eine bedeutsame Funktion ausüben. Nach Ablauf dieser Phase geraten die AIs allmählich in Vergessenheit. In Kulturen, in denen der Glaube an die Reinkarnation nicht zur herrschenden Religion gehört, können AIs die Form von imaginären Spielkameraden annehmen, wogegen in Ländern, in denen der Reinkarnationsglaube verbreitet ist, die Kinder dazu tendieren, Bilder vom Leben einer früheren Persönlichkeit zu erzeugen. In diesen Ländern werden AIs nicht als Produkte kindlicher Fantasietätigkeit betrachtet, sondern als »echte« Rückerinnerungen. AIs treten am wahrscheinlichsten bei Kindern auf, die aufgrund ihrer Persönlichkeitsstruktur den Umgang mit Phantasien genießen. Die Herausbildung von AIs kann ferner vom Bedürfnis des Kindes abhängen, aus Situationen, in denen es mißhandelt wurde oder die ihm Angst einflößen, in eine Fantasiewelt zu flüchten.

Haraldsson konnte zwischenzeitlich in Sri Lanka an 27 Kindern eine psychodiagnostische Untersuchung durchführen, die deren kognitiv-verbale Entwicklung abklären und insbesondere die Hypothesen überprüfen sollte, ob Kinder, die über eine reiche Fantasietätigkeit verfügen, die hochsuggestibel und in sozialer Hinsicht mehr isoliert sind, mit größerer Wahrscheinlichkeit als andere Kinder dazu neigen, Erinnerungen an frühere Leben zu berichten.[25] Er verwendete dazu verschiedene Intelligenz- und Leistungsverfahren, wie zum Beispiel eine Suggestibilitätsskala, den Raven-Test

(Progressive Matrizen), den Peabody Picture Verbal Test und die Child Behaviour Checklist. Es ergab sich folgendes Bild: Verglichen mit einer Kontrollgruppe, waren die Kinder mit Rückerinnerungen altkluger, wiesen eine größere verbale Geschicklichkeit und bessere Gedächtnisleistungen auf, sie waren in der Schule besser und sozial kompetenter, sie erreichten einen höheren Problemscore auf der Child Behaviour Checklist und waren nicht suggestibler als die Kontrollgruppe. Es bleibt abzuklären, ob Kinder mit imaginären Spielkameraden eine vergleichbare Persönlichkeitsstruktur aufweisen. Sollte dies der Fall sein, dann wäre dies ein starkes Argument zugunsten der psychokulturellen Phantasiehypothese.

7. Abschließende Bewertung

Es liegt in der Natur dieser Spontanberichte, daß man von keinem einzigen Fall mit absoluter Sicherheit sagen kann, er »beweise« die Reinkarnationshypothese oder – allgemeiner – einen besonderen paranormalen Aspekt. Die von Stevenson und anderen Untersuchern konstatierten Übereinstimmungen zwischen Berichten und Verhaltensweisen eines Kindes und einer ihm unbekannten »früheren« Person stellen zweifelsohne *Anomalien* dar, die sich einer befriedigenden konventionellen Erklärung bisher entzogen haben. Es wäre wichtig, eine quantitative Abschätzung über den Grad der Spezifität zu erhalten, mit dem die von der Verbindungsperson gemachten Aussagen auf die frühere Persönlichkeit zutreffend sind, um den Spielraum der Zufallshypothese einzuengen. Schließlich müßte die Frage des Einflusses sozio-kultureller Faktoren auf den behaupteten Reinkarnationsprozeß genauer untersucht werden. Eine weitere Aufklärung der außergewöhnlichen Verhaltensmuster, die gut untersuchte CORT-Fälle darstellen, geht (Para-)Psychologen, Psychiater, Ethnologen oder Religionswissenschaftler gleichermaßen an. Hoffentlich bedarf es nicht allzu vieler Wiedergeburten, um diesem Ziel einen Schritt näher zu kommen.

Der Reinkarnationsgedanke – Eine Herausforderung an die christliche Theologie

Perry Schmidt-Leukel

Das Thema »Reinkarnationsidee und christlicher Glaube« umfaßt ein sehr weites und vielschichtiges Gebiet. Ich möchte mich in den folgenden Ausführungen nur auf einige wenige Aspekte beschränken. Und zwar auf solche Aspekte, in denen die Reinkarnationsidee eine ernstzunehmende Herausforderung für das Christentum darstellt. »Herausforderung« betrachte ich in diesem Zusammenhang nicht als etwas Negatives. Herausforderungen sind für unseren gedanklichen Fortschritt sehr wichtig, und es hängt unter Umständen viel davon ab, wie man mit ihnen umgeht. Aber wenn von einer Herausforderung die Rede ist, dann schwingt darin natürlich immer ein gewisses Konflikt- und Problem-Potential mit. Die folgenden Überlegungen werden es also vorwiegend mit Problemen zu tun haben. Ich hoffe, daß es mir gelingt, diese Problemstellungen einigermaßen gut zu skizzieren und gewisse Schritte anzudeuten, die vielleicht für die weitere theologisch-philosophische Beschäftigung mit diesen Problemen hilfreich sein können.

Ich beschränke mich auf drei Problemkreise: In einem *ersten* Punkt möchte ich die Herausforderung durch den Reinkarnationsgedanken unter dem Aspekt der Wahrheitsfrage thematisieren. Unter Punkt *zwei* komme ich dann auf das Problem des Erlösungsverständnisses zu sprechen, das bei der theologischen Diskussion des Reinkarnationsgedankens immer wieder als das Kernproblem angesehen wird. Unter Punkt *drei* werde ich schließlich auf eine Problematik eingehen, die sich aus dem Reinkarnationsgedanken ergibt und von der auch traditionelle christliche Formen des Glaubens an eine postmortale Existenz berührt sind, nämlich das Problem der personalen Identität.

1. Die Frage nach der Wahrheit des Reinkarnationsgedankens

Zunächst ist festzuhalten, daß Reinkarnation nie zu den Lehren des christlichen »mainstreams« gehörte: Reinkarnation ist keine biblische Lehre. Und in der christlichen Tradition wurde sie nur von einigen wenigen und sehr kleinen christlichen Sondergruppen vertreten.[1] Gerade weil der Reinkarnationsgedanke kein Bestandteil traditioneller christlicher Eschatologie (das heißt, der Lehre von den »letzten Dingen«) ist, stellt er eine Herausforderung an diese dar. Genauer gesagt besteht diese Grund-Herausforderung in der Frage, ob die Annahme, daß es Reinkarnation gibt, möglicherweise wahr ist. Denn allein der Umstand, daß eine bestimmte Annahme nicht in der Bibel enthalten ist und auch keinen zentralen Lehrgegenstand der christlichen Tradition bildet, besagt ja noch nicht, daß diese Annahme deswegen bereits falsch sein muß. Es könnte durchaus sein, daß man christlicherseits – aus welchem Grund auch immer – ihre Wahrheit bislang nicht erkannt bzw. geglaubt hat. Ja, selbst wenn etwas in klarem Widerspruch zu einer biblischen Aussage stehen sollte, kann es dennoch durchaus wahr sein. Bis heute bleibt der Fall Galilei das Musterbeispiel dafür, daß das Christentum dies einsehen mußte. Galileis Thesen standen im Widerspruch zu alten, in der Bibel enthaltenen kosmologischen Vorstellungen, die sich als falsch erwiesen. Und sie standen daher auch im grundsätzlichen Widerspruch zu der Annahme, daß alle in der Bibel implizit und explizit enthaltenen Aussagen irrtumslos seien. Somit gehört der Fall Galilei zu jenen Gründen, die schließlich eine Revision bzw. Modifikation der theologischen These der völligen Irrtumslosigkeit der Heiligen Schrift erforderlich machten. Über lange Zeit hinweg mag die Vorstellung, daß die Schrift Irrtümer enthalte, nicht nur als eine Herausforderung, sondern als eine tödliche Bedrohung für den christlichen Glauben erschienen sein, da sie die Basis dieses Glaubens radikal zu unterminieren schien. Heute jedoch betrachten Christen diese Revision vielfach als Gewinn, weil sie zu einem realistischeren Verständnis der Schrift führte. Analog dazu läßt sich nun die unter dem Aspekt der Wahrheitsfrage stehende Herausforderung durch den Reinkarnationsgedanken formulieren: Ist die Annahme der Reinkarnation – in der einen oder anderen Form – möglicherweise wahr? Und welche Konsequenzen hätte eine mögliche Wahrheit des Reinkarnationsglaubens für christliche Glaubensüberzeugungen?

Besonders in den neueren theologischen Stellungnahmen zum Reinkarnationsgedanken wird dieser eher selten unter dem Aspekt seiner möglichen Wahrheit erörtert. Funktionale Aspekte, wie etwa die Frage nach den individual- und sozialpsychologischen Implikationen oder Konsequenzen des Reinkarnationsgedankens, nach den Gründen für seine Rezeptionen oder nach dem Umgang mit seinen Vertretern, dominieren häufig vor der Frage nach seiner Wahrheit. Unter anderem dürfte dafür die Auffassung verantwortlich sein, daß die Diskussion der Wahrheitsfrage zu keinem Ergebnis führe. Ich bin in dieser Hinsicht nicht ganz so pessimistisch. Die Frage nach der Wahrheit des Reinkarnationsgedankens läßt sich in drei Schritten angehen, von denen jeder durchaus eine gewisse argumentative Kraft besitzt, die zumindest zur Klärung der Sachlage einiges beitragen kann.

In einem ersten Schritt wäre zu fragen, ob in der jeweiligen Form, in der der Reinkarnationsgedanke vorgebracht wird, überhaupt eine *Tatsachenbehauptung mit Wahrheitsanspruch* vorliegt oder ob es sich vielmehr um einen Mythos, ein Bild oder eine Art Hilfsvorstellung handelt. Falls eine Tatsachenbehauptung mit Wahrheitsanspruch vorliegt, wäre dann zweitens danach zu fragen, ob die Behauptung in sich *widerspruchsfrei* ist. Denn wenn die Behauptung in sich echte unauflösliche Widersprüche enthält, kann sie nicht wahr sein. Oder anders gesagt, innere Konsistenz ist eine notwendige Voraussetzung für die mögliche Wahrheit der Behauptung. Wichtig ist hier die Betonung der Möglichkeit, denn natürlich ist die tatsächliche Wahrheit einer Behauptung noch nicht allein durch ihre innere Widerspruchsfreiheit gestützt. Deshalb wäre dann drittens nach der *Wahrscheinlichkeit* bzw. Unwahrscheinlichkeit der Reinkarnationshypothese zu fragen. Hierzu bieten sich zwei Kriterien an, nämlich einmal das Kriterium der *Kohärenz* mit anderen, einigermaßen bewährten Auffassungen und weiterhin das

Kriterium der *Erklärungskraft* des Reinkarnationsgedankens. Bei beiden Kriterien kommt empirischen Befunden ein besonderes Gewicht zu, obwohl beide Kriterien nicht nur auf unmittelbar empirische Befunde eingeengt sind. Ich möchte diese drei Schritte etwas eingehender erläutern.

1. Der Reinkarnationsgedanke tritt bekanntlich in zahlreichen Variationen auf. Es gibt nicht *die eine*, sondern viele verschiedene Reinkarnationslehren. Diese unterscheiden sich zum Teil ganz erheblich in inhaltlichen Fragen, zum Beispiel darin, ob man auch als Tier wiedergeboren werden kann, ob es zwischen den Reinkarnationen Zwischenzustände gibt, wie oft man wiedergeboren wird, in welcher Hinsicht eine Wirkung des Karmas auf die Form der Reinkarnation angenommen wird usw. Neben den inhaltlichen Unterschieden gibt es jedoch auch Unterschiede in der *Aussageabsicht*. Soll also mit der jeweiligen Reinkarnationslehre eine Hypothese über das tatsächliche Schicksal des Menschen nach seinem Tod bzw. vor seiner Geburt aufgestellt werden, oder wird der Reinkarnationsgedanke als ein bildhafter Mythos gelehrt – als eine metaphorische Aussage, die nicht wörtlich zu verstehen ist, sondern die etwas anderes ausdrücken will? In diesem Sinn kann Reinkarnation zum Beispiel als Bild für die universale Verbundenheit aller Menschen oder Wesen verwendet werden, als Bild für die Wandelbarkeit der menschlichen Persönlichkeit oder auch als Bild für den unbefriedigenden Charakter eines Lebens, das nur um die Dinge dieser Welt kreist usw. Gelegentlich wird der mythisch-metaphorische Aussagesinn der Reinkarnationsidee explizit herausgestellt: zum Beispiel bei den mahâyâna-buddhistischen Philosophen Keiji Nishitani[2] und Francis Cook[3] oder bei den beiden bekannten buddhistischen Meistern Daisetz Taitaro Suzuki[4] und Bhikkhu Buddhadâsa[5], der eine ein Zen-Buddhist, der andere ein Theravâda-Mönch, die beide erklärt haben, daß ihnen allein an der bildlich-inspirierenden Kraft des Reinkarnationsgedankens, nicht aber an der Frage nach seiner tatsächlichen Wahrheit gelegen ist.[6] Andererseits gibt es Vertreter des Reinkarnationsgedankens, die ihre Form der Reinkarnationslehre ausdrücklich als Tatsachenbehauptung mit dem Anspruch auf eine wissenschaftlichen Resultaten

entsprechende Wahrheit verstanden wissen wollen, so zum Beispiel bei dem empiristisch orientierten buddhistischen Philosophen Kalatissa Nanda Jayatilleke[7], bei dem britischen Buddhisten (und Mitarbeiter von Ian Stevenson) Francis Story[8] oder auch, um auf einen anderen Typus von Reinkarnation zu verweisen, in der Anthroposophie.[9] In einer Reihe von Fällen ist es nicht immer ganz deutlich, ob die Reinkarnationslehre nun als metaphorisches Bild oder als Tatsachenbehauptung gedacht ist. In der Interpretation Platons ist diese Frage zum Beispiel umstritten.[10]

Bei der theologischen Auseinandersetzung mit Reinkarnationslehren muß also von Fall zu Fall untersucht werden, ob überhaupt eine Tatsachenbehauptung mit Wahrheitsanspruch vorliegt, und wenn ja, worauf sich diese genau bezieht. Denn die unterschiedliche Aussageabsicht erfordert selbstverständlich auch eine ganz unterschiedliche christliche Stellungnahme. Wird der Reinkarnationsgedanke nur als Bild und Metapher vorgetragen, dann hat sich die christliche Stellungnahme auf das zu konzentrieren, wofür dieses Bild stehen soll. Wird der Reinkarnationsglaube aber als Tatsachenbehauptung vorgebracht, dann ist die mögliche Wahrheit dieser Behauptung ernsthaft zu prüfen.

2. Zu einer solchen Prüfung kann zunächst nach der inneren Konsistenz, also der Widerspruchsfreiheit der jeweiligen Reinkarnationsbehauptung gefragt werden. Nur wenn sie frei von inneren Widersprüchen ist, ist sie möglicherweise wahr. Widerspruchsfreiheit ist eine grundlegende Voraussetzung für die mögliche Wahrheit der Behauptung.

Hierbei sind vor allem die inhaltlichen Details zu berücksichtigen. Das heißt, hier ist sehr sorgfältig zwischen den verschiedenen Formen des Reinkarnationsglaubens zu unterscheiden. Wenn eine bestimmte Reinkarnationslehre unlösbare Widersprüche enthält, besagt dies ja noch nicht, daß *alle* Formen des Reinkarnationsglaubens falsch sind. Vielleicht werden genau diese Widersprüche in anderen Ausprägungen des Reinkarnationsgedankens vermieden. Die Prüfung der inneren Möglichkeit setzt also eine möglichst detaillierte und vorstellbare Fassung der Reinkarnations-Hypothese voraus.

Mehrere Formen der Reinkarnationsthese haben sich um eine solche konkrete Ausgestaltung bemüht. In dieser Hinsicht stellen sie eine fruchtbare Herausforderung an die zeitgenössische christliche Theologie dar. Denn vielfach kranken christliche Eschatologien der Gegenwart daran, daß sie unpräzise, nicht selten geradezu verworren sind. In der mittelalterlichen und neuzeitlichen Theologie machte man sich noch sehr konkrete Vorstellungen über das, was wohl nach dem Tod kommen könnte. Thomas von Aquin diskutierte zum Beispiel jedes einzelne Teilproblem der Lehren vom Fegfeuer und der Auferstehung: ob eine körperlose Seele unter materiellem Feuer leiden könne oder wie die Leiber der Auferstandenen beschaffen sind, welches Geschlecht sie haben[11], welche Organe sie enthalten usw. Diese theologischen Entwürfe hatten den Vorteil, daß man sich konkret vorstellen konnte, was mit den eschatologischen Glaubensaussagen gemeint war. Und was man sich vorstellen kann, kann man entweder glauben, also für wahr halten, oder eben nicht glauben, also für falsch halten. In der zeitgenössischen Theologie werden – so hat es zumindest den Anschein – vielfach die Vorstellungen der traditionellen Theologie in ihrem ursprünglichen Sinn nicht mehr für wahr gehalten. Aber die an ihre Stelle getretenen neuen Interpretationen sind oft so abstrakt, daß sich darunter nichts mehr vorstellen läßt. Folglich kann man weder daran glauben noch daran zweifeln, weil nicht mehr deutlich ist, was die eschatologischen Formulierungen überhaupt besagen sollen. Der Reinkarnationsglaube bietet dagegen den Vorteil, daß seine Behauptungen häufig konkret vorstellbar und somit glaubbar sind.

Daß etwas glaub*bar* ist, besagt jedoch noch nicht, daß es auch glaub*haft* bzw. glaub*würdig* wäre. Und Vorstellbarkeit allein ist noch nicht einmal ein ausreichendes Kennzeichen für die mögliche Wahrheit des Vorgestellten. Es gibt Dinge, die man sich zwar ganz gut vorstellen kann, die jedoch dennoch logische Widersprüche enthalten und daher unmöglich sind. Das Zeitreisen, also Reisen in die Vergangenheit oder Zukunft, läßt sich gut vorstellen und sogar problemlos verfilmen. Aber es enthält innere Widersprüche, was an dem als Einsteins ›Großvater-Paradox‹ bekannten Problem ersichtlich wird: Sollte Zeitreisen möglich sein, dann könnte man in die Vergangenheit reisen und den eigenen Großvater töten, bevor dieser den eigenen Vater gezeugt hat. Dann aber wäre man nie entstanden und hätte nie in die Vergangenheit reisen und diesen Mord begehen können. Zeitreisen ist daher trotz seiner Vorstellbarkeit aller Wahrscheinlichkeit nach, also solange sich die Widersprüche nicht lösen lassen, unmöglich.

Die Prüfung der inneren Widerspruchsfreiheit dient vor allem dem Ausschluß solcher Ideen, die unmöglich wahr sein können. Sofern also bestimmte Formen der Reinkarnationslehre innere Widersprüche enthalten, die sich nicht auflösen lassen, können sie aus dem Kreis der möglicherweise wahren Annahmen ausgeschlossen werden. Darin liegt eine nicht zu verachtende Bedeutung dieser Form des Umgangs mit der Reinkarnationsidee. Zum Beispiel setzt eine Karma-Lehre, derzufolge *alles* Unheil, das einem Menschen geschieht, die karmische Folge seiner vorangegangenen Taten sei[12], mit dieser Behauptung unausweichlich einen Determinismus voraus, der die menschliche Freiheit leugnet. Denn wenn das Leid einer Person A, das direkt oder indirekt, absichtlich oder unabsichtlich von anderen Personen B, C und D verursacht wird, in Wahrheit durch das Karma von A bedingt ist, dann bestimmt der karmische Mechanismus von Person A anscheinend auch die Handlungen der Personen B, C und D. Und wenn alles Leid auf diese Art erklärt werden soll, dann wird ein gigantischer Regulationsmechanismus vorausgesetzt, der keine Handlungs- bzw. Entscheidungsfreiheit mehr zuläßt. Wenn nun aber gleichzeitig die Entscheidungsfreiheit des Menschen gelehrt wird, die ja angeblich erst die jeweiligen karmischen Folgen nach sich zieht, so befindet sich diese Lehre in einem inneren Widerspruch, der – sofern er nicht lösbar ist – ihre Wahrheit unmöglich macht.

Ein solches deterministisches Verständnis von Karma ist jedoch bei weitem nicht die einzige Form der Karma-Lehre.[13] Es gibt Karma-Lehren, wonach nur bestimmte Ereignisse als karmisch verursacht gelten, und es gibt Karma-Lehren, wonach nur die innere Disposition eines Menschen, in der er bestimmte Widerfahrnisse erlebt und aus der heraus er agiert, als karmisch beeinflußt, das heißt als von vorangegangenen Entscheidungen mitbedingt, angesehen wird. Innerhalb einer einzigen Lebensspanne ist es eine sehr plausible, weil von der Erfahrung bestätigte Annahme, daß unsere Existenzvollzüge nicht allein unsere Um- und Mitwelt beeinflussen, sondern auch disponierende Rückwirkungen auf uns selbst besitzen. Mit dem, was man jetzt tut, wird zugleich bestimmt, wer man morgen sein wird. Eine reinkarnationistische Karma-Lehre bezieht diese innerhalb eines Lebens evidente Einsicht auf die Vorstellung eines Zusammenhangs zwischen verschiedenen Existenzen.

Die bei weitem wichtigste Frage hinsichtlich der inneren Konsistenz bzw. Widerspruchsfreiheit von Reinkarnationslehren betrifft meines Erachtens das Problem der personalen Identität, also die Frage, was eigentlich wiedergeboren oder reinkarniert wird, oder anders gesagt, ob und inwiefern zwischen zwei zeitlich aufeinanderfolgenden menschlichen Existenzen auf widerspruchsfreie Art eine personale Identität behauptet werden kann. Wie bereits gesagt, werde ich auf diesen Punkt später zurückkommen.

3. Wenn eine Reinkarnationslehre frei von inneren Widersprüchen und damit möglicherweise wahr ist, so kann in einem dritten Schritt danach gefragt werden, ob ihre Wahrheit nun eher wahrscheinlich oder eher unwahrscheinlich ist. Schlüsse in die eine oder in die andere Richtung lassen sich ziehen, wenn man die Kohärenz mit anderen Auffassungen und die Erklärungskraft berücksichtigt. Kommen wir zunächst zur Kohärenz.

Wird der Reinkarnationsgedanke beispielsweise in der Form einer Seelenwanderungslehre vorgetragen, dann ist hierbei natürlich vorausgesetzt, daß es im Menschen eine »Seele«, das heißt eine irgendwie vom Körper unabhängige geistige oder doch zumindest »feinstoffliche« Substanz, gibt, die sich von einem Körper trennen und mit einem anderen Körper verbinden kann. Bei dieser Voraussetzung ergeben sich eine ganze Reihe weiterer Annahmen, an die sich die Frage nach der Kohärenz mit naturwissenschaftlichen Erkenntnissen stellen läßt. Hierbei ist besonders an die Ergebnisse der Neurophysiologie, aber auch an parapsychologische Forschungen zu denken.[14] Neurologische Forschungsergebnisse können durchaus zu Modifikationen der jeweiligen Reinkarnationshypothese führen, und sie können ihre

Wahrscheinlichkeit erhöhen oder verringern. Folgt man dem Hirnforscher und Nobelpreisträger John Eccles, dann gibt es hirnphysiologische Befunde, die sich durchaus gut mit der Annahme einer unabhängigen geistigen Substanz vertragen.[15] Wenn sich aber zum Beispiel immer mehr psychische Funktionen eindeutig materiell in gewissen Teilen des Gehirns verankern lassen, muß entweder ihre Zuordnung zur Seele im Sinn einer vom materiellen Gehirn unabhängigen Substanz aufgegeben werden, oder man muß eine Verdopplung dieser Funktionen annehmen, die dann ihrerseits erklärungsbedürftig ist. Nehmen wir einmal an, die Fähigkeit zu bewußter Wahrnehmung könne vollständig aus den physikalisch-neuronalen Abläufen in den Sinnesorganen und den entsprechenden Zentren des Gehirns erklärt werden. Wenn dann eine zusätzliche Wahrnehmungsfähigkeit für die Seele behauptet wird, entweder in Verbindung mit dem Körper oder auch unabhängig von ihm, dann verlangt dies nach einer theoretischen Erklärung. Der Vertreter des Seelenglaubens muß sich Gedanken darüber machen, warum die Seele, wenn sie selbst bereits über eine eigene Wahrnehmungsfähigkeit verfügt, überhaupt mit dem Körper und seinen Wahrnehmungsfunktionen verbunden ist – warum es also diese scheinbar unnötige Verdopplung des Wahrnehmungsvermögens gibt. Läßt sich diese Verdopplung nicht plausibel mit der Reinkarnationshypothese verbinden, so wird die Kohärenz und damit die Plausibilität der These geschwächt.

Ein Beispiel für die Verringerung der Wahrscheinlichkeit bis hin zur Unwahrscheinlichkeit findet man bei Thorwald Dethlefsen. In seinem Bestseller »Schicksal als Chance« behauptet er, daß alle Geburtsschwierigkeiten auf das Widerstreben des reinkarnierten Wesens gegen eine neue menschliche Existenz zurückzuführen sind, und folglich ein ernsthaftes Gespräch mit dem Embryo mehr helfe als Schwangerschaftsgymnastik und »als alle klinische Technik«.[16] Mit dieser These setzt er bei dem Embryo sprachliche, begriffliche und psychische Fähigkeiten in einem Umfang voraus, der allen bisherigen wissenschaftlichen Erkenntnissen widerspricht. Wenn wirklich ernsthafte medizinische Komplikationen vorliegen, kann die Frage, ob jemand Dethlefsens höchst implausiblen Annahmen glaubt, unter Umständen zu einer Frage auf Leben und Tod für Mutter und Kind werden.

Das andere Kriterium mit Einfluß auf die Beurteilung der Wahrscheinlichkeit liegt in der Frage der Erklärungskraft. Das heißt: Gibt es bestimmte Sachverhalte, die allein oder zumindest am besten durch irgendeine Form von Reinkarnationstheorie erklärt werden können? Eine solche Situation würde dann die Wahrscheinlichkeit der entsprechenden Reinkarnationstheorie vergrößern. Das Gewicht der Argumentation liegt hierbei ganz auf der Möglichkeit bzw. Wahrscheinlichkeit alternativer Erklärungsmodelle. Ein gutes Beispiel dafür bieten die bekannten Forschungen von Ian Stevenson.[17] Stevenson hat Fälle untersucht, in denen Kinder Dinge wissen und Personen kennen, die ihnen allem Anschein nach aus ihrer eigenen Erfahrung nicht zugänglich sein konnten, die jedoch einer bestimmten verstorbenen Person bekannt waren.[18] Sofern die von Stevenson zusammengetragenen Fakten richtig sind, erhält die Reinkarnationshypothese hierdurch eine gewisse Plausibilität. Aber es sind auch alternative Erklärungen dieser Vorkommnisse möglich, so daß die Wahrscheinlichkeit der verschiedenen Erklärungsmöglichkeiten gegeneinander abgewogen werden muß.[19]

Die Diskussion der Wahrscheinlichkeit von Reinkarnation als bester Erklärung für bestimmte empirische Beobachtungen ist freilich stark erschwert durch unser unzureichendes Wissen über eventuelle postmortale Vorgänge. G. Nerlich und J. J. MacIntosh haben folgendes Argument vorgebracht: Wenn wir am Abend einen Eisblock von bestimmter Form und Größe in einen Gefrierschrank legen und am nächsten Morgen einen Eisblock von ähnlicher Form darin finden, dann haben wir damit einen plausiblen Grund für die Annahme, daß es sich um denselben Eisblock handelt. Wenn wir diesen Eisblock jedoch am Abend vor einen brennenden Kamin legen und dort am nächsten Morgen einen Eisblock von ähnlicher Form finden, dann ist dies ein guter Grund für die Annahme, daß es sich nicht um denselben Eisblock handelt. Da wir nun jedoch nicht wissen, ob die Vorgänge beim Tod im Hinblick auf unsere Erinnerungen den Bedingungen eines Gefrierschranks oder eines Kaminfeuers ähneln, läßt sich auch nicht deutlich sagen, ob das Auftreten von ähnlichen Gedächtnisinhalten, wie sie von Stevenson dokumentiert wurden, als Indiz für oder gegen ein Überleben des Todes zu werten sind.[20]

Ein anderes Beispiel dafür, wie unsere Unkenntnis hier die Einschätzung der Plausibilitäten erschwert, ist folgende, nicht untypische Situation: Zehn Klienten eines Reinkarnationstherapeuten vermeinen in der hypnotischen ›Rückführung‹ sich an eine frühere Existenz als Julius Caesar zu erinnern. Ob dieser Umstand nun dafür spricht, daß keine oder die meisten dieser vorgeblichen Erinnerungen unecht sind, hängt nicht nur davon ab, wie wahrscheinlich die alternative Erklärung ist, wonach es sich dabei um rein imaginative Erlebnisse handelt, sondern eben auch davon, ob sich eine Persönlichkeit oder ihre Bewußtseinsinhalte nach dem Tod, falls sie diesen überleben sollten, spalten können. Hält eine entsprechende Reinkarnationslehre an der individuellen Konstanz des Reinkarnierten fest, dann wäre davon auszugehen, daß es sich bei mindestens neun dieser zehn Klienten nicht um ein echtes Erinnerungserlebnis handelt. Liegen keine anderen Aspekte vor, dann würde dies zunächst den Verdacht bestärken, daß es sich auch bei dem zehnten Klienten nicht anders verhält.

Sowohl das Eisblock-Argument als auch das zuletzt genannte Beispiel zeigen zugleich, wie eng die Frage der Wahrscheinlichkeit von Reinkarnationshypothesen mit deren theoretischen Voraussetzungen und hier besonders mit der Frage nach dem Wesen der personalen Identität verknüpft ist: Ist Gedächtniskonstanz eine notwendige Voraussetzung von Personkonstanz? Und impliziert personale Identität notwendigerweise eine kontinuierliche Unteilbarkeit bzw. »In-dividualität«? Erneut ist das Problem der personalen Identität jedoch vorläufig zurückzustellen.

Es mag nun durchaus der Fall sein, daß bei der theologischen Auseinandersetzung mit der Herausforderung durch die verschiedenen Formen des Reinkarnationsgedankens unter dem Aspekt der Wahrheitsfrage in etwa folgendes Ergebnis herauskommt: 1. Einige Formen des Reinkarnationsgedankens müssen als metaphorische Aussagen einer ande-

ren Ebene der Auseinandersetzung zugeordnet werden.
2. Gewisse Formen des Reinkarnationsgedankens lassen sich wegen innerer Widersprüche als unmöglich ausscheiden.
3. Wieder andere Formen können als entweder unwahrscheinliche oder wahrscheinliche, aber immerhin möglicherweise wahre Behauptungen gelten.

Nur hinsichtlich dieser dritten Gruppe läßt sich dann sinnvollerweise die Frage nach der Vereinbarkeit oder Unvereinbarkeit von Reinkarnation und Christentum unter dem Aspekt einer hypothetischen Wahrheit stellen. Das heißt, es muß die *logische Vereinbarkeit* dieser Formen des Reinkarnationsglaubens mit christlichen Glaubensüberzeugungen untersucht werden. Konkret wäre also zu fragen: Was wäre am Christentum falsch für den Fall, daß diese oder jene Form von Reinkarnationslehre wahr wäre? Dabei ist natürlich vorauszusetzen, daß die in Frage kommenden christlichen Auffassungen zuvor derselben kritischen Reflexion unterworfen werden wie die Reinkarnationslehren. Vielfach findet sich in der zeitgenössischen Theologie die pauschale Behauptung, christlicher Glaube und Reinkarnationsglaube seien unvereinbar. Aber kann diese Unvereinbarkeit wirklich im strengen Sinn behauptet werden, das heißt, läßt sie sich als eine logische Unvereinbarkeit behaupten? Man stelle sich einmal rein fiktiv vor, morgen gelinge der definitive und zuverlässige wissenschaftliche Nachweis von Reinkarnation. Würde dies bedeuten, daß wir dann alle christlichen Kirchen schließen müßten, weil dadurch das Christentum widerlegt wäre?

Wenn jemand der Meinung ist, daß auch in einem solchen Fall das Christentum nicht als widerlegt anzusehen wäre, dann hält er die Wahrheit von christlichem Glauben und Reinkarnationsglauben für vereinbar. So einfach ist also im Grunde die Frage der Vereinbarkeit zu testen. Man kann jedenfalls nicht sagen, der Glaube an Reinkarnation und das Christentum seien unvereinbar, und gleichzeitig der Meinung sein, daß eine eventuelle Wahrheit des Reinkarnationsglaubens an der Gültigkeit des Christentums nichts ändern würde.

Nun gilt jedoch zweifellos, daß nicht jede Form von Reinkarnationsglauben mit allem, was in der Geschichte des

Christentums geglaubt wurde, logisch vereinbar ist. Beispielsweise ist die Lehre, wonach Gott bei jeder Zeugung eigens die jeweilige individuelle Seele erschafft, logisch unvereinbar mit dem Glauben an die Wanderung einer individuellen Seele durch mehrere menschliche Existenzen. Aber die Auffassung, daß Gott überhaupt der Schöpfer der Seelen ist, wäre mit einer Seelenwanderungslehre vereinbar. Man wird vermutlich jedoch kaum die Annahme, Gott erschaffe die individuellen Seelen bei der Zeugung, zu jenen wesentlichen Glaubensgütern rechnen, mit denen das Christentum steht und fällt.

Bisher hat man sich in der theologischen Auseinandersetzung mit der Reinkarnationsidee meines Erachtens noch zu wenig mit der hier skizzierten rationalen Ernsthaftigkeit der Herausforderung durch den Reinkarnationsglauben gestellt.[21] Die in der Theologie vielfach behauptete Unvereinbarkeit von Christentum und Reinkarnation[22] wird in aller Regel nicht als echte logische Unvereinbarkeit und somit auch nicht überzeugend dargelegt.[23] Ich möchte mich jetzt jedoch nicht länger bei diesem methodischen Punkt aufhalten, sondern zum nächsten Punkt kommen, bei dem es um eine Frage geht, die in der Vereinbarkeitsdebatte immer wieder als zentral angesehen wird.

2. Der Reinkarnationsgedanke und das Problem des Erlösungsverständnisses

In den meisten mir bekannten Formen des Reinkarnations- und Wiedergeburtsglaubens spielt das Motiv, der Mensch könne sich über mehrere Existenzen hinweg zu einer größeren Vollkommenheit hin entwickeln, eine wichtige Rolle. Dies ist – obwohl es häufig bestritten wird – definitiv auch in den asiatischen Religionen der Fall. Natürlich wird im Hinduismus und Buddhismus die Erlösung auch als Befreiung vom Zwang der Wiedergeburt angesehen. Aber die Erlösung bildet den End- und Zielpunkt einer langen geistig-personalen Entwicklung, eines mühevollen Reife- und Wachstumsprozesses, der sich unter Umständen über viele Existenzen hinweg erstreckt.[24]

Eine Reihe von Theologen lehnt die Reinkarnationsidee ab, weil sie der Auffassung sind, daß mit ihr notwendig – oder zumindest faktisch – die Idee der Selbsterlösung verbunden sei, also der Gedanke, daß der Mensch durch seine eigene Kraft und sein eigenes Tun zur Erlösung gelangen müsse.[25] Dem wird ein Erlösungsverständnis entgegengestellt, wonach Erlösung allein aus Gnade geschehe, das heißt vollkommen von Gott geschenkt werde: »Nicht der Mensch muß es leisten, Mensch zu werden und seine Möglichkeiten zu aktualisieren, sondern dies ist Geschenk und Gabe Gottes. Die im Menschen angelegten Potentialitäten auf vollendete Reife und Lebenserfüllung hin werden nicht durch den Menschen selbst auf irgendeiner Stufe einer irdischen ›Inkarnation‹ verwirklicht, sondern allein *durch* Gott und *bei* Gott.«[26] Zwischen Selbsterlösung und Erlösung aus Gnade bestehe jedoch ein unaufhebbarer logischer Widerspruch. Und mit Reinkarnation hängt dieser Widerspruch insofern zusammen, als bei einer Selbsterlösung eben mehrere Leben für erforderlich gehalten werden, um zur Erlösung heranzureifen, wohingegen für die Erlösung durch reine Gnade ein Leben vollständig ausreiche.[27]

An eine theologische Position, die den reinen Gnadencharakter der Erlösung betont, richten sich jedoch gewichtige Fragen, die auch für den vermeintlichen Gegensatz zur Reinkarnationsidee relevant sind: Wenn die Erlösung allein durch die Gnade Gottes, ohne menschliches Zutun, dem Menschen zuteil wird, ist dann nicht das ganze menschliche Leben, mit all seinen Herausforderungen, Mühen und schwierigen Entscheidungsprozessen sinnlos? Warum hat uns Gott dann nicht direkt als Erlöste erschaffen? Warum erst das Dasein hier und nicht gleich die ewige Seligkeit? Und lehrt nicht das biblische Zeugnis an vielen Stellen nicht nur die Kraft der Gnade, sondern mit allem Ernst auch die Heilsbedeutsamkeit menschlichen Tuns? Beides kann sogar paradox zusammengestellt werden, wie etwa im Philipper-Brief 2,12f, wo es heißt: »Müht euch mit Furcht und Zittern um euer Heil! Denn Gott ist es, der in euch das Wollen und das Vollbringen bewirkt, noch über euren guten Willen hinaus.«

Gegenüber solchen kritischen Fragen wird nun zumeist doch eine Modifikation der Auffassung von der Alleinwirksamkeit der Gnade vorgenommen: Etwa durch das Argument, daß die Erlösung zwar allein aus Gnade von Gott angeboten werde, aber der Mensch sie durch eigene, freie Entscheidung annehmen müsse. Darin bestehe also letztlich der Sinn dieses Lebens. Beispielsweise spricht Greshake davon, daß der Mensch »mit seinen Fähigkeiten« in den Heilsprozeß »hineingenommen« werde: »Seine Aufgabe ist es, der Gabe Gottes in Freiheit zu entsprechen, seiner Liebe zu antworten und für sein Gnadenwirken offen zu sein.«[28] Dafür aber, so Greshake, ist »*ein* irdisches Leben... genug.«[29]

Damit werden zwei Sachverhalte deutlich: *Erstens* ist es eine Verkürzung, wenn von einem schroffen Gegensatz zwischen Erlösung durch Gnade einerseits und Erlösung durch menschliches Tun andererseits ausgegangen wird. Denn eine Gnadenlehre, die konsequent jegliche Heilsbedeutung menschlichen Handelns ausschließen würde, repräsentiert innerhalb der christlichen Tradition keineswegs die dominante Linie des Heilsverständnisses und wäre zudem erheblichen rationalen Einwänden ausgesetzt. Zum anderen aber muß eine Betonung der Heilsbedeutsamkeit menschlichen Handelns keineswegs zwangsläufig jeglichen Gnadenaspekt ausschließen. Nach Karl Rahner bewirkt »Gott gerade durch seine freie, unableitbare Gnadentat..., daß der Mensch sich selbst, wenn man so sagen will, erlösen kann.«[30] Und Hans Urs von Balthasar konstatierte im Hinblick auf den vermeintlichen Gegensatz von Selbsterlösung und Fremderlösung für reinkarnationistische *und* nicht-reinkarnationistische Religionen: »Meist sind beide Momente in irgendeinem Prozentsatz ineinandergemischt: dem Menschen muß geholfen werden, vorausgesetzt, daß er auch sich selber hilft.«[31]

Daraus folgt nun aber *zweitens*, daß sich der eigentliche Gegensatz auf das Verständnis des menschlichen Anteils am Heilsgeschehen verlagert. Wie man diesen versteht, hängt ganz erheblich damit zusammen, was man als das eigentliche Ziel der Erlösung betrachtet. Wenn es dabei lediglich um eine einmalige und ansatzweise Annahme der göttlichen Gnade geht, dann scheint – sieht man einmal vom Problem der unmündig verstorbenen Kinder ab – hierfür ein einziges Leben vielleicht genug. Beinhaltet diese »Annahme« jedoch eine Entwicklung, einen Prozeß, in dem die Gnade ihre erneuernde Kraft erweist und bei der Umgestaltung der menschlichen Person entfaltet, dann mag für viele Menschen hierfür *ein* Leben durchaus zu wenig sein. In dem Maß also, in dem das prozessuale Element des menschlichen Heilsempfangs betont wird, und in dem Maß, in dem das Ziel dieses Prozesses als besonders erhaben gedacht wird, als Heiligkeit, Vollkommenheit, als eine – wie vor allem die ostkirchliche Tradition betont – Vergöttlichung (*theosis*) des Menschen, schwindet der zunächst so evident erscheinende Gegensatz zwischen Reinkarnationsidee und christlichem Heilsverständnis.[32]

Kein Geringerer als Karl Rahner spielte daher mit dem Gedanken, daß die Reinkarnationsidee eine Möglichkeit biete, die traditionell mit der Lehre vom Fegfeuer verbundene Idee einer nachtodlichen Entwicklungsmöglichkeit des Menschen, heute neu zu deuten. Er sprach vom Weg zum letzten Heil, der »Vereinigung mit Gott«, als einem »vielleicht vielgliedrigen, langen und unter Umständen auch mit dem Tod noch nicht abgeschlossenen Weg«[33]. »Wenn christliche oder außerchristliche Aussagen über Geschehnisse nach dem Tod, Seelenreisen, stufenweise Reinigung nach dem Tod usw. gegeben sind, dann können sie eventuell nicht zu der streng verpflichtenden christlichen Lehre gehören. Müssen sie darum auch schon falsch sein, eines sinnvollen Inhalts entbehren? Oder können sie zu einer legitimen, möglichen Ausfüllung der Leerräume dienen, die durch die abstrakten eschatologischen Aussagen frei gelassen werden? (...) Könnte die heute abstrakt und formal gewordene Lehre vom ›Fegfeuer‹ nicht eventuell doch übersetzt und ausgefüllt werden durch Vorstellungen und Aussagen, die durchaus auch heute für uns annehmbar wären und die zu finden wären (wenigstens deutlicher) in anderen Religionen?«[34]

Die für die Auseinandersetzung mit dem Reinkarnationsgedanken so folgenreiche Frage, inwieweit das christliche Heilsverständnis eine prozessuale Dimension besitzt, ist eng verknüpft mit einem der schwierigsten Probleme des Christentums, dem sogenannten *Theodizee-Problem*.[35] Dabei geht es um die Frage, wie sich die Behauptung, diese Welt verdanke sich einem Gott, dessen Relation zur Welt als allmächtig und uneingeschränkt gütig beschrieben werden kann, mit der Tatsache des Leids vereinbaren lasse bzw. mit all dem, was uns überhaupt nach Erlösung verlangen und auf Erlösung hoffen läßt. Dieses Problem ist deswegen so schwerwiegend, weil es sich hierbei um einen Widerspruch zwischen der christlichen Gotteslehre und der faktischen Beschaffenheit der Welt zu handeln scheint.

Die Reinkarnationsidee wird sowohl von Befürwortern als auch von Gegnern häufig mit dem Theodizee-Problem in Verbindung gebracht. Aber dann meist in dem Sinn, daß die Existenz des Übels als karmische Wirkung erklärt werden soll. Der Reinkarnationsglaube, so ein Teil seiner Befürworter, löse auf diesem Weg das Theodizee-Problem, insofern ungerecht und willkürlich verteiltes Leid als gerechte karmische Folge einstmaliger Verfehlungen verstehbar werde.[36] Gegen diese Argumentation läßt sich jedoch der starke Einwand anführen, daß damit das Problem lediglich verschoben, nicht aber gelöst werde.[37] Wenn es keinen ersten Anfang der Reinkarnationen gibt, dann sind die Übel in jedem Leben die Folge des vorangegangenen, und das Problem wird endlos verschoben. Wenn es einen ersten Anfang gab, dann müßte hier die Situation für alle individuellen Menschen völlig gleich gewesen sein. Dafür haben wir jedoch keinerlei Anhaltspunkt. Außerdem habe ich oben bereits darauf hingewiesen, daß sich für die logische Konsistenz des Reinkarnationsgedankens große Probleme ergeben, wenn *alle* Übel auf karmische Ursachen zurückgeführt werden. Aber es gibt eine andere Verbindung des Theodizee-Problems mit der Reinkarnationsidee, die unmittelbar mit dem Erlösungsverständnis zusammenhängt.

Zum Theodizee-Problem gibt es in der christlichen Tradition zwei große Stränge eines Lösungsversuchs[38]: Erstens kann man annehmen, daß die Welt, so wie sie Gott ursprünglich erschaffen hat, vollkommen, also ein Paradies war. Erst dadurch, daß die Geschöpfe von Gott abfielen, die Engel und die Menschen, seien Leid und Unvollkommenheit in dieser Welt entstanden, so daß die Erlösung nötig wurde. Gegen diese Vorstellung sprechen jedoch zwei gewichtige Einwände. Einerseits haben wir durch unsere heutigen Erkenntnisse über die Entwicklung des Lebens auf dieser Erde keinen Grund zu der Annahme, daß es hier jemals einen paradiesischen Zustand gegeben habe. Und andererseits wäre es selbst dann, wenn die Menschen einst als vollkommene Geschöpfe in einer vollkommenen Umwelt gelebt hätten, völlig unverständlich, warum sie sich überhaupt von Gott abgewandt haben sollten.[39]

Der andere Versuch, das Theodizee-Problem zu lösen, geht davon aus, daß die Schöpfung noch nicht vollendet ist. Gott hat nicht eine vollkommene Welt hervorgebracht, die dann durch einen Sündenfall von Engeln und/oder Menschen verdorben wurde, sondern eine Welt, die die geeignete Grundlage dafür bietet, daß sich freie Wesen in dieser Welt zur Vollendung hin entwickeln können. Zwar ist der Mensch nach dem Ebenbild Gottes erschaffen, aber das eigentliche Ziel seiner Erschaffung besteht darin, daß der Mensch auch in seinem inneren Wesen Gott ähnlich werde. Wir sollen vollkommen sein, wie der Vater im Himmel vollkommen ist, lehrt Jesus in der Bergpredigt. »Erlösung« wäre nach diesem Verständnis das Endziel, auf das hin die Schöpfung eigentlich angelegt ist und auf das sie zusteuern soll. Moralische und natürliche Übel lassen sich im Rahmen dieser Konzeption als unvermeidliche Implikation einer Welt interpretieren, in der diese Entwicklung möglich ist.

Indem nun aber dieser Versuch einer Lösung des Theodizee-Problems eine prozessuale Heilsvorstellung verlangt, ergibt sich zugleich die Möglichkeit einer theologisch offeneren Beurteilung der Reinkarnationsidee. Der Entwicklungsprozeß, der sich mit traditionellem christlichen Vokabular als Läuterung, Heiligung oder Vergöttlichung und in neuerer Terminologie als Seelenbildung oder personale Reife umschreiben läßt, kommt aus den unterschiedlichsten Gründen heraus bei zahlreichen Menschen vor ihrem Tod nicht zum Ziel. Diese Gründe sind teilweise unverschuldet, teilweise tragen Menschen selbst die Verantwortung dafür. Sofern jedoch Gott alle Menschen zu diesem Ziel führen will, wäre es denkbar, daß er ihnen in beiden Fällen aus seiner Gnade heraus die Möglichkeit zu einer Fortsetzung des einmal begonnenen Prozesses gibt. Läuterung, Heiligung, personale Reifung könnten sich vermittels der Gnade Gottes über den Tod hinaus fortsetzen.[40]

Hier ergibt sich freilich ein weiterer Gegeneinwand, nämlich die Frage, warum – wenn die endgültige Bestimmung des Menschen seine Vollendung sein soll – Gott die Menschen nicht gleich als jene vollkommenen Wesen erschaffen hat, warum er uns nicht von vornherein zu Heiligen gemacht hat, zu Menschen, die aus inneren Antrieb immer das Gute tun.[41] Auf diesen Einwand läßt sich entgegnen, daß eine von Gott dem Menschen anerschaffene Heiligkeit, eine Heiligkeit, zu der er quasi programmiert wäre, nicht von gleichem Wert ist, wie eine solche, zu der sich der Mensch durch einen intensiven Prozeß eigener freier Entscheidungen, eigener Fehler und allmählich reifender Einsicht hinentwickelt. Eine vom Menschen selbst errungene Vollkommenheit ist von grundsätzlich anderer Qualität als jene, die dem Menschen ohne eigenes Zutun anerschaffen oder übergestülpt würde.[42] Die Gabe, die den Menschen zur selbstverantwortlichen Entwicklung freisetzt und befähigt, ist größer als jene, die ihn zum untätigen und passiven Empfänger macht.

Auch dieser Gesichtspunkt ist relevant für die Beurteilung der Reinkarnationsidee. Denn wenn es für jenen Heilsprozeß, der sich gemäß dieser Konzeption für viele Menschen möglicherweise über den Tod hinaus fortsetzt, unerläßlich ist, daß er von freien, verantwortlichen Entscheidungen gesteuert ist und sich im Kontext einer Umwelt mit echten und ernsthaften Herausforderungen vollziehen muß, dann wären ähnliche Bedingungen auch für die postmortale Situation zu erwarten. Ein traditionell gedachtes »Fegfeuer« (theologisch korrekt wäre vom *purgatorium* = »Läuterungsort« zu sprechen), in dem sich eine Läuterung rein passiv vollzieht, würde diese Bedingungen nicht erfüllen. Die naheliegendste Annahme scheint es daher zu sein, daß sich dieser Prozeß eben in dieser Welt und demzufolge im Rahmen weiterer irdischer Existenzen fortsetzt.

Aber unter jenen Theologen, die eine Heilskonzeption wie die gerade skizzierte vertreten, ist es umstritten, ob die postmortale Fortsetzung des Heilsprozesses in irdischen Existenzen erfolgt. Besonders das schon vom Kirchenvater Irenäus (*Adversus Haereses* II 33,1-5) vorgebrachte Argument, eine solche Weiterentwicklung sei ohne eine umfangreiche Erinnerung an die vorangegangenen Existenzen nicht vorstellbar, hat John Hick und ähnlich Paul Badham zu der

Hypothese veranlaßt, daß die Wiedergeburt nicht hier, sondern in einer anderen Welt stattfindet.[43] Das irdische Leben wäre demnach durchaus der Beginn unserer Existenz, die sich in einer anderen Welt mit voller Erinnerung an dieses Leben und der Möglichkeit zur weiteren Vervollkommnung fortsetzen würde. Mißt man der Erinnerung für den Läuterungsprozeß jedoch kein so großes Gewicht bei[44], sondern ist man wie beispielsweise Geddes MacGregor[45] (und lange vor ihm schon Lessing[46]) der Meinung, daß solche Erinnerungseinbrüche von Zeit zu Zeit sogar notwendig seien, um frische Kapazität für neue Entwicklungen zu haben, dann muß keine Reinkarnation in anderen Welten postuliert werden. Vielmehr kann man sie sich dann auch als in dieser Welt geschehend denken.

Läßt sich aber ohne Erinnerung noch behaupten, daß es dieselbe Person ist, die reinkarniert wird? Leibniz hat dieses Problem mit folgender (etwas frei wiedergegebener) Geschichte auf den Punkt gebracht: Nehmen wir einmal an, eine Fee würde einem armen Schlucker anbieten, ihn augenblicklich in den Kaiser von China zu verwandeln, jedoch unter der Bedingung, daß er sich an nichts mehr erinnern könnte. Wäre dies nicht genau dasselbe, wie wenn sie ihm anbieten würde, ihn jetzt zu vernichten und an seiner Stelle den Kaiser von China zu erschaffen?[47] Inwiefern könnte hier noch von einer personalen Identität die Rede sein? Das bringt uns nun zum letzten Punkt:

3. Eschatologie und das Problem der personalen Identität

Leibniz beschließt sein Beispiel mit der Meinung, der arme Schlucker habe keinen Grund, sich eine solche Verwandlung zu wünschen, weil der Verwandelte ein anderer sei. In der Tat gehen wir in der Regel bei den verschiedensten Formen von Eschatologie davon aus, daß es selbstverständlich eine entscheidende Frage ist, ob »ich« den Tod überlebe. Nehmen wir das Beispiel Reinkarnation: Wenn nicht »ich« es bin, der reinkarniert, sondern zum Beispiel nur ein Teil von mir, dann stellt sich die ganze Sache anders dar. In jedem von uns lebt ja eindeutig ein Teil seiner Eltern, nämlich der genetische Code, in verwandelter Form fort. Man könnte hier durchaus von einer ›Reinkarnation der Gene‹ sprechen. Aber zumeist meinen wir nicht wörtlich – auch wenn wir es gelegentlich so sagen –, daß die Eltern in ihren Kindern weiterleben. Auch Ideen, Pläne, Wertvorstellungen, die ohne Zweifel wichtige Bestandteile einer Person darstellen, können ›reinkarnieren‹, ohne daß wir damit wörtlich meinen – was wir ebenfalls gelegentlich sagen –, daß ein Mensch in seinen Ideen oder in seinem Werk weiterlebt. Aber was, so ist nun umgekehrt zu fragen, würde denn die wörtlich zu verstehende Behauptung einer Reinkarnation derselben Person rechtfertigen? Dieses Problem stellt sich auch hinsichtlich der verschiedenen Formen des Auferstehungsglaubens: Was rechtfertigt die Behauptung, daß »ich« es bin, der auferweckt wird, oder anders gesagt, worin besteht die personale Identität des Reinkarnierten bzw. Auferstandenen mit dem Verstorbenen?

Der kanadische Logiker J. J. MacIntosh hat hierzu folgendes Beispiel formuliert: »Nehmen Sie an, ich würde Ihnen als einen nicht-altruistischen Grund für ein bestimmtes Verhalten Folgendes vorschlagen: Wenn Sie sich nicht so verhalten, dann wird, so sage ich Ihnen, Gott nach Ihrem Tod einen Schimpansen erschaffen und diesem unangenehme Dinge zufügen; wenn Sie sich jedoch in der geforderten Weise verhalten, wird Gott einen Schimpansen erschaffen und ihm ein angenehmes Leben bereiten. Das gibt Ihnen [...] einen gewissen Grund, sich in der geforderten Weise zu verhalten, aber keinen Grund aus Eigeninteresse.« Und daran würde sich – so MacIntosh – auch nichts ändern, »wenn ich Ihnen sage, daß der Schimpanse Ihren Namen tragen wird oder daß das erschaffene Wesen kein Schimpanse, sondern ein Mensch wäre. Selbst wenn [...] das erschaffene Wesen Ihnen so exakt wie möglich ähneln würde, so gäbe Ihnen das noch keinen Grund, sich in Ihrem eigenen Interesse auf die verlangte Art zu verhalten.«[48]

Ich will versuchen, das Problem etwas genauer zu fassen. Wenn wir uns durch das Wort »ich« als eine Person bezeichnen, dann meinen wir damit in der Regel das jeweilige Subjekt von Wahrnehmung und Überlegung, von Neigung und

Entscheidung. Aber was rechtfertigt die Identifikation eines Subjekts P_1 zum Zeitpunkt t_1 mit einem Subjekt P_2 zum Zeitpunkt t_2? Normalerweise stützen wir uns dabei auf drei Kontinuitätsstränge, an denen wir die personale Identität eines Subjekts festmachen: erstens die Kontinuität des Körpers (und das heißt besonders des Gehirns), zweitens die Kontinuität der Erinnerung und drittens die Kontinuität gewisser Charakter- und Persönlichkeitsmerkmale, wie Vorlieben, Eigenheiten, Interessen usw. Letzteres ist jedoch sehr wandelbar und wenig spezifisch (das heißt, viele verschiedene Individuen haben übereinstimmende Charakterzüge etc.) und stellt insofern den schwächsten Strang dar.[49]

Wenn nun die *körperliche Kontinuität* als Träger personaler Identität ausfällt, kann dann das mit einem neuen Körper verbundene Subjekt noch aufgrund von Erinnerung und Charaktermerkmalen mit dem Subjekt des alten, vergangenen Körpers identifiziert werden? Von diesem Problem ist – wie gesagt – nicht nur die Reinkarnationsidee betroffen, sondern auch der Auferstehungsglaube. Wenn zum Beispiel die Partikel, die einst den Körper eines Neandertalers bildeten, längst alle vergangen und zum Teil bereits mehrfach in die Entstehung anderer Körper übergegangen sind, so kann nicht mehr davon die Rede sein, daß Gott *diesen* Körper auferwecken wird. Das ist logisch nicht möglich, wenn von diesem Körper nichts mehr da ist oder seine Partikel Teil mehrerer anderer Körper geworden sind. Gott kann jedoch einen neuen, vielleicht sogar ganz anders gearteten Körper schaffen. Aber was würde es dann rechtfertigen, von diesem Auferstehungsmenschen mit seinem Auferstehungsleib zu behaupten, es handle sich um dieselbe Person wie der einstmals verstorbene Neandertaler? Nehmen wir einmal an, der Auferstandene erinnert sich an viele oder sogar alle Szenen aus dem Leben des verstorbenen Neandertalers und besitze auch dieselben Charakter- und Persönlichkeitsmerkmale. Müßten wir aber dann nicht immer noch sagen, daß es sich eben nur um eine getreue Kopie des Neandertalers, nicht jedoch um diesen selbst handelt? Wenn Gott zum Beispiel jene getreue Kopie von mir, die er bei der Auferstehung erschafft, bereits jetzt erschaffen würde, existierte ich dann fortan als zwei Personen? Solange wir an Einzigartigkeit und Unaustauschbarkeit als notwendige Charakteristika von Personen festhalten, scheint die Kopie einer Person immer eine Kopie zu bleiben, unabhängig davon, zu welchem Zeitpunkt sie hergestellt wird.

Aber auch die *Erinnerung* reicht anscheinend als Träger personaler Identität nicht aus. Es lassen sich nämlich problemlos so etwas wie Pseudo-Erinnerungen denken, das heißt, jemand meint subjektiv, sich an etwas zu erinnern, obwohl er es in Wahrheit nie selbst erlebt hat.[50] Und diese Pseudo-Erinnerungen könnten inhaltlich mit den echten Erinnerungen eines anderen Menschen identisch sein. Diese Annahme enthält keinen logischen Widerspruch und ist daher prinzipiell möglich. Man braucht dazu nicht einmal unbedingt göttliche Schöpfung zu bemühen. Wir können uns vorstellen, daß es vielleicht einmal technisch machbar wäre, Hirnzellen, die als Gedächtnisspeicher fungieren, zu kopieren und die Kopie in ein anderes Gehirn zu übertragen. In einem solchen Fall hätte eine Person vermutlich Erinnerungen, auch mit dem Gefühl von Erinnerung, die in Wirklichkeit die Erinnerungen einer anderen Person sind. Oder falls zum Beispiel einige der von Stevenson untersuchten Fälle durch die telepathische Wahrnehmung gewisser Erinnerungskomplexe von Verstorbenen zu erklären wären, dann läge damit ebenfalls eine Pseudo-Erinnerung vor. Nun unterscheiden wir echte Erinnerungen von Pseudo-Erinnerungen, indem wir sagen, daß es sich bei echten Erinnerungen um dieselbe Person handelt und bei Pseudo-Erinnerungen eben nicht. Dann können wir allerdings die Frage der personalen Identität nicht ihrerseits von der Erinnerung abhängig machen, weil wir sonst in einen Zirkelschluß geraten: Wir würden die Echtheit der Erinnerung zum Kriterium für personale Identität erheben und die personale Identität zum Kriterium für die Echtheit der Erinnerung. Und ähnliches gilt für die ohnehin sehr viel wandelbareren und unspezifischeren *Charakter-* und *Persönlichkeitsmerkmale.*

Es gibt grundsätzlich zwei Versuche, diesem Problem zu entrinnen, und man kann in ihnen unschwer die beiden Grundvarianten der indischen Reinkarnationsvorstellung wiedererkennen.[51] Der eine Weg besteht darin, als Träger der personalen Identität eine Seele zu postulieren, die prinzipiell sowohl vom Leib als auch von den phänomenalen Manifestationen der Persönlichkeit wie Erinnerungen, Charakterzüge usw. verschieden ist. Körperliche Kontinuität und Erinnerung wären dann nicht konstitutiv für personale Identität, sondern lediglich unter bestimmten Bedingungen (nämlich denen des irdischen Lebens) indikativ. Von personaler Identität zwischen dem Subjekt P_1 zum Zeitpunkt t_1 und dem Subjekt P_2 zum Zeitpunkt t_2 läßt sich nach dieser Auffassung dann und nur dann sprechen, wenn beiden Subjekten dieselbe Seele gemeinsam ist.[52] Dies kommt nicht nur den populären Formen hinduistischer Reinkarnationsvorstellungen nahe[53], sondern entspricht auch am ehesten der traditionellen Fassung der Auferstehungslehre, wie sie sich im Christentum aus der Verbindung mit dem hellenistischen Leib-Seele-Dualismus entwickelt hat. Die Auferstehungslehre wäre nach diesem Modell eine Sonderform von Seelenwanderungslehre, das heißt Seelenwanderung mit nur einer Reinkarnation und einem für die meisten Menschen recht langen Zwischenzustand.[54]

Der andere Weg läge darin, die Grenzen personaler Identität fließender zu sehen, das heißt, personale Identität als Bezeichnung für psychische Kontinuität zu interpretieren. Damit kommen wir sehr nahe an das klassische buddhistische Konzept der Reinkarnation heran, bei dem bekanntlich die Vorstellung einer unabhängigen Ich-Substanz oder Seelen-Substanz abgelehnt und Reinkarnation im Sinn einer kausalen Fortpflanzung bestimmter Bewußtseinsimpulse verstanden wird. Auf die Frage, ob der Reinkarnierte derselbe sei wie der Gestorbene, erfolgt die berühmte Antwort aus dem Milinda-Pañha: »Nicht derselbe und nicht ein anderer« – so wie auch von der Milch, die zur Dickmilch gerinnt und schließlich zur Butter verarbeitet wird, weder gesagt werden kann, sie sei dasselbe wie das Endprodukt, noch sie sei davon völlig verschieden. Sie steht vielmehr eben in einer kausalen bzw. kontinuierlichen Verbindung mit ihr.[55] Dieser Weg läßt sich ebenfalls nicht nur auf den Reinkarnationsgedanken, sondern auch auf den Auferstehungsglauben beziehen. Wird nämlich Auferstehung als Neuschöpfung konzipiert, ohne die Annahme einer verbindenden Seele, dann muß personale Identität in diesem weiteren Sinn wohl als jene psychische

Kontinuität verstanden werden, die zwischen der replizierten Kopie und dem ursprünglichen Menschen besteht.[56]

Beide Wege, das Identitätsproblem zu lösen, haben zwei wichtige Gemeinsamkeiten: Erstens geraten beide vor das grundsätzliche Problem, wie Identität und Wandel als zusammengehörig gedacht werden können, und zweitens relativieren beide ein Verständnis von personaler Identität im Sinne des phänomenalen »Ich«.

(1) Veränderung wird normalerweise als Vorgang an einem identischen Substrat gedacht. Es ist der eine, mit sich identische Apfel, der als kleine grüne Knolle am Baum heranwächst, dann seine reife rote Gestalt erhält, schließlich aber gelb wird, schrumpelt und vergeht. Aber an *welchem* Apfel vollzog sich dieser Prozeß der Veränderung – am jungen grünen, am reifen roten, am alten gelben? Wenn es nichts gibt, das in diesem Prozeß der Veränderung unverändert blieb, was ist dann das identische Substrat, an dem sich der Prozeß vollzog? Die buddhistische Philosophie neigte wegen dieser Schwierigkeit zu der Annahme, daß der Prozeß der Veränderung – Werden, Entstehen, Vergehen – ohne Substrat gedacht werden muß: Der grüne Apfel entsteht, vergeht und bringt dabei die Entstehung des roten hervor, der ebenfalls vergeht und dabei den gelben entstehen läßt. Nur daß sich dieser Prozeß auf der Ebene winziger, in einem einzigen Augenblick entstehender Partikel, der sogenannten *dharmas*, abspielt.[57] Die Vorstellung von identischen Objekten, die sich allmählich wandeln, geht auf die Trägheit der Wahrnehmung zurück. In Wahrheit bildet jedes Objekt und jedes Subjekt einen Strom von kontinuierlich entstehenden, vergehenden und erzeugenden Partikeln materieller und geistiger Art. Reinkarnation – so schreibt der theravâda-buddhistische Gelehrte Buddhaghosa (5. Jh. n. Chr.) – ereignet sich somit streng genommen von Augenblick zu Augenblick.[58]

Doch einige buddhistische Philosophen erkannten, daß auch damit das Problem nicht gelöst, sondern nur verlagert war.[59] So kurz man nämlich die Existenz eines einzelnen *dharma* auch denkt, sie läßt sich erneut unterteilen in Entstehen, Dauer und Vergehen. Folglich läßt sich weiterhin fragen, an welchem Substrat sich dieser Prozeß vollzieht. Und die Aporie ist nach wie vor ungelöst: Bleibt das zugrundeliegende Substrat mit sich identisch, dann scheint es vom Wandel unberührt zu sein und seine Existenz entzieht sich dem Bereich der Wahrnehmung. Erfaßt der Wandel hingegen das ganze Objekt, wie läßt sich dann Veränderung überhaupt denken? Die Suche nach dem letzten Träger nicht nur der menschlichen Identität, sondern jeglicher Wirklichkeit überhaupt (denn Identität und Wandel sind die beiden polaren Merkmale aller Wirklichkeit), führte sowohl die Anhänger der hinduistischen als auch der buddhistischen Konzeption zur Einsicht in den mit menschlichen Begriffen unfaßbaren Charakter der letzten Wirklichkeit. Ob die Suche nun – wie in der Philosophie der Advaita-Vedânta-Schule – zu Brahman-Âtman oder – wie in der Philosophie der Madhyamaka-Schule – zur Śûnyatâ vorstieß, beide Male gelangte sie vor eine uneinholbare Transzendenz.[60]

(2) Sowohl die Fundierung der personalen Identität in einer jenseits des phänomenalen Egos liegenden Seele als auch ihre Konzeption im Sinne einer psychischen Kontinuität ziehen beide eine Relativierung des »Ich«-Konzepts nach sich. Dies gilt im Rahmen des Auferstehungsglaubens ebenso wie im Rahmen der Reinkarnationsvorstellung. Das phänomenale »Ich«, das heißt jene besonderen Züge der Person, mit denen der Mensch sich jeweils zu einer bestimmten (Lebens-)Zeit und in einem spezifischen Kontext erfährt, ist nach beiden Konzeptionen nicht das, was den Tod überlebt. Dieses Ego »überlebt« ja nicht einmal die gravierenden Veränderungen im Laufe eines Menschenlebens.[61] Selbst wenn Gott eine genaue Kopie des Verstorbenen erschaffen sollte (aber was ist mit jenen, die im Säuglingsalter oder im Zustand geistiger Umnachtung starben?), so wären doch nach der Auferstehung weitere und vermutlich extreme Verwandlungen zu erwarten. Und jede Vorstellung von irgendeiner Form postmortaler Weiterentwicklung bzw. Läuterung muß davon ausgehen, daß das Ziel dieser Veränderung nur erreicht werden kann, indem das alte Ego (die alten Egos?) viele kleinere oder größere Tode stirbt.

Damit wird die Grenze zwischen Selbst und anderen fließend. Für wen schaffe »ich« – das Ego hier und heute – das gute Karma, wenn doch *dieses* Ego vergeht? Der Bodhisattva, das heißt derjenige, der sich auf dem Weg zur höchsten Vollendung befindet, überträgt das gute Karma, das er schafft, in seiner selbstlosen, altruistischen Gesinnung anderen Wesen. Für den buddhistischen Philosophen Śântideva (8. Jh. n. Chr.) gilt dies auch im Hinblick auf die zukünftigen Verwandlungen der eigenen Person. Leid sollte daher immer aus uneigennützigen Gründen beseitigt werden:

Wenn ich [den anderen] deshalb nicht behüte, weil sein Leid mich nicht peinigt: Auch durch das Leid des künftigen Körpers wird mir keine Pein. Warum behüte ich ihn dann?

Anzunehmen, daß auch dann (im nächsten Leben) nur ich es sei, ist falsch, denn ein anderer ist gestorben, ein anderer wird geboren.

Wenn nur der das Leid abwehren soll, der es empfunden hat, [dann] ist der Schmerz des Fußes nicht Sache der Hand. Warum behütet sie ihn?

Herrenlos sind alle Leiden ohne Unterschied. Der Leidhaftigkeit alleine wegen sind sie zu beseitigen. Was könnte da die Einschränkung [auf eigene Leiden oder die anderer] begründen?[62]

Śântideva gibt somit im Grunde der kritischen Frage von MacIntosh Recht: Nicht eigennützige, *ego*-istische Gründe sollten unter eschatologischem Aspekt unser Handeln motivieren, sondern altruistische.[63] Doch wie auch Śântideva wußte, ist es nicht leicht, die Gesinnung eines Bodhisattvas zu verwirklichen, und ihre Entfaltung mag wohl »unzählige Zeitalter währen« (Bodhicaryâvatâra VI 35). Die Kraft dazu ist vorhanden und wird von Buddhas und Bodhisattvas gnadenvoll zugeeignet. Es kommt darauf an, sich ihr nicht zu verschließen (ebd. II 48–66, IV 13).

Fassen wir zusammen: Eine Theologie, die sich offen und nach wissenschaftlichen Maßstäben der Herausforderung durch den Reinkarnationsgedanken stellt, wird jene Reinkarnationslehren, die einen Anspruch auf wörtliche Wahrheit erheben, auf ihre innere Möglichkeit, ihre rationale Wahrscheinlichkeit und ihre logische Vereinbarkeit mit christlichen Glaubensüberzeugungen zu prüfen haben. Eine ausschlaggebende Rolle fällt hierbei dem jeweiligen Erlösungsverständnis zu: Das heißt, wenn man christlicherseits ein prozessuales Heilsverständnis mit der Chance zur progressiven Läuterung befürwortet, dann scheint eine solche

Vereinbarkeit grundsätzlich nicht ausgeschlossen zu sein. Das Problem der personalen Identität, von dem nicht allein die diversen Reinkarnationstheorien, sondern auch verschiedene christliche eschatologische Vorstellungen betroffen sind, läßt sich auf mindestens zwei Arten lösen, in denen man die Grundformen klassischer indischer Reinkarnationskonzepte wiedererkennen kann. Beidesmal wird jedoch vorausgesetzt, daß personale Identität nicht einfach den momentanen Zustand des phänomenalen Ego bezeichnet. Diese Annahme fügt sich kohärent in den Rahmen eines prozessualen Heilsverständnisses ein: Der hierbei vorausgesetzte Transformationsprozeß impliziert gravierende Metamorphosen, die sich als viele Tode und Neugeburten einzelner Egos beschreiben lassen. Doch muß ein solcher Transformationsprozeß nicht zwangsläufig als Abfolge mehrerer irdischer Existenzen gedacht werden. Dieser könnte sich auch in anderen Welten als der irdischen vollziehen, so daß die christliche Theologie hierzu auf eine modifizierte Form der traditionellen Lehre vom »Fegfeuer« bzw. »Läuterungsort« (»Läuterungsörter«?) zurückgreifen kann.

Anmerkungen

Perry Schmidt-Leukel: Einführung

1 Der Begriff »Reinkarnation« wird in dieser Einleitung unspezifisch als Oberbegriff für unterschiedliche Formen des Glaubens an Wiederverkörperung bzw. Seelenwanderung bzw. Metempsychose oder Palingenesie bzw. Wiedergeburt verwendet.
2 Zur Verbreitung und unterschiedlichen Ausprägung des Reinkarnationsglaubens vgl. auch R. Friedli: *Zwischen Himmel und Hölle – Die Reinkarnation. Ein religionswissenschaftliches Handbuch.* Freiburg 1986, S. 31–94.
3 Z. B. Dharmakîrti, Pramânavârttika (Pramânasiddhi-Kapitel).
4 Z. B. Nyâyasûtra III 1,19 ff; Udayana, Nyâyakusumâñjali 180–200 (vgl. G. Chemparathy: *An Indian Rational Theology.* Wien 1972, S. 49).
5 Vgl. hierzu die hilfreichen und erhellenden Überlegungen Panikkars, eines der großen Pioniere des interreligiösen Dialogs, in: R. Panikkar: *The Intrareligious Dialogue.* New York 1978. Deutsch als: *Der neue religiöse Weg. Im Dialog der Religionen leben.* München 1990.
6 Dabei handelt es sich um die Beiträge von Wolfgang Seelig und den ersten Beitrag von Perry Schmidt-Leukel. Beide Aufsätze wurden eigens für diese Publikation erstellt.

Perry Schmidt-Leukel: Reinkarnation und spiritueller Fortschritt im traditionellen Buddhismus

1 Ch. Schönborn: *Existenz im Übergang. Pilgerschaft, Reinkarnation, Vergöttlichung, Einsiedeln.* Trier 1987, S. 125.
2 Vgl. z. B. R. Hummel: *Reinkarnation.* Mainz, 2. Aufl. 1989, S. 74 ff, S. 99 ff; E. Moder-Frei: *Reinkarnation und Christentum.* St. Ottilien 1993, 142 f; H.-J. Ruppert: »Reinkarnation in neugnostischen Bewegungen«. In: C.-A. Keller u. a.: *Reinkarnation – Wiedergeburt – aus christlicher Sicht,* Freiburg/Zürich 1987, S. 89.
3 Vgl. Hummel, *Reinkarnation,* S. 74 f.
4 Die Abkürzung »p.« verweist auf die Pâli-, »skt.« auf die Sanskrit-Form des entsprechenden buddhistischen Fachterminus. Erscheint der Terminus ohne weitere Kennzeichnung, so handelt es sich um die Pâli-Version.
5 Die abhidharmischen Traditionen klassifizieren drei Formen des »Leids«, wobei jedoch die Deutungen im einzelnen variieren: skt. *duḥkha-duḥkhatâ* = »Leidhaftigkeit des Schmerzes«, skt. *vipariṇâma-duḥkhatâ* = »Leidhaftigkeit in der Veränderung bzw. im Verfall« und skt. *saṃskâra-duḥkhatâ* = »Leidhaftigkeit der verur-

sachten Daseinsformen (als solcher)«. Vgl. hierzu: L. Schmithausen: »Zur buddhistischen Lehre von der dreifachen Leidhaftigkeit«. In: *Zeitschrift der Deutschen Morgenländischen Gesellschaft,* Supplement III,2 (1977), 918–931.

6 So in einigen Fassungen der »Ersten Edlen Wahrheit«, z. B. Dîgha-Nikâya XXII, und ähnlich im 12. Glied des Schemas vom »Bedingten Entstehen« (skt. *pratîtyasamutpâda*), z. B. Udâna I,3.

7 Vgl. hierzu die ausführliche Darstellung in meiner Untersuchung: P. Schmidt-Leukel: *»Den Löwen brüllen hören«. Zur Hermeneutik eines christlichen Verständnisses der buddhistischen Heilsbotschaft.* Paderborn 1992, S. 457–475.

8 In Majjhima-Nikâya 75 gibt Buddha hierzu das Gleichnis vom Aussätzigen und der Kohlengrube: Ein Mann, der unter juckendem Aussatz leidet, lindert seinen Juckreiz, indem er seine Haut durch die Hitze einer glühenden Kohlengrube dörrt. Je mehr er jedoch diese Linderung sucht, desto schlimmer wird sein Leiden. Wird er aber von seiner Krankheit geheilt, dann ist ihm die Hitze der Kohlen unangenehm, obwohl sie ihm früher angenehm erschien. »Ebenso habe ich das Verlangen nach Sinnenfreuden aufgegeben, nachdem ich jenes Wohlbehagen erlangt hatte, das jenseits der Sinnenfreuden und jenseits unheilsamer Regungen als ein himmlisches Glück unvergänglich ist.« (Übers.: K. Schmid: *Buddhas Reden.* Berlin 1978, S. 212) Vgl. PTS (= Pâli Text Society) M I 506.

9 Vgl. Majjhima-Nikâya 26.

10 »Das Todlose ist gefunden.« Mit diesen Worten eröffnet Buddha die erste Predigt nach seiner Erleuchtung. Vgl. Mahâvagga I 6,11; Majjhima-Nikâya 26.

11 Vgl. z. B. Dîgha-Nikâya IX 40, Samyutta-Nikâya XXII 22.

12 Vgl. die Belegstellen in der vorangegangenen Anmerkung, sowie Majjhima-Nikâya 75, Majjhima-Nikâya 149, Anguttara-Nikâya III 56 u. III 70, Milinda Pañha II 2,4 u. IV 6,40ff.

13 »Unerschütterlich ist meine Befreiung; dieses ist die letzte Geburt; nicht mehr gibt es ein Wiederdasein« – mit diesen Worten bekräftigt Buddha seine Erleuchtung (Majjhima-Nikâya 26).

14 Vgl. Anguttara-Nikâya IV 33; Itivuttaka 83.

15 Samyutta-Nikâya XV 3. Übersetzung leicht verändert nach K. E. Neumann: *Die Reden Gotamo Buddhos.* Gesamtausgabe in drei Bänden, Bd. III. Zürich/Wien 1957, S. 924.

16 Therigâthâ 475, 486f, 503a, 512. Neumann, Reden Buddhos, Bd. III, S. 606ff.

17 Anguttara-Nikâya III, 69 (PTS A III 199ff)

18 Zu den sich von daher ergebenden Grundlagen der buddhistischen Ethik vgl. Schmidt-Leukel: *»Den Löwen brüllen hören«,* S. 493–505, sowie meinen Beitrag: »Das Problem von Gewalt und Krieg in der buddhistischen Ethik«. Voraussichtlich in: *Dialog der Religionen* 6 (1996).

19 Z. B. Anguttara-Nikâya III 34, VI 39.

20 Vgl. z. B. Visuddhi-Magga XIV (PTS 465), sowie Nyanaponika: *Abhidhamma Studies. Researches in Buddhist Psychology.* Kandy 4. Aufl. 1985, S. 79.

21 PTS A I 159. Übersetzung aus: *Die Lehrreden des Buddha aus der Angereihten Sammlung. Anguttara-Nikâya.* Aus dem Pâli übersetzt von Nyanatiloka. Überarbeitet und herausgegeben von Nyanaponika, 5 Bde. Freiburg i. Br. 1984, Bd. I, S. 145.

22 Vgl. hierzu auch die scholastische Darstellung im Abhidhammattha Sanghaha I und III.

23 *Sechzig Upanishad's des Veda.* Aus dem Sanskrit übersetzt von Paul Deussen. Leipzig, 3. Aufl. 1938, S. 433.

24 Ebenda, S. 476.

25 Anguttara-Nikâya VI 63 (PTS A III 415). Zitiert nach: *Die Lehrreden des Buddha aus der Angereihten Sammlung,* Bd. III, S. 241.

26 Vgl. z. B. Anguttara-Nikâya I 2, Itivuttaka 27.

27 Vgl. z. B. Majjhima-Nikâya 135, Anguttara-Nikâya VI 63; III 70, sowie an zahlreichen anderen Stellen des Pâli-Kanons.

28 Vgl. Visuddhi-Magga XVII (PTS 575f). Ein Argument, dessen sich auch moderne Befürworter des Reinkarnationsglaubens gerne bedienen. Vgl. z. B. J. Prabhu: »The Idea of Reincarnation«. In: S. Davis (Hrsg.): *Death and Afterlife.* London 1989, S. 65–80, bes. S. 68, 70f.

29 Vgl. Visuddhi-Magga III (PTS 102–104) unter Berufung auf Atthasâlini (PTS 267), den Kommentar zum Dhammasangani. Vgl. auch Vimutti-Magga VI, wo jedoch neben dem Karma noch weitere Ursachen des Charakters wie die Elemente und die Säfte genannt werden. *The Path of Freedom (Vimuttimagga).* Übers. v. N.R.M. Ehara, Soma Thera and Khemindra Thera. Kandy 1977, S. 57ff.

30 Übersetzung aus: *Visuddhi-Magga oder Der Weg zur Reinheit.* Zum ersten Male aus dem Pâli übersetzt von Nyanatiloka. Konstanz, 3. Aufl. 1975, S. 124.

31 Ebenda, S. 125.

32 Anguttara-Nikâya VI 63 (PTS 415); vgl. auch III 40, III 101 und Visuddhi-Magga XIX (PTS 601).

33 Vgl. hierzu Th. Stcherbatsky: *The Central Conception of Buddhism and the Meaning of the Word »Dharma«.* Delhi, 6. Aufl. 1988. S. Collins: *Selfless Persons.* Cambridge 1992, S. 225–261.

34 Vgl. hierzu auch den Beitrag von W. Schumann in diesem Band.

35 Visuddhi-Magga XIX (PTS 604). *Visuddhi-Magga oder Der Weg zur Reinheit,* S. 721f.

36 Vgl. Anguttara-Nikâya VI 39.

37 Das heißt, durch die Einsicht in den nicht-begehrenswerten Charakter.

38 Vgl. ähnlich Anguttara-Nikâya VI 107ff.

39 Hier also wird zur Überwindung der unheilsamen Wurzeln nicht nur die Entfaltung der heilsamen Wurzeln, sondern zugleich die Entfaltung der sogenannten »göttlichen Verweilungen« (*brahmavihâra*): Güte, Mitleid, Mitfreude und Gleichmut, empfohlen.

40 Anguttara-Nikâya III 101 bietet hierfür folgendes Gleichnis: Wirft man einen Brocken Salz in eine Tasse mit Wasser, so wird das Wasser darin völlig versalzen. Wirft man denselben Brocken in den Ganges, so ändert sich am Geschmack des Gangeswassers nichts.

41 Vgl. Anguttara-Nikâya III 70 (PTS A I 202f). *Die Lehrreden des Buddha*, Bd. I, S. 179.

42 Buddhaghosa stellt dies ausführlich dar im Visuddhi-Magga XVII (PTS 545–558). Im Vimutti-Magga 443f wird darin die Voraussetzung für die Möglichkeit der Rückerinnererung an vergangene Existenzen erblickt: »Owing to mind-succession, he is able to see the causes and conditions and remember the (backward) rolling of consciousness.« *The Path of Freedom (Vimuttimagga)*, S. 222.

43 Netti Pakarana 788 (PTS 134).

44 Vgl. hierzu auch das Zitat in Anm. 76.

45 Anguttara-Nikâya III 70 (PTS A I 204). *Die Lehrreden des Buddha, Bd. I, S. 180.*

46 Visuddhi-Magga XVII (PTS 544). *Visuddhi-Magga oder Der Weg zur Reinheit,* S. 640.

47 Vgl. hierzu auch das Urteil von Collins: »[…] it is a process of gradual self-perfection which continues until the force of merit is enough to allow a direct assault on the selflessness of *nibbâna*.« Collins, *Selfless Persons,* S. 151. Ähnlich urteilt Gombrich: »It is this ›purifying action‹ (*puñña kamma*) which brings the good Buddhist rewards in this and future lives. But since acting is really mental, doing a good act is actually purifying one's state of mind.« R. Gombrich: Theravâda-Buddhism. London, New York 1988, S. 67.

48 Dieses Werk zählt, ähnlich wie das Milinda Panha, im burmesischen Theravâda zum Kanon, nicht jedoch im ceylonesischen, wo es allerdings ebenfalls in hohem Ansehen steht. Vgl. hierzu: *The Guide (Netti-Ppakaranam).* Übers. v. Bhikkhu Nânamoli (Pali Text Society. Translation Series, No. 33), London 1962, XII.

49 Die Vorstellung, daß durch die Übung der Versenkung und insbesondere durch die Erfahrung der Erleuchtung Erinnerung an die zurückliegenden Existenzen erlangt werden kann, ist im traditionellen Buddhismus weitverbreitet. Buddha selbst wird diese Erinnerung während der ersten Nachtwache seiner Erleuchtungsmeditation zugeschrieben, z. B. Majjhima-Nikâya 36 (PTS I 248) und öfter. Im Vimutti-Magga (443f.) wird eine gezielte Anleitung zur meditativen Rückerinnerung gegeben.

50 Nach buddhistischer Auffassung kann sich im Verlauf der Wiedergeburten ohne weiteres mehrfach das Geschlecht wechseln.

51 Vgl. die Andeutung ähnlicher Schicksale in Theragâthā 96 und 217f. Auch im Netti Pakarana sind zahlreiche weitere Beispiele für die langfristig positiven Wirkungen karmisch heilsamer Taten genannt.

52 In postkanonischen Werken wie dem Netti Pakarana und dem Petakopadesa erscheint die Idee der graduellen Annäherung an das

Heilsziel sogar als hermeneutisches Prinzip zum Verständnis des gesamten Dharma. Vgl. hierzu G. D. Bond: »The Gradual Path as a Hermeneutical Approach to the Dhamma«. In: D. S. Lopez, Jr. (Hrsg.): *Buddhist Hermeneutics.* Honolulu 1988, S. 29–45.

53 Anguttara-Nikâya VIII 19 (PTS A IV 200f). Die Lehrreden des Buddha, Bd. IV, S. 113.

54 Dhammapada 239. Zitiert aus: Nyanatiloka Mahathera: *Dhamma-pada. Des Buddhas Weg zur Weisheit und Kommentar.* Uttenbühl 1992, S. 217.

55 Anguttara-Nikâya III 49.

56 Vgl. Anguttara-Nikâya X 14 u. 67.

57 Vgl. Anguttara-Nikâya III 49 u. 140.

58 Vgl. Anguttara-Nikâya IV 162f, V 63f, VI 84, X 87.

59 Vgl. Anguttara-Nikâya IV 158 u. 162.

60 Dhammapada 183. Vgl. Anm. 54.

61 Vgl. z. B. Dîgha-Nikâya 6; 19; Majjhima-Nikâya 22; Anguttara-Nikâya III 87ff; IV 88; IV 239; IX 12; X 63f; Samyutta-Nikâya 22; Puggala Paññatti passim uva.

62 Vgl. z. B. Dîgha-Nikâya 16; 18; 28; 29; 33; Majjhima-Nikâya 6; 34; 68 Anguttara-Nikâya IV 76; V 179; VI 34; IX 19; X 92; Samyutta-Nikâya 12; 55, sowie an zahlreichen anderen Stellen.

63 Vgl. hierzu die ausführliche Beschreibung im Visuddhi-Magga XXII.

64 Die Korrelation mit den 10 Fesseln ist geläufig, zur Korrelation mit den 3 Schulungen vgl. z. B. Anguttara-Nikâya III 87; Puggala Paññatti 135ff.

65 Ich folge hier der häufig anzutreffenden Aufzählung, die Buddhaghosa im Visuddhi-Magga XXII (PTS 682f) gibt. Für alternative Aufzählungen vgl. das Abhidhammattha Sangaha VII 10ff.

66 Die etwas freie Wiedergabe von *sakkâya-diṭṭhi* (wörtl.: »Theorien über das Sein der Gruppen«) mit »›Ich‹-Theorien« stützt sich auf kanonische Texte wie z. B. das Brahmajâla Sutta (Dîgha-Nikâya I), Majjhima-Nikâya 2, 22, 109 usw.

67 Dabei werden der Sittlichkeit die Pfadglieder 3–5 (rechte Rede, rechtes Tun, rechter Lebenserwerb), der Sammlung die Pfadglieder 6–8 (rechte Anstrengung, rechte Achtsamkeit, rechte Sammlung) und der Erkenntnis die Pfadglieder 1–2 (rechte Ansicht, rechte Gesinnung) zugeordnet.

68 Das heißt, es kommt nicht mehr zu jenen groben sittlichen Verfehlungen, die unmittelbar eine schlechte Wiedergeburt nach sich ziehen würden. Des öfteren heißt es auch, daß der Sotâpanna vier Eigenschaften entwickelt haben muß: Vertrauen in den Buddha, in den Dharma (die Lehre), in den Saṃgha (die Gemeinschaft) und die Entfaltung der grundlegenden Sittlichkeit. Vgl. z. B. Dîgha-Nikâya XVI 2,9; XXXIII 1,11; Samyutta-Nikâya LV 11.

69 Ursprünglich dürften die ersten drei Fesseln wohl vor allem auf die Anhänglichkeit an nicht-buddhistische Lehren bezogen gewesen sein, also z. B. auf die upanishadischen Âtman-Theorien, die brah-

manischen Regeln und Riten bzw. überhaupt auf das Zweifeln an der Lehre Buddhas (vgl. auch die vorangehende Anmerkung).

70 Vgl. Puggala Paññati 37–39, 41–46.

71 Vgl. Anguttara-Nikâya IX 9; Puggala Paññatti 9.

72 Vgl. Anguttara-Nikâya IX 10; Puggala Paññatti 10.

73 Z. B. Dîgha-Nikâya 33; Puggala Paññatti 23 ff.

74 Nyanatiloka, *Dhammapada*, S. 179.

75 Kathâ-Vatthu VII 9; vgl. auch Milinda Pañha V 8 (PTS 333 f).

76 Dem entspricht die Aussage in Anguttara-Nikâya III 34 (PTS A I 135): »Eine Tat..., die aus Gierlosigkeit – aus Haßlosigkeit – aus Unverblendung getan wurde, die daraus entsprungen, dadurch bedingt und entstanden ist, solche Tat ist – insofern Gier, Haß und Verblendung geschwunden sind – überwunden, entwurzelt, gleich einer Fächerpalme dem Boden entrissen, vernichtet und keinem Neuentstehen mehr unterworfen.« *Die Lehrreden des Buddha*, Bd. I, S. 125. Vgl. hierzu auch H. W. Schumann: *Buddhismus. Stifter, Schulen und Systeme.* Überarb. Neuausgabe, München 1993, S. 80f.

77 Mit Recht konstatiert Collins diesbezüglich: »...the path from houshold life-in-*saṃsâra* to release in *nirvâna* involves a gradual lessening of the karmic constructions of future life.« Collins: *Self-less Persons*, S. 206.

78 Allerdings beharrt das theravâdische Kathâ-Vatthu darauf, daß der Schritt auf die jeweils höhere Stufe, also der Eintritt des Pfad-Moments, ein plötzliches Ereignis ist und nicht nochmals selbst als gradueller Prozeß geschieht. Vgl. Kathâ-Vatthu I 4, II 9, III 4.

79 Vgl. hierzu etwa Kathâ-Vatthu IV 4; IV 10; XVIII 4. Vgl. zu dieser Frage auch P. Masefield: *Divine Revelation in Pâli-Buddhism.* London 1986, S. 127ff. Masefield hält jedoch jegliche Deutung der vier Heiligkeitsgrade als Stufenfolge für eine spät- bzw. postkanonische Entwicklung, was sich meines Erachtens aufgrund der eindeutigen Korrelationen mit der Lehre von den 10 Fesseln und den 3 Schulungen in den Nikâyas nicht halten läßt. Außerdem ist es meines Erachtens nicht überzeugend, wenn Masefield in dieser Frage eine Divergenz zwischen dem Vimutti-Magga und dem Visuddhi-Magga vermutet (ebd. 127-130). Die Aussage des Vimutti-Magga, daß jemand, der die Stufe des Stromeintritts erreicht hat, sich anschließend auf die Verwirklichung der nächsten Stufe konzentrieren kann (Vimutti-Magga 458; *The Path of Freedom*, S. 306ff), findet sich in gleicher Form auch im Visuddhi-Magga (PTS 676f).

80 Vgl. Kathâ-Vatthu IV 2, XXII 4f.

81 Vgl. Milinda Panha IV 8,54 (PTS 311).

82 Vgl. Majjhima-Nikâya 63 (PTS M I 343).

83 Vgl. Visuddhi-Magga XXII (PTS 686f).

84 Vgl. Anguttara-Nikâya IV 162. Aufgenommen im Visuddhi-Magga XXI (PTS 667f).

85 Visuddhi-Magga III (PTS 104). *Visuddhi-Magga oder Der Weg zur Reinheit*, S. 125.
86 Milinda Pañha IV 7,1 (PTS 263). *Milindapañha. Die Fragen des Königs Milinda.* Aus dem Pâli übersetzt von Nyanatiloka. Herausgegeben und teilweise neu übersetzt von Nyanaponika. Interlaken 1985, S. 246 ff. Vgl. auch Milinda Pañha VI 9 (PTS 352 f), wo der Fall, daß Hausleute mühelos die Erleuchtung erreichen, darauf zurückgeführt wird, daß sie in früheren Existenzen durch harte asketische Übungen hierfür die günstigen karmischen Voraussetzungen geschaffen haben.
87 Dîgha-Nikâya 18 (PTS 245); Neumann, *Reden Buddhas*, Bd. II, S. 320.
88 Vgl. Majjhima-Nikâya 68.
89 Vgl. Anguttara-Nikâya IX 12.
90 Saṃyutta-Nikâya LV 11,3,4 (PTS S V 378).
91 Immer wieder werden in den traditionellen buddhistischen Texten Vertrauen und Sittlichkeit an den Anfang des Heilspfades gestellt. Das Vertrauen ist dabei durchaus der Erkenntnis vorgeordnet. So wird z. B. in Anguttara-Nikâya X 62 das Vertrauen als die »ernährende Bedingung« für die Ermöglichung des »weisen Nachdenkens« bezeichnet. Und was das sittliche Erkenntnisvermögen betrifft, so heißt es bezeichnenderweise in Puggala Paññatti 92 f: »In welchen beiden Menschen mehrt sich der Wahn? In demjenigen, welcher das nicht zu Bereuende bereut, und in demjenigen, welcher das zu Bereuende nicht bereut: in diesen beiden Menschen mehrt sich der Wahn. In welchen beiden Menschen mehrt sich nicht der Wahn? In demjenigen, welcher das nicht zu Bereuende nicht bereut, und in demjenigen, welcher das zu Bereuende bereut: in diesen beiden Menschen mehrt sich nicht der Wahn.« Nyanatiloka, S. 40 f.
92 H. W. Schumann nimmt an, daß »Bodhisattva« ursprünglich auf *bodhi-sakta* = »Auf Erleuchtung gerichtet« zurückgeht. Vgl. H. W. Schumann: *Mahâyâna-Buddhismus.* München 1990, S. 167.
93 Z. B. Majjhima-Nikâya 26; Anguttara-Nikâya III 104; V 196.
94 Z. B. Anguttara-Nikâya IV 127; in den Jâtakas *passim*.
95 Im Kathâ Vatthu IV 8 wird diese Auffassung den Andhakas und den Uttarâpathakas zugeschrieben.
96 Vgl. Kathâ Vatthu IV 8.
97 Vgl. Kathâ Vatthu XIII 5.
98 Buddhacarita XIII 58. Vgl. *Buddhist Mahâyâna texts.* Hrsg. v. E. B. Cowell u. a. (SBE 49). Reprint New York 1969, S. 145.
99 Vgl. Dîgha-Nikâya XVI 3,7 ff; Anguttara-Nikâya VIII 70.
100 Zum Bodhisattva-Ideal vgl. neben der klassischen Darstellung von H. Dayal: *The Bodhisattva Doctrine in Buddhist Sanskrit Literature.* London 1975, 2. Aufl.: G. M. Nagao: »The Bodhisattva Returns to this World«. In: ders.: *Mâdhyamika and Yogâcâra.* New York 1991, S. 23–34; H. W. Schumann, Mahâyâna-Buddhismus, S. 167–197; P. Williams: *Mahâyâna Buddhism.* London 1969,

S. 49–54,S. 204–214; sowie die Beiträge in: D. S. Lopez, S. C. Rokkefeller (Hrsg.): *The Christ and the Bodhisattva.* New York 1987. Für klassische mahâyânistische Darstellungen des Bodhisattva-Wegs vgl. C. Meadows: *Arya-Sûra's Compendium of the Perfections: Text, translation and analysis of the Pâramitâsamâsa.* Bonn 1986. *Sikṣâ-Sâmuccaya. A Compendium of Buddhist Doctrine compiled by Sântideva.* Übers. v. C. Bendall u. W. H. D. Rouse. Delhi 1971 (Reprint); Sântideva: *Eintritt in das Leben zur Erleuchtung (Bodhicaryâvatâra),* übers. von E. Steinkellner. Düsseldorf/Köln 1991.

101 So vor allem im Dasabhûmika-Sûtra und in Asangas Bodhisattvabhûmi.

102 Sikṣâ-Sâmuccaya, S. 99.

103 Vgl. hierzu die Ausführungen bei Nagao, *Bodhisattva Returns.*

104 Vgl. Sikṣâ-Sâmuccaya, S. 290f, mit Bezug auf Vimalakîrtinirdeśa VIII (Gâtha 28).

105 Die voranstehenden Auffassungen finden sich besonders im sogenannten Lotus-Sûtra, dem Saddharmapundarîka-Sûtra.

106 Diese Auffassung findet sich in den Texten aus der Tradition der Tathâgatagarbha-Texte. Vgl. hierzu S. S. Ruegg: *La Théorie du Tathâgatagarbha et du Gotra.* Paris 1969; S. B King: Buddha Nature. New York 1991.

107 Tathâgatagarbha Sûtra. Nach der englischen Übersetzung von: W. H. Grosnick: »The Tathâgatagarbha Sûtra«. In: D. S. Lopez, Jr. (Hrsg.): *Buddhism in Practice.* Princeton 1995, S. 92–106, hier S. 98.

108 Vgl. ebenda, S. 92.

Hans-Peter Müller: »Karma« und »Wiedergeburt« im Denken moderner Hindus und Buddhisten

1 Vgl. hierzu seine Aufsätze in: K. N. Jayatilleke: *The Message of the Buddha.* Hrsg. v. N. Smart. London 1975, S. 128–195.

2 G. Dharmasiri: *A Buddhist Critique of the Christian Concept of God.* Colombo 1974, S. 211.

3 D. Kantowsky: *Wegzeichen. Gespräche über buddhistische Praxis.* Konstanz 1991, S. 140.

4 D. Kantowsky: »Sarvodaya, Buddhismus und der Westen«. In: *Bodhibaum* 10 (1985), S. 126.

5 Young India 6. 10. 1921, wieder abgedruckt in: M. Gandhi: *Freiheit ohne Gewalt.* Hrsg. v. K. Klostermaier. Köln 1968, S. 107–115.

6 *The Gospel of Sri Ramakrishna.* Madras, 5. Aufl. 1969, S. 903.

7 K. Nishitani: *Was ist Religion.* Frankfurt a. M., 2. Aufl. 1986, S. 271f.

8 Ebenda, S. 268.

9 Buddhadasa: *Toward the Truth.* Hrsg. v. D. K. Swearer. Philadelphia 1971, S. 56f.

10 Ebenda, S. 67f.

11 Ebenda, S. 70–72.

12 Ebenda, S. 73.

13 Sri Aurobindo: *The Problem of Rebirth.* Pondicherry, 6. Aufl.
1983. Ich benütze den Text aus der Gesamtausgabe seiner Schriften:
Birth Centenary Library. Bd. 16, Pondicherry 1971, Abkürzung:
BCL. Zur Thematik vgl. auch: O. Wolff: »Das Problem der Wiedergeburt nach Sri Aurobindo«. In: *Zeitschrift für Religions- und
Geistesgeschichte 9* (1957), S. 116–129 sowie R. N. Minor: »In De-
fense of Karma and Rebirth: Evolutionary Karma.« In: R. W. Neu-
feldt (Hrsg.): *Karma and Rebirth. Post Classical Developments.*
New York 1986, S. 15–40.
14 Ich zitiere aus der deutschen Übersetzung: *Das Göttliche Leben.* 2.
Buch, 2. Teil. Gladenbach 1974.
15 *Das Göttliche Leben,* S. 205; vgl. auch BCL, S. 115–119.
16 BCL, S. 150.
17 BCL, S. 151.
18 BCL, S. 150.
19 *Das Göttliche Leben,* S. 158.
20 BCL, S. 121.
21 Ebenda, S. 122.
22 Ebenda.
23 BCL, S. 160.
24 Ebenda.
25 *Das Göttliche Leben,* S. 217 f.; vgl. auch BCL, S. 90.
26 *Das Göttliche Leben,* S. 218.
27 BCL, S. 95.
28 *Das Göttliche Leben,* S. 219.
29 Die fehlende Erinnerung an vergangene Existenzen wäre für Aurobindo nur dann ein stichhaltiger Einwand gegen die Annahme wie-
derholter Erdenleben, wenn deren Sinn vorrangig ethischer Natur
wäre. In diesem Fall würde dem wiedergeborenen Menschen jede
Chance geraubt, »einzusehen, warum er belohnt oder bestraft
wird, oder einen Vorteil aus der Lehre von der Nützlichkeit der Tugend und der Schädlichkeit der Sünde zu ziehen«. Vgl. *Das Göttliche Leben,* S. 219. Doch für Aurobindo liegt der Sinn der Wiedergeburt nicht in der ethischen Erziehung des Menschen, sondern in
der Evolution.
30 BCL, S. 80–84.
31 *Das Göttliche Leben,* S. 220 f.
32 *Das Göttliche Leben,* S. 206.
33 *Das Göttliche Leben,* S. 204.
34 BCL, S. 162 f.
35 *Das Göttliche Leben,* S. 205.
36 BCL, S. 164.
37 *Das Göttliche Leben,* S. 213.
38 BCL, S. 167.
39 BCL, S. 169.
40 BCL, S. 203.
41 BCL, S. 181.
42 *Das Göttliche Leben,* S. 212.

43 *Das Göttliche Leben,* S. 206.
44 Ebenda, S. 216.
45 Aurobindo: *Rebirth,* S. 168.
46 *Das Göttliche Leben,* S. 205.
47 BCL, S. 151.
48 BCL, S. 175.
49 Vgl. BCL, S. 179–189; Aurobindo: *Rebirth,* S. 169–171.
50 BCL, S. 207.
51 BCL, S. 166.
52 *Das Göttliche Leben,* S. 210 f.
53 BCL, S. 148.
54 BCL, S. 156.
55 BCL, S. 155.
56 BCL, S. 149, S. 158.
57 BCL, S. 157.
58 BCL, S. 155.
59 BCL, S. 131.
60 BCL, S. 135.
61 *Das göttliche Leben,* S. 208.
62 BCL, S. 150.
63 BCL, S. 212.
64 BCL, S. 150.
65 BCL, S. 122.

Norbert Bischofberger: Der Reinkarnationsgedanke in der europäischen Antike und Neuzeit

1 Vgl. hierzu A. Dubach/R. Campiche (Hrsg.): *Jede(r) ein Sonderfall? Religion in der Schweiz. Ergebnisse einer Repräsentativbefragung.* Zürich/Basel 1993, bes. S. 274, S. 285 f., S. 306 u. S. 336 f.; R. Friedli: »Reinkarnation. Eine sozial-psychologische Analyse«. In: *Diakonia* 18 (1987), S. 250–254; J. Kerkhofs: »Wie religiös ist Europa?«. In: *Conc(D)* 28 (1992), S. 165–171; J. Mischo: »Empirische Reinkarnationsforschung aus sozialpsychologischer und parapsychologischer Sicht«. In: H. Kochanek (Hrsg.): *Reinkarnation oder Auferstehung. Konsequenzen für das Leben.* Freiburg i. Br. 1992, S. 160; P. M. Zulehner: »Wandlungen im Auferstehungsglauben und ihre Folgen«. In: Kochanek, *Reinkarnation,* S. 196–212, bes. S. 201–205.
2 In den folgenden Ausführungen werden verschiedene Begriffe verwendet, um die Idee der mehrmaligen irdischen Existenzen zu umschreiben. Sie werden in der Weise übernommen, in der sie in der Literatur der jeweiligen Tradition vorkommen. So ist beispielsweise im Abschnitt über die Antike von »Seelenwanderung« die Rede, während in den Ausführungen über die Anthroposophie der Begriff »Wiederverkörperung« verwendet wird.
3 Zur Seelenwanderungslehre bei Pythagoras vgl. M. von Brück: »Reinkarnation«. In: *LeRe,* S. 529; W. Burkert: *Weisheit und Wissenschaft. Studien zu Pythagoras, Philolaos und Platon* (= Erlanger

Beiträge zur Sprach- und Kunstwissenschaft X). Nürnberg 1962, S. 98–101; H. Fronhofen: »Reinkarnation und frühe Kirche«. In: *StZ* 207 (1989), S. 238; K. Hoheisel: »Das frühe Christentum und die Seelenwanderung«. In: *JAC* 27/28 (1984/1985), S. 27–29; L. Scheffczyk: *Der Reinkarnationsgedanke in der altchristlichen Literatur* (= Bayerische Akademie der Wissenschaften. Sitzungsberichte 4), München 1985, S. 5f. Für weiterführende Literatur zur Seelenwanderungslehre bei Pythagoras vgl. M. Maritano: »Giustino martire di fronte al problema della metempsicosi«. In: *Salesianum* 54 (1992), S. 244, Anm. 54.

4 Zur Seelenwanderungslehre bei Platon vgl. A. Böhme: *Die Lehre von der Seelenwanderung in der antiken griechischen und indischen Philosophie. Ein Vergleich der philosophischen Grundlegung bei den Orphikern, bei Pythagoras, Empedokles und Platon mit den Upanishaden, dem Urbuddhismus und dem Jainismus.* Jüchen 1989, S. 42–55; M. von Brück, *Reinkarnation* S. 530; U. Dierauer: *Tier und Mensch im Denken der Antike. Studien zur Tierpsychologie, Anthropologie und Ethik* (= Studien zur antiken Philosophie 6). Amsterdam 1977, S. 71–80; C. Hopf: *Antike Seelenwanderungsvorstellungen.* Borna-Leipzig 1934, S. 6–17. W. Stettner: *Die Seelenwanderung bei Griechen und Römern* [Neudruck von: W. Stettner: die Seelenwanderung bei Griechen und Römern (= Tübinger Beiträge zur Altertumswissenschaft XXII), Stuttgart 1934] (= Pythagoreanism II. Greek + Roman Philosophy 52). New York/London 1987, S. 31–41. Für weiterführende Literatur zur Seelenwanderungslehre bei Platon vgl. Maritano, »Giustino«, S. 241f., Anm. 43.

5 Vgl. Hopf, *Seelenwanderungsvorstellungen,* S. 14–17.

6 Vgl. Dierauer, *Tier und Mensch,* S. 75; Stettner, *Seelenwanderung,* S. 41.

7 Vgl. Hopf, *Seelenwanderungsvorstellungen,* S. 39.

8 Vgl. ebenda, S. 41 u. S. 43f.

9 Vgl. ebenda, S. 48–54.

10 Vgl. K. Berger: »Gnosis/Gnostizismus I. Vor- und ausserchristlich«. In: *TRE XIII* (1984), S. 519; N. Brox: *Erleuchtung und Wiedergeburt. Aktualität der Gnosis.* München 1989, S. 14f.; C.-F. Geyer: »Gnosis 1. Religionsgeschichte«. In: *LSSW,* 385f.

11 Evangelium der Wahrheit (Nag Hammadi-Codex I/3) 22, S. 13–20. Zit. in: Brox, Erleuchtung, S. 16.

12 Vgl. H.-J. Klimkeit: »Manichäismus«. In: *LeRe,* 387f.; A. Böhlig: »Manichäismus«. In: *TRE XXIII* (1992), S. 31–34. *Hymnen und Gebete der Religion des Lichts. Iranische und türkische liturgische Texte der Manichäer Zentralasiens.* Eingeleitet und aus dem Mittelpersischen, Parthischen, Sogolischen und Uigurischen (Alttürkischen) übersetzt von Hans-Joachim Klimkeit (= Abhandlungen der rheinisch-westfälischen Akademie der Wissenschaften 79). Opladen 1989, S. 38–42. K. M. Woschitz/M. Hutter/K. Prenner: *Das manichäische Urdrama des Lichtes. Studien zu*

koptischen, mitteliranischen und arabischen Texten. Wien 1989, S. 15–18.

13 Vgl. Dierauer, *Tier und Mensch,* S. 80–89; Hoheisel, »Christentum«, S. 43 f.; Stettner, *Seelenwanderung,* S. 70–79.

14 Vgl. beispielsweise T. Dethlefsen: *Schicksal als Chance. Das Urwissen zur Vollkommenheit des Menschen.* München, 34. Aufl. 1991 [1. Auflage 1979], S. 247; R. Passian: *Wiedergeburt. Ein Leben oder viele?.* München 1985, S. 99; J. M. Pryse: *Reinkarnation im Neuen Testament* [Reincarnation in the New Testament, Originalausgabe von 1900. Nachdruck 1965 durch Health Research, Mokelumne Hill, California. Übersetzung mit Erläuterungen, Anmerkungen, Literaturangaben und Registern durch Agnes Klein]. Interlaken, 3. Aufl. 1984 [1. Aufl. 1980], S. 22; R. Zürrer: *Reinkarnation. Die umfassende Wissenschaft der Seelenwanderung.* Zürich 1989, S. 241.

15 Zur Diskussion sogenannter Hinweise auf die Reinkarnationslehre im Alten Testament (besonders Psalm 90,3) vgl. A. Bertholet: *Seelenwanderung* (= Religionsgeschichtliche Volksbücher für die deutsche christliche Gegenwart, III. Reihe: Allgemeine Religionsgeschichte. Religionsvergleichung. 2. Seelenwanderung), Tübingen 1906, S. 39 f.; R. Frieling: *Christentum und Wiederverkörperung.* Stuttgart, 2. Aufl. 1975 [1. Aufl. 1974], S. 85 f.; Hoheisel, »Christentum«, S. 34–36; A. Köberle: »Die Frage nach dem wiederholten Erdenleben«. In: Ders.: *Universalismus der christlichen Botschaft. Gesammelte Aufsätze und Vorträge.* Darmstadt 1978, S. 88.

16 Vgl. 2 Kön 2,11; Mal 3,23 f.

17 Vgl. Fronhofen, »Reinkarnation«, S. 239; Hoheisel, »Christentum«, S. 36 f.; Scheffczyk, *Altchristliche Literatur,* S. 10–12.

18 Vgl. Hoheisel, »Christentum«, S. 37. Belege ebenda, Anm. 130.

19 Vgl. Fronhofen, »Reinkarnation«, S. 239; Hoheisel, »Christentum«, S. 36; Scheffczyk, *Altchristliche Literatur,* S. 12.

20 Vgl. N. Brox: »Die frühchristliche Debatte um die Seelenwanderung«. In: *Conc(D)* 29 (1993), S. 427 f.; Fronhofen, »Reinkarnation«, S. 240 f.; Hoheisel, »Christentum«, S. 38 f., Scheffczyk, *Altchristliche Literatur,* S. 15–18; C. Schönborn: *Existenz im Übergang. Pilgerschaft, Reinkarnation, Vergöttlichung* (= Kriterien 80). Einsiedeln/Trier 1987, S. 108–112.

21 Zit. in: Scheffczyk, *Altchristliche Literatur,* S. 17.

22 Vgl. Fronhofen, »Reinkarnation«, S. 241; Scheffczyk, *Altchristliche Literatur,* S. 19–26.

23 Vgl. Scheffczyk, *Altchristliche Literatur,* S. 29–31. Zur Überlieferungsgeschichte der Schrift »De principiis« vgl. H. Görgemanns/ H. Karpp (Hrsg.): *Origenes. Vier Bücher von den Prinzipien* (= Texte zur Forschung 24). Darmstadt, 2. Aufl. 1985 [1. Aufl. 1976], S. 32–45.

24 Vgl. Brox, »Die frühchristliche Debatte«, S. 428 f.; Scheffczyk, *Altchristliche Literatur,* S. 31–33.

25 Vgl. H. Crouzel: *Origène* (= Collection »Le Sycomore«). Paris/

Namur 1985, 310–319; Scheffczyk, *Altchristliche Literatur,* S. 33f.

26 Vgl. Brox, *Erleuchtung,* S. 46–51; Crouzel, *Origène,* S. 267–284 u. 344f.; H. Fronhofen, »Reinkarnation«, S. 242; Hoheisel, »Christentum«, S. 41; R. Hummel: *Reinkarnation. Weltbilder des Reinkarnationsglaubens und das Christentum* (= Unterscheidung. Christliche Orientierung im religiösen Pluralismus). Mainz 1988, S. 104–106; Scheffczyk, *Altchristliche Literatur,* S. 33; Schönborn, *Existenz,* S. 113.

27 Vgl. J. Neuner/H. Roos: *Der Glaube der Kirche in den Urkunden der Lehrverkündigung.* Regensburg, 12. Aufl. 1986 [1. Aufl. 1938], Nr. 325.

28 Vgl. beispielsweise Dethlefsen, *Schicksal,* S. 247; Zürrer, *Reinkarnation,* S. 252–256.

29 G. E. Lessing: »Die Erziehung des Menschengeschlechts«. § 98. Zitiert in: L. F. Helbig: *Gotthold Ephraim Lessing. Die Erziehung des Menschengeschlechts. Historisch-kritische Edition mit Urteilen Lessings und seiner Zeitgenossen. Einleitung, Entstehungsgeschichte und Kommentar* (= Germanic Studies in America 38). Bern/Frankfurt am Main/Las Vegas 1980, S. 27.

30 Zu Lessings Vorstellung von der Seelenwanderung vgl. E. Benz: »Die Reinkarnationslehre in Dichtung und Philosophie der deutschen Klassik und Romantik«. In: *ZRGG 9* (1957), S. 150–175, bes. S. 151–155; W. Dilthey: »Ueber Gotth. Ephr. Lessing«. In: *Preussische Jahrbücher* 19 (1867), S. 117–161 und S. 271–294; Ders.: »Zu Lessings Seelenwanderungslehre«. In: *Preussische Jahrbücher* 20 (1867), S. 439–444; G. Fittbogen: »Lessings Anschauung über die Seelenwanderung«. In: *Germanisch-Romanische Monatsschrift* 6 (1914), S. 632–655; Helbig, *Erziehung,* bes. S. 47f. u. S. 64f.; H. Kofink: *Lessings Anschauungen über die Unsterblichkeit und Seelenwanderung.* Strassburg 1912.

31 Die Schwestern Fox haben im Alter zugegeben, daß sie die Klopfgeräusche damals selbst erzeugt hatten. Vgl. hierzu R. Hauth: »Spiritismus«. In: *LeRe,* S. 616. S. J. Judah: *The history and philosophy of the metaphysical movements in America.* Philadelphia 1967, S. 58–60; H. Reller/M. Kiessig: *Handbuch Religiöse Gemeinschaften: Freikirchen, Sondergemeinschaften, Sekten, Weltanschauungen, missionierende Religionen des Ostens, Neureligionen.* Gütersloh, 3. Aufl. 1985 [1. Aufl. 1978], S. 448; J. Webb: *The occult underground.* La Salle 1974, S. 18.

32 Vgl. E. Bauer: »Spiritismus«. In: *LSSW,* S. 981; Reller/M. Kiessig, *Handbuch,* S. 449.

33 Vgl. Judah, *History,* S. 72–75 u. S. 82–84.

34 Rivail soll während einer spiritistischen Sitzung von einem Medium erfahren haben, daß er früher einmal als keltischer Druide mit dem Namen Allan Kardec gelebt habe. Seither führt er den gallischen Namen aus seiner früheren Existenz als literarisches Pseudonym. Vgl. hierzu Hummel, *Weltbilder,* S. 78.

35 Vgl. A. Kardec: *Das Buch der Geister* [Le livre des esprits Paris 1857. Nachdruck der deutschen Originalausgabe, zuletzt Freiburg im Breisgau 1964], Freiburg i. Br., 4. Aufl. 1991 [1. Aufl. 1987], S. 12–40, bes. S. 21 f.
36 Vgl. ebenda, S. 69 u. S. 79.
37 Vgl. ebenda, S. 113.
38 H. Reller/M. Kiessig, *Handbuch*, S. 453.
39 Zur Reinkarnationslehre bei H. P. Blavatsky vgl. Judah, *History*, S. 92–102; H. E. Miers: *Lexikon des Geheimwissens*. München, 6. Aufl. 1986 [1. Aufl. 1976], S. 76; H.-J. Ruppert: »Reinkarnation in neugnostischen Bewegungen. Anthroposophie – Theosophie – New Age«. In: C.-A. Keller u. a.: *Reinkarnation – Wiedergeburt – aus christlicher Sicht* (= Weltanschauungen im Gespräch 2). Freiburg (Schweiz), 2. Aufl. 1988 [1. Aufl. 1987], S. 103 f.; Webb, *Occult underground*, S. 79–93.
40 A. Besant: *Reinkarnation oder Wiederverkörperungslehre*. Leipzig 1895, S. 51.
41 Vgl. ebenda, S. 49 f.
42 Ebenda, S. 151.
43 Ebenda.
44 Vgl. ebenda, S. 150–182.
45 Dies.: *Die Uralte Weisheit. Eine kurzgefaßte Darstellung der Lehren der Theosophie* [The Ancient Wisdom. An outline of theosophical teachings, London 1897]. München 1981, S. 181.
46 Ebenda.
47 Ebenda, S. 189.
48 Dies.: *Reinkarnation*, S. 141.
49 Vgl. dies.: *Populäre Vorträge über Theosophie* [Popular Lectures on Theosophy. Benares/London 1910. Autorisierte Übersetzung]. Leipzig 1911, S. 98 f. u. S. 102.
50 Vgl. A. Baumann: *ABC der Anthroposophie. Ein Wörterbuch für jedermann*. Bern 1986, S. 50 f. u. S. 274–279; B. Grom: *Anthroposophie und Christentum*. München 1989, S. 47–55.
51 Vgl. Grom, *Anthroposophie*, S. 59 f.; Ruppert, »Neugnostische Bewegung«, S. 96–98.
52 Vgl. R. Steiner: *Die Geheimwissenschaft im Umriß* (= Rudolf Steiner Gesamtausgabe 13). Dornach, 30. Aufl. 1989 [1. Aufl. 1910], S. 423 f.
53 Zur Frage der Erinnerung an frühere Inkarnationen vgl. R. Steiner: *Anthroposophische Leitsätze. Der Erkenntnisweg der Anthroposophie. Das Michael-Mysterium* (= Rudolf Steiner Gesamtausgabe 26). Dornach, 5. Aufl. 1962 [1. Aufl. 1925], S. 27; ders.: *Geisteswissenschaft als Lebensgut* (= Rudolf Steiner Gesamtausgabe 63). Dornach 1959, S. 354 f.; ders.: *Ursprung und Ziel des Menschen. Grundbegriffe der Geisteswissenschaft* (= Rudolf Steiner Gesamtausgabe 53). Dornach, 2. Aufl. 1981 [1. Aufl. 1957], 81 f.
54 Vgl. ders.: *Theosophie. Einführung in übersinnliche Welterkenntnis und Menschenbestimmung* (= Rudolf Steiner Gesamtausgabe 9).

Dornach, 31. Aufl. 1987 [1. Aufl. 1904], S. 81–89; ders.: *Die Theosophie des Rosenkreuzers* (= Rudolf Steiner Gesamtausgabe 99). Dornach, 7. Aufl. 1985 [1. Aufl. 1907], S. 74–79.

55 Ders.: *Die Theosophie des Rosenkreuzers*, S. 78.

56 Ebenda.

57 Zur Thematik und zum Dialog zwischen westlichen Reinkarnationsvorstellungen und christlichem Glauben vgl. N. Bischofberger: *Werden wir wiederkommen? Der Reinkarnationsgedanke im Westen und die Sicht der christlichen Eschatologie*, Mainz/Kampen 1996.

Wolfgang Seelig: Schopenhauers und Wagners Verarbeitung des indischen Reinkarnationsgedankens

1 Arthur Schopenhauer: *Sämtliche Werke*. Hrsg. v. Arthur Hübscher. Wiesbaden, 3. Aufl. 1972. W I, S. 459: Schopenhauer führt aus der ihm bei der ersten Auflage seiner ›Welt als Wille und Vorstellung‹ bekannten indischen Literatur in Europa einige Werke in der Fußnote zu Ausführungen über die Ethik der Hindus an.

2 Franz Mockrauer: »Schopenhauer und Indien«. In: *Fünfzehntes Jahrbuch der Schopenhauer Gesellschaft* 1928. S. 4 f.

3 Schopenhauer besaß aber damals schon das 10 Jahre vor der ›Welt als Wille und Vorstellung‹ erschienene Buch ›Über die Sprache und Weisheit der Indier‹ von Friedrich Schlegel.

4 Arthur Schopenhauer: *Gesammelte Briefe*. Herausgegeben von Arthur Hübscher. Bonn 1978. S. 261: Brief an Johann Eduard Erdmann, Frankfurt, 9. 4. 1851.

5 Der Name ist aus dem Wort »Upanishaden« entstellt. Die Übersetzung von 50 Texten aus der persischen Version (Mogulprinz Darasukoh 1656) der Upanishaden durch Anquetil Duperron in Latein, erschienen unter dem Titel ›Oupnekhat, i. e. secretum tegendum‹, Straßburg 1801/02.

6 Schopenhauer hatte noch in Weimar drei Bände des *Asiatischen Magazins* aus der herzoglichen Bibliothek entliehen und las in Dresden die in London erscheinende »Asiatic Researches« in der öffentlichen Bibliothek. Beide Zeitschriften hat er dann später auch in vielen Ausgaben selber erworben und aus Ihnen zitiert.

7 Schopenhauer, *Gesammelte Briefe,* S. 261: Brief an Johann Eduard Erdmann, Frankfurt, 9. 4. 1851.

8 Arthur Hübscher: *Denker gegen den Strom*. Bonn 1973. S. 50 f.

9 Schopenhauer, *Sämtliche Werke*, HN I, Nr. 213, S. 120.

10 Schopenhauer, *Sämtliche Werke*, W I, S. 317.

11 Schopenhauer, *Sämtliche Werke*, Werke VII, S. 223 f. »›Tempore quo cognitio simul advenit, amor e medio supersurrexit.‹ ›Zur Zeit, da sich die Erkenntnis einstellt, hat die Begierde sich von dannen gehoben.‹« Oupnek'hat, Hrsg. Anquetil Duperron II, p. 216. Der Satz findet sich ... nur in der persischen und der ihr folgenden lateinischen Übersetzung, fehlt jedoch im Urtext, dem Atma-Upanishad, 3, und im Kommentar. Als Unterlage scheint den persischen

219

Übersetzern die von Schopenhauer mehrfach (Schopenhauer, *Sämtliche Werke*, W II, S. 582, 30; S. 697, 19; S. 736, 2) angeführte Stelle aus Mundaka-Upanishad 2,2 8 gedient zu haben: Wer jenes Höchste und Tiefste schaut, dem spaltet sich des Herzens Knoten; vielleicht auch Cvetácvatara-Upanishad 1, 10: Ihn denkend, ihm ergeben, zu ihm werdend, allmählich wird zuletzt man frei von Máyá.«

12 Schopenhauer, *Sämtliche Werke*, P2, S. 422

13 Schopenhauer gibt 1854 in der zweiten Auflage des ›Willens in der Natur‹ in einer Anmerkung eine kommentierte Liste der Literatur in europäischen Sprachen, »zu Gunsten Derer, die sich eine nähere Kenntnis des Buddhaismus erwerben wollen.« Schopenhauer, *Sämtliche Werke*, Werke 4, S. 130 f.

14 Eugène Burnouf: *L'Introduction á l'histoire du buddhisme indien*. Paris 1844.

15 In der Liste der von Schopenhauer empfohlenen Schriften, »welche ich, da ich sie besitze und mit ihnen vertraut bin, wirklich empfehlen kann . . .«, wie Schopenhauer schreibt, (Schopenhauer, *Sämtliche Werke*, N, S. 130, Anmerkung) vermerkt er zu den beiden Büchern von Spence Hardy, *Eastern monachism*, 1850, und *Manual of Buddhism*, 1853: »Diese zwei vortrefflichen . . . haben mir in das Innerste des Buddhaistischen Dogma's mehr Einsicht gegeben, als irgend andere.« Schopenhauer, *Sämtliche Werke*, N, S. 131, Anmerkung.

16 Schopenhauer, *Sämtliche Werke*, N, S. 130.

17 Zur Wirkung der indischen Gedankenwelt auf Schopenhauers Philosophie siehe auch: H. v. Glasenapp: *Das Indienbild Deutscher Denker*. Stuttgart 1960, S. 68–101. W. Halbfass: *Indien und Europa*: Basel/Stuttgart 1981, S. 122–136. W. Halbfass: »Schopenhauer im Gespräch mit der indischen Tradition«. In: *Schopenhauer und das Denken der Gegenwart*. Herausgegeben von V. Spierling. München 1987.

18 Schopenhauer, *Sämtliche Werke*, W I, S. 431, 432.

19 Schopenhauer, *Sämtliche Werke*, S. 271.

20 Schopenhauer, *Sämtliche Werke*, W I, S. 432.

21 Wenn Gregor Dellin in seinem Brief vom 26. 5. 1984 die Frage C. F. von Weizsäckers (*Aufbau der Physik*. München/Wien 1985, S. 396 f., Fußnote) zu Wagners »Du siehst mein Sohn, zum Raum wird hier die Zeit« (Richard Wagner: *Die Musikdramen*. München 1978, S. 834. Parsifal, 1. Aufzug) nicht beantwortet hat, so konnte er dies auch nicht, ohne die Schopenhauerische Raum-Zeit-Philosophie bzw. deren vertieftes Verständnis durch Wagner heranzuziehen. Wagner schildert so auch die Seelen-*Wandlung* (also sozusagen die Seelen-Wanderung in einer und derselben – ja mythischen Person). So schreibt Wagner in »Oper und Drama« 1850/51 – also bevor er Schopenhauers Philosophie kennenlernte –: »Der Inhalt hat so ein im Ausdrucke stets Gegenwärtiger . . . zu sein. . . . In dieser Einheit des stets vergegenwärtigenden, und den Inhalt nach seinem

Zusammenhange umfassenden *Ausdruckes* ist zugleich und einzig entscheidend auch das bisherige Problem der *Einheit des Raumes und der Zeit gelöst.* ...Haben wir diesen Ausdruck als einheitlichen, d. h. zusammenhängenden und stets den Zusammenhang vergegenwärtigenden, ...so haben wir auch in diesem Ausdrucke das in Zeit und Raum notwendig getrennte als ein Wiedervereintes und, da wo es zum Verständnisse nötig war, stets Vergegenwärtigtes gewonnen; denn seine notwendige Gegenwart liegt nicht im Raume und in der Zeit, sondern in dem *Eindrucke*, der in Raum und Zeit auf uns sich äußert.« Wagner, *Dichtungen und Schriften* VII, S. 342 f.

22 Für »jenen Geist einer ewiger Gegenwart in der indischen Spiritualität« (Karl Hubertus Eckert) formulierte Troy Organ Wilson: »Indian philosophy seeks to preserve the insights of the past. Progress is not conceived as destroying the old in order to make way for the new. Truth is eternal. ...Indian Thought proceeds by radiations from a productive center... Indien thought is non-linear, clustery, and configurative.« (*Western Approaches to Eastern Philosophy*. Athens/Ohio 1975, S. 23 f. Zitiert nach Karl Hubertus Eckert: »Grundveränderung in unserem Wissen und Denken. Arthur Schopenhauers Prognose einer indischen Renaissance in Europa«. In: *69. Schopenhauer-Jahrbuch* 1988, S. 461

23 Schopenhauer, *Sämtliche Werke*, W I, S. 433.

24 Schopenhauer, *Sämtliche Werke*, W I, S. 470.

25 Schopenhauer, *Sämtliche Werke*, W II, S. 575 f.: Schopenhauer verweist hier besonders auf Spence Hardy's Manual of Buddhism, Taylor's Prabodh Chandro Daya', Sangermano's Burmese impire, die Asiat. researches und auf »das sehr brauchbare Deutsche Kompendium des Buddhaismus von *Köppen*«. Schopenhauer, *Sämtliche Werke*, P II, S. 302: »sehr wohl könnte man unterscheiden *Metempsychose*, als Übergang der gesammten sogenannten Seele in einen anderen Leib, – und *Palingenesie*, als Zersetzung und Neubildung des Individui, indem allein sein *Wille* beharrt und, die Gestalt eines neuen Wesens annehmend, einen neuen Intellekt erhält; ...«

26 »Palingenese (griech.), Wiederentstehung; bei Heraklit u. a. die ständige Erneuerung alles Seienden durch das Urfeuer, bei Platon u. a. die Erneuerung der menschl. Seele durch die Seelenwanderung, im Christentum die des inneren Menschen durch die Taufe.« (Philosophisches Wörterbuch. Stuttgart 1991, S. 538.)

27 Schopenhauer, *Sämtliche Werke*, W II, S. 576.

28 Ebenda.

29 Ebenda, S. 577.

30 Schopenhauer, *Sämtliche Werke*, W I, S. 213; W VII, S. 221: »Hae omnes creaturae in totum ego sum, et praeter me aluid ens non est. Oupnek'hat, Hrsg. Anquetil Duperron. Straßburg 1801–1802, I, 122.«

31 Schopenhauer, *Sämtliche Werke*, W II, S. 577. Hierzu verweist Schopenhauer auch auf ›Obry: Du Nirvana Indien‹. W II, S. 578.

32 Siehe W. Seelig: *Arthur Schopenhauer. Gedanken zur Ethik.* Esslingen/München 1988. Paperback Frankfurt/M–Berlin 1991. S. 106–109.

33 Schopenhauer, *Sämtliche Werke,* W I, S. 419.

34 Schopenhauer, *Sämtliche Werke,* W I, S. 420.

35 Schopenhauer, *Sämtliche Werke,* W I, S. 420 f.

36 Schopenhauer, *Sämtliche Werke,* WII, S. 688 ff.

37 Siehe auch W. Seelig: *Wille, Vorstellung und Wirklichkeit. Menschliche Erkenntnis und physikalische Naturbeschreibung.* Bonn 1980.

38 Siehe auch W. Seelig: *Ambivalenz und Erlösung: Parsifal. Menschliches Verständnis und dramatische Naturdarstellung.* Bonn 1983.

39 Richard Wagner: *Dichtungen und Schriften.* I-X. Hrsg. v. Dieter Borchmeyer. Frankfurt 1983. VI, S. 17: »Das Kunstwerk der Zukunft«.

40 Siehe auch: W. Seelig: »Richard Wagners Naturphilosophie –ihre Grundlagen bei Feuerbach und ihre Weiterführung mit Schopenhauer«. In: Richard Wagner und... Regensburg 1983.

41 Richard Wagner: *Mein Leben.* München 1969. S. 591 ff. Wagner liest auf Anregung von Georg Herwegh Schopenhauers ›Die Welt als Wille und Vorstellung‹.

42 Ebenda, S. 295: Richard Wagner an Franz Liszt, Zürich 16.(?) Dezember 1854.

43 Aus: *Richard Wagners Briefe. Ausgewählt von Hanjo Kesting.* München 1983. S. 331 ff. Brief an August Röckel, Zürich, 23. August 1856.

44 Ebd., S. 332. Richard Wagner an August Röckel, Zürich, 23. August 1856.

45 Im dritten Akt noch die später eliminierte Episode des nach dem Gral suchenden, umherirrenden, an Tristans Sterbebett vorbeikommenden Parzivals.

46 Thomas Mann: *Wagner und unsere Zeit.* Frankfurt a. M. 1963, S. 151.

47 Wagner, *Briefe,* S. 277. Brief Richard Wagners an August Röckel, Zürich, 25./26. Januar 1854.

48 Siehe auch W. Seelig: »Leben und Erlösung«. In: *64. Schopenhauer-Jahrbuch 1983.*

49 Hübscher, S. 289.

50 Wagner, *Mein Leben,* S. 593.

51 Wagner, *Mein Leben,* S. 593.

52 Wagner, *Mein Leben,* S. 592 f.

53 Curt von Westernhagen: *Die Entstehung des Ring.* Zürich 1973, S. 125, 131.

54 Richard Wagner: *Die Musikdramen.* München 1978, S. 638. Sieglinde: »O hehrstes Wunder.«

55 Carl Dahlhaus: *Richard Wagners Musikdramen.* Velber 1971. S. 66. »...von der Tristan-Harmonik (ist) die Richtung ablesbar, die zur Auflösung der Tonalität, zur Emanzipation der Melodik und des Kontrapunktes von vorgeformten Akkordzusammenhängen

führte. Tristan ist eine der Ursprungsurkunden der musikalischen Moderne.«

56 Richard Wagner: Richard Wagner an Mathilde Wesendonck. Tagebuchblätter und Briefe. Berlin 1909. »Tagebuch seit meiner Flucht aus dem Asyl«. Venedig, 1. Dezember 1858. S. 79.

57 Ebenda, S. 80.

58 Siehe auch: Wolfgang Seelig: »Leben und Erlösung«. In: 64. Schopenhauer-Jahrbuch für das Jahr 1983.

59 Schopenhauer, Sämtliche Werke, W II, S. 607–651.

60 Schopenhauer, Sämtliche Werke, W II, S. 613

61 Wagner an Mathilde Wesendonck, S. 7 (London 30. April 55).

62 Wagner, Briefe, S. 318 ff. Brief Richard Wagners an Franz Liszt, London 07. 06. 1855.

63 Seiten 205–209.

64 Richard Wagner: Sämtliche Briefe. Leipzig 1967–1991. VIII, S. 123: »Am selben Tage verfasste Wagner sein Gnadengesuch an den König von Sachsen.«

65 C. Suneson: Richard Wagner und die indische Geisteswelt. Leiden 1989, S. 23 ff. Ananda-Erzählung im Anhang und Kommentar Suneson.

66 W. Osthof: »Richard Wagners Buddha-Projekt ›Die Sieger‹. Seine ideellen und strukturellen Spuren in Ring und Parsifal«. In: Archiv für Musikwissenschaft, Jahrgang XI., Heft 3 (1983), S. 189–211.

67 Wagner, Mein Leben, S. 614.

68 Wagner, Briefe, S. 322. Brief Richard Wagners an Franz Liszt vom 7. 6. 1855.

69 Ebenda, S. 323.

70 Suneson, Wagner, 31 ff.

71 Wagner, Tagebuchblätter und Briefe, S. 57.

72 Wagner, Tagebuchblätter und Briefe, S. 217: Brief Wagners an Mathilde Wesendonck, 3. 3. 1860.

73 Richard Wagner: Das braune Buch. Tagebuchaufzeichnungen 1865 bis 1882. Zürich und Freiburg i. Br. 1975, S. 176, 177.

74 Wagner, Briefe, S. 422 ff.

75 Suneson, Wagner, S. 36.

76 Wagner, Dichtungen und Schriften, X, S. 212 : Religion und Kunst.

77 Wagner, Dichtungen und Schriften, X, S. 211.

78 Dahlhaus, Musikdramen, S. 141.

79 Wagner, Dichtungen und Schriften, III, S. 63.

80 Wagner, Dichtungen und Schriften, X, S. 213.

81 Wagner, Dichtungen und Schriften, X, S. 251. Zitiert nach Kommentar von Dieter Borchmeyer: Jesus von Nazareth. Ein dichterischer Entwurf. Dresden 1848. Erstveröffentlichung 1888. Druckvorlage: Sämtliche Schriften und Dichtungen XI.

82 Wagner, Dichtungen und Schriften, X, S. 246 f. Zitiert nach dem Kommentar von Dieter Borchmeyer.

83 Wagner, Dichtungen und Schriften, VIII, S. 85.

84 Ernst Bloch: »Das ist schon am Vorspiel zu sehen, wie es zeitlos entführt. Denn es spinnt nur das eine geschichtslose, abstrakte Sehnsuchtsmotiv, völlig berührungslos, freischwebend, jedoch bereit zu fallen und sich zu verkörpern.« Siehe Programmheft Tristan, München 1980, Seite 62.

85 Wagner, *Tagebuchblätter und Briefe*, V, S. 316. Brief an Mathilde Wesendonck, Penzing bei Wien, 28. 06. 1863.

86 Tristan: So starben wir, um ungetrennt, – ewig einig ohne End', – ohn Erwachen, ohn Erbangen, – namenlos (der Name kennzeichnet das Individuum!) in Lieb umfangen, – ganz uns selbst gegeben, der Liebe nur zu leben! Isolde nimmt denselben Text auf: So stürben wir um ungetrennt – Wieder Tristan, den nun gemeinsamen Text fortsetzend: ewig einig ohne End' –, Isolde: ohn Erwachen – Tristan: ohn Erbangen – und nun beide gleichzeitig gemeinsam: Beide: namenlos (also nun ohne individuelle Eigenheiten) in Lieb umfangen, ganz uns selbst gegeben, – der Liebe nur zu leben!

87 Suneson, *Wagner*, S. 59.

88 Richard Wagner: *Gesammelte Schriften und Dichtungen*. Leipzig 1888, VI, S. 256. Faksimiledruck der Ausgabe von 1887. Moers 1976. Siehe auch: *Richard Wagner. Der Ring des Nibelungen. Nach seinem mythologischen, theologischen und philosophischen Gehalt Vers für Vers erklärt von Herbert Huber*. Weinheim 1988, S. 305.

89 Ebenda, S. 256

90 Wagner, *Die Musikdramen*, S. 814.

91 Wagner, *Dichtungen und Schriften*, X, S. 149 und 258.

92 Dahlhaus, *Musikdramen*, S. 139.

93 Wagner, *Die Musikdramen*, S. 815. Regieanweisung am Schluß der Götterdämmerung.

94 Wagner, *Die Musikdramen*, S. 849.

95 Siehe auch: Wolfgang Seelig: »Zweifel und Glauben«. In: *Österreichische Musikzeitschrift* Jg 37/6.

96 Wagner, *Die Musikdramen*, S. 829.

97 H. Huber: *Götternot*. Asendorf 1993, S. 182.

98 Wagner, *Die Musikdramen*, S. 851.

99 Dieter Borchmeyer: »Kundrys Lachen, Weinen und Erlösung«. In: *Communio* 20. Jgg, Heft 5/91, S. 449.

100 Ebenda, S. 445.

101 Wagner, *Die Musikdramen*, S. 849.

102 Wagner, *Sämtliche Schriften und Dichtungen*. Leipzig 1911. XI. Zitiert nach Borchmeyer: *Wagner, Die Musikdramen*, X, S. 251.

Christoph Bochinger: Reinkarnationsidee und »New Age«

1 Vgl. zum Gesamtthema: Christoph Bochinger: *»New Age« und moderne Religion. Religionswissenschaftliche Analysen.* Gütersloh 1994 (2. Aufl. 1995). Im Anhang dieser Arbeit (S. 537-619) befindet sich eine ausführliche, nach Sachgebieten gegliederte Literaturdokumentation, auf die ich zur Klärung von Einzelfragen verweise. Für die Durchsicht des vorliegenden Aufsatzes danke ich Michaela

Perkounigg, München.

2 Vgl. dazu auch die sorgfältige und unpolemische Arbeit von Rüdiger Sachau: *Westliche Reinkarnationsvorstellungen. Zur Religion der Moderne.* Gütersloh 1996.

3 Vgl. Fritjof Capra: »Die neue Sicht der Dinge.« In: H. Bürkle (Hrsg.): *New Age. Kritische Anfragen an eine verlockende Bewegung.* Düsseldorf 1988, S. 11–24, bes. S. 14f. Capra hat mir diese Einschätzung in einem ausführlichen Gespräch am 25. 8. 1988 bestätigt.

4 Christof Schorsch (*Die New Age-Bewegung. Utopie und Mythos der Neuen Zeit.* Gütersloh 1988) stellte zwölf »Grundbegriffe« zusammen, die er als Leitbegriffe der »Weltanschauung« von »New Age« sah. Ich halte eine solche Charakterisierung für irreführend, weil man keinesfalls alle Benutzer so weit gefaßter Begriffe wie »Bewußtseinswandel« derselben »Bewegung« zurechnen kann.

5 Vgl. z. B. die Beiträge in H. Hemminger (Hrsg.): *Die Rückkehr der Zauberer. New Age – eine Kritik.* Reinbek 1987.

6 Vgl. z. B. H.-J. Ruppert: *New Age. Endzeit oder Wendezeit.* Wiesbaden 1985, S. 17f. Die von Ruppert vorgebrachten fünf Kriterien von »New Age« stimmen ziemlich exakt mit den Argumenten überein, die Perry Schmidt-Leukel in seiner Darstellung der älteren deutschsprachigen Buddhismuskritik zusammenstellte (›*Den Löwen brüllen hören*‹. *Zur Hermeneutik eines christlichen Verständnisses der buddhistischen Heilsbotschaft.* Paderborn 1992, Kap. I,3 und I,4).

7 Vgl. dazu Bochinger, *»New Age«*, S. 531f.

8 Vgl. dazu auch Michael Schneider: *Esoterik und New Age. Das Zeitalter des Wassermanns.* Augsburg 1995, bes. S. 59ff.

9 Vgl. dazu Schneider, *Esoterik*, S. 59.

10 Als Beispiele seien hier nur genannt: E. Kübler-Ross: *Über den Tod und das Leben danach.* Melsbach, 7. Aufl. 1987; I. Stephenson: *Der Mensch im Wandel. Von Tod und Wiedergeburt.* Freiburg i. Br. 1979; R. A. Moody: *Leben nach dem Tod.* Reinbek 1977. Weitere Literatur und sonstige Belege bei Sachau, *Reinkarnationsvorstellungen;* vgl. auch R. Hummel: *Reinkarnation.* Mainz u. a. 1988.

11 Für die Zeit bis etwa 1650 vgl. A. Holl (Hrsg.): *Die Ketzer.* Hamburg 1994.

12 Z. B. J. Habermas: »Die Moderne – ein unvollendetes Projekt«. In: W. Welsch (Hrsg.): *Wege aus der Moderne. Schlüsseltexte der Postmoderne-Diskussion.* Weinheim 1988, S. 177–192.

13 Vgl. F. A. Yates: *Aufklärung im Zeichen des Rosenkreuzes.* Stuttgart 1975 (engl. Original 1972), bes. S. 203–215.

14 Zu ihm vgl. Bochinger, *»New Age«*, S. 257–280 etc. Das Swedenborg-Bild ist in Deutschland stark geprägt von der Einschätzung Immanuel Kants in seiner Schrift: »Träume eines Geistersehers, erläutert durch die Träume der Metaphysik (1766)«. In: *Werke in zehn Bänden.* Hrsg. v. Wilhelm Weischedel. Darmstadt 1983, Bd. 2, S. 919–989.

15 Vgl. E. Benz: *Emanuel Swedenborg. Naturforscher und Seher.* Zürich, 2. Aufl. 1969; ders.: *Vision und Offenbarung. Gesammelte Swedenborg-Aufsätze.* Zürich 1979.

16 Vgl. J. Stillson Judah: *The History and Philosophy of the Metaphysical Movements in America.* Philadelphia 1967.

17 H. P. Blavatsky: *Die Geheimlehre. Die Vereinigung von Wissenschaft, Religion und Philosophie.* Übers. v. R. Froebe, 6 Bde. Den Haag o. J. (engl. Original: *The Secret Doctrine. The Synthesis of Science, Religion and Philosophy.* London 1888).

18 F. Capra: *Das Tao der Physik. Die Konvergenz von westlicher Wissenschaft und östlicher Philosophie.* München, 10. Aufl. der Neuausgabe 1988 (dt. zuerst unter dem Titel: *Der kosmische Reigen.* Weilheim und München 1977; engl. Original 1975).

19 Vgl. dazu F. Horn: »Reinkarnation und christlicher Glaube«. In: A. Rosenberg (Hrsg.): *Leben nach dem Sterben.* München 1974, S. 99–121.

20 Vgl. dazu Judah, *History.*

21 Vgl. dazu den Beitrag von Norbert Bischofberger im vorliegenden Band.

22 Capra: *Tao der Physik;* ders.: *Wendezeit. Bausteine für ein neues Weltbild.* München 1983 etc. (engl. Original 1982); ders.: *Das Neue Denken. Die Entstehung eines ganzheitlichen Weltbildes im Spannungsfeld zwischen Naturwissenschaft und Mystik.* München 1987 (engl. Original 1987); M. Ferguson: *Die sanfte Verschwörung. Persönliche und gesellschaftliche Transformation im Zeitalter des Wassermanns.* Basel 1982 etc. (engl. Original 1980).

23 Das Stichwort »Paradigmenwechsel« entstammt einer wissenschaftshistorischen Diskussion, die von Thomas S. Kuhn geprägt wurde (*Die Struktur wissenschaftlicher Revolutionen.* Frankfurt a. M., 2. Aufl. 1976, engl. Original 1962). Das Stichwort erfuhr dann eine starke Bedeutungsveränderung im Sinne von »kulturellem Wandel«. Vgl. dazu Bochinger, *»New Age«,* S. 481–500.

24 Vgl. z. B. K. Wilber: *Halbzeit der Evolution. Der Mensch auf dem Weg vom animalischen zum kosmischen Bewußtsein.* München 1987 (engl. Original 1981).

25 Vgl. S. Grof: *Geburt, Tod und Transzendenz. Neue Dimensionen in der Psychologie.* München 1985 (engl. Original 1985).

26 Persönliches Gespräch und Stellungnahme bei einem Theorieseminar in München im November 1988.

27 A. Feder: *Reinkarnationshypothese in der New-Age-Bewegung.* Nettetal 1991.

28 J. Roberts: *Gespräche mit Seth.* Genf 3. Aufl. 1980 (engl. Original 1970); G. Trevelyan: *Eine Vision des Wassermannzeitalters.* Freiburg, 3. Aufl. 1980 (engl. Original 1977); Th. Dethlefsen: *Das Erlebnis der Wiedergeburt.* München, 3. Aufl. 1985; ders.: *Schicksal als Chance.* München, 26. Aufl. 1989 (zuerst 1979).

29 Feder (wie Anm. 27), S. 30.

30 Vgl. dazu Bochinger: *»New Age«,* S. 138–142.

31 Zur folgenden Darstellung vgl. Trevelyan, *Vision,* Einleitung des deutschen Herausgebers, S. 7–15, sowie P. Hawken, *Der Zauber von Findhorn.* München 1980 (engl. Original 1975), bes. S. 169ff.

32 Dethlefsen, *Schicksal,* bes. S. 27ff.

33 Ebenda, 201ff.

34 Vgl. A. Bailey: *Die Unvollendete Autobiographie.* Genf und Ludwigsburg o. J. (engl. Original 1949).

35 Vgl. u. a.: A. Bailey: *Die Wiederkunft Christi.* Genf o. J. (engl. Original 1948).

36 Vgl. H. Zander: *Reinkarnation und Christentum. Rudolf Steiners Theorie der Wiederverkörperung im Dialog mit der Theologie.* Paderborn 1995.

37 Zu Capra vgl. Bochinger, *»New Age«,* S. 435ff und 455ff.

Peter Graf: Das Konzept der Reinkarnation als Ort des interkulturellen Dialogs

1 Wilhelm Halbfass: *India and Europe. An Essay in Understanding.* New York 1988, S. 166f.

2 Ebenda, S. 167.

3 David. S. Toolan: »Reinkarnation und moderne Gnosis«, *Concilium* 29. Jg. H. 5 (1993), S. 394–403.

4 Christoph Bochinger: *»New Age« und moderne Religion. Religionswissenschaftliche Analysen.* Gütersloh 1994, S. 531.

5 Martin Buber: *Das dialogische Prinzip.* Heidelberg, 5. Aufl. 1984, S. 141.

6 Buber, *Dialogisches Prinzip,* S. 32.

7 Buber, *Dialogisches Prinzip,* S. 155.

8 Das Buch der Weisheit 5,v.9–14«. In: *Jerusalemer Bibel.* Freiburg 1965, S. 739.

9 Blaise Pascal: *Pensées.* Hrsg. v. Léon Brunschvicg. Paris 1976, Nr. 205, S. 110.

10 D. S. Toolan: »Reinkarnation und moderne Gnosis«. In: *Concilium* 29. Jg., H. 5 (1993), S. 394–403.

11 Johann B. Metz und Hermann Häring: »Reinkarnation oder Auferstehung? Eine Diskussion wird eröffnet«. *Concilium* 29. Jg. H. 5 (1993) S. 377–329.

12 Daniel Cohn-Bendit und Thomas Schmid: *Heimat Babylon. Das Wagnis der multikulturellen Demokratie.* Hamburg 1993.

13 Sogyal Rinpoche: *Funken der Erleuchtung. Buddhistische Weisheit für jeden Tag des Jahres.* Bern/München/Wien 1995, 21.3.

14 Claudia Lenel: *Lotosblüten im Sumpf. Überlieferung der wunderbar gütigen Menschen.* Freiburg 1983, S. 56.

15 Aloysius Alkofer: *Sämtliche Schriften der heiligen Theresia von Jesu.* 5. Bd, München 1970, S. 68.

16 Aloysius Pieris: »Reinkarnation im Buddhismus. Eine christliche Bewertung.« *Concilium* 29. Jg., H. 5 (1993), S. 389.

17 Sogyal: *Funken,* 24.3.

18 Ulric Neisser: *Kognition und Wirklichkeit. Prinzipien und Implikationen der kognitiven Psychologie.* Stuttgart 1979.
19 Kurt Huber: *Leibniz. Der Philosoph der universalen Harmonie.* Hrsg. v. Inge Köck und Clara Huber. München–Zürich 1989, S. 195 f.
20 Kurt Huber, S. 198.
21 Günther Schiwy: *Das Teilhard de Chardin Lesebuch.* Olten 1987, S. 47 f.
22 Lenel, Lotosblüten, S. 9.
23 Ebenda, S. 11.
24 Ludwig Wittgenstein: *Tractatus logico-philosophicus. Tagebücher 1914–1916. Philosophische Untersuchungen. (Bd. 1 der Werkausgabe in acht Bänden).* Frankfurt a. M. 1984, S. 84.
25 Wittgenstein: *Tractatus,* Satz 7, S. 84.
26 Taisen Deshimaru: *Die Lehren des Meister Dogen. Der Schatz des Soto-Zen.* München 1991, S. 151.
27 Sogyal: *Funken,* 21.3.

Eberhard Bauer: Läßt sich Reinkarnation wissenschaftlich beweisen?

1 M. Thalbourne: *A Glossary of Terms Used in Parapsychology.* London 1982, S. 67.
2 I. Stevenson: »The evidence for survival from claimed memories of former incarnations«. In: *Journal of the American Society for Psychical Research* 54 (1960), S. 51–71 (pt. I), S. 95–117 (pt. II).
3 I. Stevenson: »Beweisen ›Rückerinnerungen‹ frühere Inkarnationen?«. In: *Neue Wissenschaft* 10 (1961/62), S. 49–66 (Teil I), S. 111–130 (Teil II).
4 I. Stevenson: *Twenty Cases Suggestive of Reincarnation.* New York 1966. American Society for Psychical Research (Proceedings A.S.P.R, vol. 26).
5 I. Stevenson: *Twenty Cases Suggestive of Reincarnation.* Charlottesville, 2. überarbeitete Aufl. 1974.
6 I. Stevenson: *Reinkarnation: der Mensch im Wandel von Tod und Wiedergeburt.* [Deutsch von Heinrich Wendt.] Freiburg 1976.
7 I. Stevenson: *Cases of the Reincarnation Type. Vol. 1: Ten Cases in India.* Charlottesville 1975. Ders.: *Cases of the Reincarnation Type. Vol. 2: Ten Cases in Sri Lanka.* Charlottesville 1977; Ders.: *Cases of the Reincarnation Type. Vol. 3: Ten Cases in Lebanon and Turkey.* Charlottesville 1980; ders.: *Cases of the Reincarnation Type. Vol. 4: Ten Cases in Thailand and Burma.* Charlottesville 1983.
8 I. Stevenson: *Children Who Remember Previous Lives: A Question of Reincarnation.* Charlottesville 1987.
9 I. Stevenson: *Wiedergeburt: Kinder erinnern sich an frühere Erdenleben.* [Deutsch von Ulrich Lauther.] Grafing 1989.
10 Einen autobiographisch gefärbten Rückblick auf die Entwicklung seiner Reinkarnationsforschung gibt Stevenson in einem Interview

mit Robert Kastenbaum. Vgl. R. Kastenbaum: Ian Stevenson: »An Omega interview«. In: *Omega 28* (1993/94), S. 165–182.

11 Der Fall ist detailliert dargestellt bei Stevenson, *Reinkarnation*, S. 109–124. Andere besonders gut dokumentierte Reinkarnationsfälle sind nach Stevensons Einschätzung: 1) Swarnlata Mishra (Indien), vgl. Stevenson, ebenda, S. 86–109; 2) Jagdisch Chandra und Bishen Jayaratne (Indien), vgl. Stevenson, *Ten Cases in India*, S. 144–175 und S. 176–205; 3) Sujith Kakmal Jayaratne und Indika Guneratne (Sri Lanka), vgl. Stevenson, *Ten Cases in Sri Lanka*, S. 235–280 und S. 203–234; 4) Imad Elawar (Libanon), vgl. Stevenson, *Reinkarnation*, S. 286–330. Der Beweiswert des zuletzt genannten Falles stand kürzlich im Mittelpunkt einer Kontroverse, vgl. L. Angel: »Empirical evidence for reincarnation? Examining Stevenson's ›most impressive‹ case«. In: *Skeptical Inquirer 18* (1994), S. 481–487, und die Entgegnung von I. Stevenson: Empirical evidence for reincarnation? A response to Leonard Angel. In: *Skeptical Inquirer 19 (No. 3)* (1995), S. 50–51 (dort auch mit einem Schlußkommentar Angels).

12 J. Keil: »Kinder, die sich an ›frühere Leben‹ erinnern: Neue Falluntersuchungen und ein Vergleich mit den Ergebnissen von Ian Stevenson«. In: *Zeitschrift für Parapsychologie und Grenzgebiete der Psychologie 36* (1994), S. 3–21 (hier S. 9–14); vgl. ferner J. Keil: »New cases in Burma, Thailand, and Turkey: A limited field study replication of some aspects of Ian Stevenson's research«. In: *Journal of Scientific Exploration 5* (1991), S. 27–59.

13 Über die Entwicklung von Stevensons Methodologie der Feldforschungen orientiert das umfangreiche Forschungsreferat von J. Matlock: »Past life memory case studies«. In: S. Krippner (Hrsg.): *Advances in Parapsychological Research. Volume 6* (S. 184–267). Jefferson, N. C. & London 1990; skeptische Einwände werden auf S. 238 ff. ausführlich behandelt. Eine weitere Einführung bietet das aus einer psychologischen Dissertation hervorgegangene Buch von S. Pasricha: *Claims of Reincarnation. An Empirical Study of Cases in India.* New Delhi 1990.

14 R. A. White: »Review of approaches to the study of spontaneous psi experiences«. In: *Journal of Scientific Exploration 6* (1992), S. 93–126.

15 Vgl. Matlock, »Past life memory cases studies«, S. 198 ff.

16 Vgl. Matlock, »Past life memory cases studies«, S. 216 ff.; ferner: A. Mills: »Making a scientific investigation of ethnographic cases suggestive of reincarnation«. In: D. E. Young & J.-G. Goudet (Hrsg.): *Being Changed: The Anthropology of Extraordinary Experience.* Peterborough, Ontario 1994.

17 Siehe zum Vergleich die Abbildungen bei I. Stevenson: »Birthmarks and birth defects corresponding to wounds on deceased persons«. In: *Journal of Scientific Exploration 7* (1993), S. 403–410.

18 Eine detaillierte Darstellung dieser Gegenhypothesen findet man natürlich in den Büchern Stevensons selbst, vgl. zum Beispiel Ste-

venson, *Reinkarnation*, S. 341 ff.; ders., *Wiedergeburt*, S. 157 ff., sowie in der einschlägigen Forschungsliteratur, vgl. zum Beispiel Matlock, »Past life memory cases studies«, oder S. Pasricha, *Claims of Reincarnation*, S. 174 ff.

19 Stevenson, *Reinkarnation*, S. 384.

20 J. F. McHarg: »Cryptomnestic and paranormal personation: Two contrasting examples«. In: W. G. Roll, J. Beloff & R. A. White (Hrsg.): *Research in Parapsychology 1982*. Metuchen, N. J., London 1983, S. 207–210, bes. S. 207–209.

21 A. Mills, E. Haraldsson & J. Keil: »Replication studies of cases suggestive of reincarnation by three different investigators«. In: *Journal of the American Society for Psychical Research 88* (1994), S. 207–219. Vgl. ferner E. Haraldsson: »Children claiming past-life memories: Four cases in Sri Lanka«. In: *Journal of Scientific Exploration 5* (1991), S. 233–261; Keil, »Kinder, die sich an ›frühere Leben‹ erinnern; A. Mills: »A replication study: Three cases of children in North India who are said to remember a previous life«. In: *Journal of Scientific Exploration 3* (1989), S. 133–184.

22 Keil, »Kinder, die sich an ›frühere Leben‹ erinnern«, S. 18 f.

23 E. Haraldsson: »Psychodiagnostische Untersuchungen an Kindern mit ›Rückerinnerungen‹ und Fallbeispiele aus Sri Lanka«. In: *Zeitschrift für Parapsychologie und Grenzgebiete der Psychologie 36* (1994), S. 22–38.

24 Haraldsson, »Psychodiagnostische Untersuchungen«, S. 27 f.

25 Haraldsson, »Psychodiagnostische Untersuchungen«; E. Haraldsson: »Personality and abilities of children claiming previous-life memories«. In: *Journal of Nervous and Mental Disease 183* (1995), S. 445–451.

Perry Schmidt-Leukel: Der Reinkarnationsgedanke – Eine Herausforderung an die christliche Theologie

1 Vgl. hierzu den Beitrag von N. Bischofberger in diesem Band, sowie die dort in Anm. 3 angegebene Literatur.

2 Vgl. K. Nishitani: *Was ist Religion?* Frankfurt/M. 1982, S. 271 ff.

3 Vgl. F. H. Cook: »*Memento Mori:* The Buddhist Thinks about Death«. In: S. Davis (Hrsg.): *Death and Afterlife*. London 1989, S. 154–171, bes. Anm. 3.

4 Vgl. D. T. Suzuki: »Seelenwanderung«. In: ders.: *Der westliche und der östliche Weg*. Frankfurt/M./Berlin/Wien 1980, S. 109–120, bes. S. 119.

5 Vgl. Buddhadâsa Bhikkhu: *Zwei Arten der Sprache. Eine Analyse von Begriffen der Wirklichkeit*. Zürich 1979, bes. S. 29–37.

6 Zur bewußt mythischen Verwendung des Reinkarnationsgedankens bei Schopenhauer und Wagner vgl. den Beitrag von W. Seelig in diesem Band.

7 Vgl. K. N. Jayatilleke: *Survival and Karma in Buddhist Perspective* (The Wheel Publication Nos. 141–143). Kandy, 2. Aufl. 1980.

8 Vgl. F. Story: *Rebirth as Doctrine and Experience. Essays and Case Studies* (Collected Writings Bd. II). Kandy, 2. Aufl. 1988.

9 Vgl. W. Donat: »Die Reinkarnationsidee in der Anthroposophie«. In: *Zeitschrift für Religions- und Geistesgeschichte* 9 (1957), S. 175–191; N. Bischofberger: *Werden wir wiederkommen?*. Mainz 1996, S. 74–84.

10 Vgl. hierzu Bischofberger, *Werden wir wiederkommen?*, S. 22–26, der einen zusammenfassenden Bericht der einschlägigen Forschungsergebnisse bietet.

11 Vgl. hierzu den informativen Aufsatz von E. Gößmann: »Was sagen uns heute die Reflexionen zum Auferstehungsleib in den christlichen Traditionen?« In: B. J. Hilberath, D. Sattler (Hrsg.): *Vorgeschmack. Ökumenische Bemühungen um die Eucharistie* (FS f. Th. Schneider). Mainz 1995, S. 179–194.

12 So vertritt zum Beispiel Thorwald Dethlefsen, daß der Mensch weder von der Umwelt, noch von der Erziehung geprägt werde, daß sein Schicksal nie von anderen verschuldet wurde, daß niemals Viren und Bakterien verantwortlich sind für das Entstehen einer Krankheit usw., sondern daß alles allein die Frucht karmischer Prozesse ist. Vgl. Th. Dethlefsen: *Schicksal als Chance*. München, 30. Aufl. 1990, S. 77–81.

13 Im Buddhismus wird ein deterministisches Verständnis von Karma wiederholt verworfen. In Anguttara-Nikâya III 62 bezeichnet Buddha die Lehre, »daß, was auch immer der Mensch empfindet, sei es Wohl oder Wehe [...] alles bedingt sei durch Karma« als einen schädlichen Glaubensstandpunkt, da dieser die Verantwortlichkeit des Menschen negiere. Und im Milinda Pañha IV 1, 63 wird es als eine Lehre von »Toren« bezeichnet, »wenn man behauptet, daß alles bloß das Ergebnis früheren Wirkens sei« (*Milindapañha*, hrsg. v. Nyanaponika Interlaken 1985, S. 154).

14 Zusammenfassende Darstellungen der für die Frage postmortaler Existenz relevanten Gesichtspunkte finden sich in: J. Hick: *Death and Eternal Life*. London, 3. Aufl. 1990, S. 112–146; Arthur Berger: »A Critical Outline of the Prima Facie Evidence for Survival«. In: P. u. L. Badham (Hrsg.): *Death and Immortality in the Religions of the World*. New York 1987, S. 188–213; Arthur Ellison: »Human Survival of Death: Evidence and Prospects«. In: D. Cohn-Sherbok, Chr. Lewis (Hrsg.): *Beyond Death*. London 1995, S. 173–182.

15 »Der selbstbewußte Geist befindet sich in meiner Denkungsweise in einer Position der Überlegenheit über das Gehirn [...]. Er ist eng mit ihm verknüpft und natürlich hängt er für alle detaillierten Erinnerungen von dem Gehirn ab, doch in seinem wesentlichen Sein könnte er sich über das Gehirn erheben [...]. So könnte es einen zentralen Kern geben, das innerste Selbst, das den Tod des Gehirns überlebt, um eine andere Existenz anzunehmen, die ganz jenseits irgend etwas, das wir uns vorstellen können, liegt.« John Eccles, in: K. R. Popper, J. C. Eccles: *Das Ich und sein Gehirn*. München–Zürich, 8. Aufl. 1989, S. 655.

16 Vgl. Dethlefsen, *Schicksal als Chance,* S. 224 f.

17 Vgl. Ian Stevenson: *Reinkarnation. Der Mensch im Wandel von Tod und Wiedergeburt.* Freiburg i. Br., 5. Aufl. 1986. Hierbei handelt es sich um die deutsche Übersetzung von Stevensons wichtigem Werk: »Twenty Cases Suggestive of Reincarnation«, was der Verlag bedauerlicherweise in der deutschen Ausgabe im zweiten Untertitel falsch wiedergegeben hat als »20 überzeugende und wissenschaftlich bewiesene Fälle«. Stevenson spricht – wissenschaftlich seriös – davon, daß die von ihm dokumentierten Fälle die Reinkarnationshypothese als eine mögliche Erklärung »nahelegen« (»suggest«), nicht aber davon, daß sie diese ›beweisen‹.

18 Vgl. zu diesen und weiteren empirischen Forschungen den Beitrag von E. Bauer in diesem Buch.

19 W. Thiede hat mit Recht darauf hingewiesen, daß einige der von Stevenson recherchierten Fälle sogar eher für eine alternative Erklärung sprechen, nämlich dann, wenn »der einstige ›Besitzer‹ der angeblich reinkarnierten Seele erst zu Lebzeiten des betreffenden Kindes gestorben ist.« W. Thiede: »Indizien für Reinkarnation? Kritik esoterischer Argumente«. In: *Materialdienst der EZW* 6/1989, S. 161–176, S. 172. Zu einer detaillierten Auseinandersetzung mit den empirischen Befunden Stevensons und anderen einschlägigen Forschungen vgl. auch L. A. de Silva: *Reincarnation in Buddhist and Christian Thought.* Colombo 1968, bes. S. 7–51, sowie die Diskussion des Wahrscheinlichkeitswerts der Reinkarnationshypothese bei Robert Almeder: »Über Reinkarnation«. In: G. Doore (Hrsg.): *Gibt es ein Leben nach dem Tod?* München 1994, S. 29–48. Nach Abwägung der alternativen Erklärungsmöglichkeiten kommt Almeder (anders als de Silva) allerdings zu dem Ergebnis: »Wie die Dinge gegenwärtig stehen, müssen wir schlußfolgern, daß es aus den oben geprüften Gründen vernünftig ist anzunehmen, daß die Reinkarnationshypothese wirklich die beste Erklärung für die von Ian Stevenson dokumentierten Fälle ist.« Ebenda, S. 48.

20 Vgl. G. Nerlich: »On Evidence for Identity«. In: *Australasian Journal of Philosophy* 37 (1959); J. J. MacIntosh: »Reincarnation and Relativized Identity«. In: *Religious Studies* 25 (1989), S. 153–165, S. 155.

21 Mit Recht resümiert Franz-Josef Nocke im Hinblick auf das theologische Gespräch mit den Vertretern des Reinkarnationsglaubens: »Noch viel mehr Fragen werden auftauchen, wenn das Gespräch nachdenklich und mit existentiellem Engagement geführt wird. Und wir können naturgemäß nicht das Ergebnis voraussagen. Dieses Gespräch muß erst einmal beginnen.« F.-J. Nocke: »Ist die Idee der Reinkarnation vereinbar mit der christlichen Hoffnung auf Auferstehung?« In: H. Kochanek (Hrsg.): *Reinkarnation oder Auferstehung. Konsequenzen für das Leben.* Freiburg i. Br. 1992, S. 263–284, S. 281.

22 Für eine Auflistung der gängigen theologischen Argumente zugun-

sten der Unvereinbarkeitsbehauptung vgl. E. Moder-Frei: *Die verschiedenen Reinkarnationsvorstellungen in der Auseinandersetzung mit dem christlichen Glauben.* St. Ottilien 1993, S. 256–258. Einen äußerst hilfreichen Überblick über die unterschiedlichen Positionen, die in der zeitgenössischen Theologie zum Reinkarnationsglauben eingenommen werden, bietet Bischofberger, *Werden wir wiederkommen?* S. 220–244. Das Lehramt der röm.-kath. Kirche hat sich bisher nicht definitv zur Frage der Reinkarnation geäußert. Die Verurteilung der Lehre vom Sündenfall einer präexistenten Seele (DS 403, 456) kann nicht einfach als eine Verurteilung des Reinkarnationsgedankens interpretiert werden. Insofern ist es eine neue Entwicklung, wenn zunächst der Katholische Erwachsenenkatechismus von 1985 einen Widerspruch des Reinkarnationsgedankens zum christlichen Glauben behauptet und dann der »Katechismus der Katholischen Kirche« von 1993 lapidar konstatiert (Nr. 1013): »Nach dem Tod gibt es keine ›Reinkarnation‹.«

23 Es gibt jedoch Anzeichen dafür, daß die theologische Auseinandersetzung mit dem Reinkarnationsgedanken inzwischen an Problembewußtsein gewinnt und dementsprechend differenzierter wird. Vgl. hierzu beispielsweise: Bischofberger, *Werden wir wiederkommen?;* M. von Brück: *Einheit der Wirklichkeit.* München, 2. Aufl. 1987; Hick, *Death and Eternal Life;* Nocke, *Ist die Idee der Reinkarnation…;* A. Schmied: »Der Christ vor der Reinkarnationsidee«. In: *Theologie der Gegenwart* 31 (1988), S. 37–49; de Silva, *Reincarnation in Buddhist and Christian Thought.*

24 Vgl. hierzu auch meinen Beitrag »Reinkarnation und spiritueller Fortschritt im traditionellen Buddhismus« in diesem Buch.

25 Zum Beispiel Gisbert Greshake: »Hinter jeglicher Form einer Seelenwanderungslehre steht – ausgesprochen oder unausgesprochen – die Idee, daß der Mensch Selbstwerden und Selbstverwirklichung, Reife und Aufbau seiner Persönlichkeit, Würdigwerden für das letzte Ziel und Vollendung des eigenen Lebens selbst leisten muß.« G. Greshake, »Seelenwanderung oder Auferstehung«. In: ders.: *Gottes Heil – Glück des Menschen. Theologische Perspektiven.* Freiburg/Basel/Wien 1983, S. 226–244, S. 239.

26 Ebenda, S. 239.

27 Das Argument, die Reinkarnationsidee stehe wegen ihrer Tendenz zur »Selbsterlösung« im Widerspruch zum christlichen Heils- bzw. Gnadenverständnis, findet sich nicht nur bei Greshake, sondern unter anderem auch bei Gottfried Bachl, Walter Kasper, Medard Kehl, Kurt Koch, Elfi Moder-Frei, Theodor Schneider, Hans-Jürgen Ruppert und Hans Schwarz.

28 Greshake, *Seelenwanderung oder Auferstehung?,* S. 240.

29 Ebenda. Vgl. auch die ähnlichen Aussagen bei G. Bachl: *Über den Tod und das Leben danach.* Graz–Wien–Köln 1980, S. 153, und W. Brugger: »Wiederverkörperung«. In: ders.: *Kleine Schriften zur Philosophie und Theologie.* München 1984, S. 406–418, S. 414.

30 K. Rahner: »Das christliche Verständnis der Erlösung«. In: A. Bsteh (Hrsg.): *Erlösung in Christentum und Buddhismus.* Mödling 1982, S. 112–127, S. 114.

31 H. U. von Balthasar: »Seelenwanderung«. In: ders.: *Homo Creatus Est. Skizzen zur Theologie V.* Einsiedeln 1986, S. 103–120, S. 103.

32 Mit Recht urteilt Norbert Bischofberger in seiner sorgfältigen Studie der einschlägigen theologischen Argumente, daß eine christliche Rezeption des Reinkarnationsgedankens dann möglich ist, wenn man »eine ›entwicklungsorientierte‹ Interpretation des christlichen Glaubens« voraussetzt. Vgl. Bischofberger, *Werden wir wiederkommen?,* S. 281.

33 K. Rahner: »Der eine Jesus Christus und die Universalität des Heils«. In: ders.: *Schriften zur Theologie XII.* Zürich–Einsiedeln–Köln 1975, S. 251–282, S. 252.

34 Rahner: Das christliche Verständnis der Erlösung«. In: Bsteh (Hg): *Erlösung in Christentum und Buddhismus,* S. 126 f. Vgl. auch ders.: *Grundkurs des Glaubens.* Freiburg–Basel–Wien, 9. Aufl. 1977, S. 424 f.

35 Vgl. hierzu A. Kreiner: *Gott und das Leid.* Paderborn 1994; ders., »Theodizee und Atheismus«. In: P. Schmidt-Leukel (Hrsg.): *Berechtigte Hoffnung.* Paderborn 1995, S. 99–110.

36 »[…] I think it can be said that the doctrine of rebirth solves the problem of evil: […] the doctrine of rebirth is capable of meeting the major objection against which those Western attempts all failed: the problem of dysteleological, extraordinary, or hard evil. Thus no matter how terrible and aweinspiring the suffering may be, the rebirth theorists can simply attribute the suffering to previous misdeeds done in previous lives, and the puzzle over extraordinary evil is solved with no harm done to the majesty and holiness of Deity.« A. L. Herman: *The Problem of Evil and Indian Thought.* Delhi 1976, S. 287 f. Vgl. auch M. Hiriyanna: *Vom Wesen der indischen Philosophie.* München 1990, S. 65 f; A. Sharma: *A Hindu Perspective on the Philosophy of Religion.* London 1990, S. 46–61, S. 140–151.

37 Vgl. Schmied, *Der Christ vor der Reinkarnationsidee,* S. 47 f; J. Hick: *Philosophy of Religion.* 4. Aufl. Englewood Cliffs 1990, 139 f; ders., *Death and Eternal Life,* S. 308 f, S. 391.

38 John Hick hat in seiner Abhandlung zum Theodizee-Problem »Evil and the God of Love« (London, 5. Aufl. 1990) diese beiden Stränge deutlich herausgearbeitet und bezeichnet sie als die augustinische und als die irenäische Tradition.

39 Vgl. Hick, *Philosophy of Religion,* S. 43.

40 Auch Michael von Brück begründet seine offene Haltung gegenüber der Reinkarnationsidee mit einem grundsätzlich ähnlichen Argument: »Wenn Gott Liebe ist und gleichzeitig Ungerechtigkeit seinem Willen widerstrebt, *muß* es eine über den Tod hinausgehende Möglichkeit zur Läuterung geben. Andernfalls wäre die Mehrheit der Menschen verdammt, was letztlich entweder dem

Willen oder der Ohnmacht Gottes anzulasten wäre, der damit im Selbstwiderspruch zu seiner Liebe stünde. Würde aber die Gnade so wirken, daß alles Übel *ohne* einen kathartischen Prozeß aufgehoben wäre, gerieten Liebe und Gerechtigkeit in einen unzulässigen und ganz unbiblischen Gegensatz.« M. von Brück: *Einheit der Wirklichkeit.* München, 2. Aufl. 1987, S. 331.

41 Vgl. zum Beispiel J. L. Mackie: *Das Wunder des Theismus.* Stuttgart 1985, S. 261 f; G. Streminger: *Gottes Güte und die Übel der Welt. Das Theodizeeproblem.* Tübingen 1992, S. 137 ff.

42 »Why was humanity not initially created in possession of all the virtues, instead of having to acquire them through the long hard struggle of life as we know it? The answer, I suggest, appeals to the principle that virtues which have been formed within the agent as a hard won deposit of his own right decisions in situations of challenge and temptation, are intrinsically more valuable than virtues created within him ready made and without any effort of his own part.« J. Hick: »An Irenean Theodicy«. In: S. Davis (Hrsg.): *Encountering Evil. Live Options in Theodicy.* Edinburgh 1981, S. 39–52, S. 44.

43 Vgl. Hick: *Death and Eternal Life,* S. 399–424; ders.: »Present and Future Life«. In: P. Badham (Hrsg.): *A John Hick Reader.* London 1990, S. 145–160; ders.: »A Possible Conception of Life after Death. In: ders.: *Disputed Questions.* London 1993, S. 183–196; P. Badham: »The Christian Hope Today«. In: P. and L. Badham (Hrsg.); *Death and Immortality in the Religions of the World,* S. 37–50; ders., »Death and Immortality: Towards a Global Synthesis«. In: D. Cohn-Sherbok, Chr. Lewis (Hrsg.): *Beyond Death,* S. 119–126; P. a. L. Badham: *Immortality or Extinction?* Totowa 1982. Auch Lynn de Silva hat unter dem Einfluß des Reinkarnationsgedankens für die Annahme einer postmortalen, progressiven Läuterung in einer anderen Welt plädiert. Vgl. de Silva, *Reincarnation in Buddhist and Christian Thought,* S. 139–163; ders.: »Reflections on Life in the Midst of Death«. In: *Bulletin (Secretariatus pro Non Christianis)* 17/2 (1982, 51) S. 220–229.

44 Für die Möglichkeit einer Persönlichkeitsentwicklung während mehrerer irdischer Existenzen trotz Ausfalls der Erinnerung bieten sich verschiedene Vorstellungsmodelle an. Zwei seien hier genannt: (a) Man stelle sich einen Menschen vor, der eine Reihe von positiven Charakterzügen ausgebildet hat. Bei einem Unfall erleidet er einen vollständigen und irreversiblen Verlust aller seiner Gedächtnisinhalte, doch bleiben seine positiven Charakterdispositionen erhalten, auf deren Basis er nun eine neue phänomenale Persönlichkeit aufbaut. (b) Zwei Rentner lernen in der Volkshochschule Latein. Einer von ihnen hatte als Kind bereits einige Jahre Lateinunterricht, inzwischen ist jedoch alles vergessen. Allerdings fällt ihm nun das erneute Lernen dieser Sprache wesentlich leichter als jenem, der sie erstmals erlernt.

45 G. MacGregor: *Reincarnation as a Christian Hope.* London 1982,

235

S. 74 f; ders.: *Reinkarnation und Karma im Christentum*. München 1990, S. 142 f.

46 Vgl. Gotthold Ephraim Lessing: *Die Erziehung des Menschenge-schlechts*, § 99.
47 Vgl. Gottfried Wilhelm Leibniz: *Discours de Métaphysique*, § 34.
48 MacIntosh, *Reincarnation and Relativized Identity*, S. 156. MacIntosh versucht in diesem Beitrag aufgrund des Identitätsproblems die logische Unmöglichkeit von Reinkarnation bzw. jeglicher Form von postmortaler Existenz zu demonstrieren. Zur Diskussion über den Vorstoß von MacIntosh vgl. H. W. Noonan: »The Possibility of Reincarnation«. In: *Religious Studies* 26 (1990), S. 483–491; Ch. B. Daniels: »In Defence of Reincarnation«. In: *Religious Studies* 26 (1990), S. 501–504; J. J. MacIntosh: »Reincarnation, Closest Continuers, and the Three Card Trick: A Reply to Noonan and Daniels«. In: *Religious Studies* 28 (1992), S. 235–251.
49 Vgl. hierzu Hick, *Death and Eternal Life*, S. 279–288 u. S. 305–309; R. Swinburne: *The Evolution of the Soul*. Oxford, 3. Aufl. 1990, S. 145–173. Zur Einführung in die moderne philosophische Diskussion des Problems der personalen Identität empfiehlt sich der Sammelband: A. O. Rorty (Hrsg.): *The Identity of Persons*. Berkeley 1976.
50 Vgl. hierzu auch D. Parfit: *Reasons and Persons*. Oxford, 5. Aufl. 1989, 219 ff.
51 Vgl. dazu den Beitrag von H. W. Schumann in diesem Band.
52 Diese Lösung favorisiert Swinburne, *Evolution of the Soul*, S. 155.
53 Es empfiehlt sich, solche populären Seelenwanderungsvorstellungen von der wesentlich differenzierteren Reinkarnationsidee der Vedânta-Schule zu unterscheiden. Vgl. Hick, *Death and Eternal Life*, S. 297–331; von Brück, *Einheit der Wirklichkeit*, S. 308–337; ders.: »Reinkarnation im Hinduismus und Buddhismus«. In: E. Hornung, T. Schabert (Hrsg.): *Auferstehung und Unsterblichkeit*. München 1993, S. 85–122; Herman, *The Problem of Evil and Indian Thought*, S. 143–229; Narayana Prasad: *Karma and Reincarnation. The Vedântic Perspective*. New Delhi 1994.
54 Zu einer scharfsinnigen Verteidigung dieser traditionellen Form des Auferstehungsglaubens vgl. S. Davis: *Risen Indeed*. Making Sense of the Resurrection. Grand Rapids 1993.
55 Vgl. Milinda Pañha II 2,1.
56 Obwohl John Hick selbst einer dualistischen Konzeption zuneigt, hat er auch Argumente zur Verteidigung des Konzepts der Auferstehung als Neuschöpfung vorgelegt. Vgl. J. Hick, *Death and Eternal Life*, S. 279–288, sowie die klärenden Ausführungen von Hick in seiner Antwort auf Frank Dilley in: H. Hewitt (Hrsg.): *Problems in the Philosophy of Religion. Chritical Studies of the Work of John Hick*. London 1991, S. 160 f.
57 Vgl. die klassische Untersuchung: Th. Stcherbatsky: *The Central Conception of Buddhism and the Meaning of the Word »Dharma«*. Delhi, 6. Aufl. 1988. Zur Anwendung der Dharma-Theorie auf das

Verständnis der Reinkarnation im Theravâda vgl. die gute Darstellung in S. Collins: *Selfless Persons.* Cambridge 1992, S. 225–261.

58 Vgl. Visuddhi-Magga VIII, 238, sowie: W. S. Karunaratne: *The Theory of Causality in Early Buddhism.* Nugegoda (Sri Lanka) 1988; Y. Karunadasa: *Buddhist Analysis of Matter.* Singapore, 2. Aufl. 1989.

59 Dies gilt vorwiegend für die Philosophen des Mahâyâna. Zur Verarbeitung dieser Problematik bei Nâgârjuna vgl. meinen Essay: P. Schmidt-Leukel: »Mystische Erfahrung und logische Kritik bei Nâgârjuna«. In: A. Kreiner, P. Schmidt-Leukel (Hrsg.): *Religiöse Erfahrung und theologische Reflexion* (FS f. H. Döring). Paderborn 1993, S. 371–393.

60 Zu einer spirituellen Deutung dieser Einsichten vgl. P. Lengsfeld: »Für und wider den Gebrauch der Reinkarnationsidee«. In: ders.: *Zum tieferen Sinn von Religion.* Petersberg 1993, S. 253–281, bes. S. 259f, S. 274ff.

61 Es ist daher bezeichnend, daß im Milinda Pañha (II 2,1) Wandel und Kontinuität der personalen Identität im Hinblick auf zwei Existenzen mit dem Wandel der Ich-Identität innerhalb einer Lebensspanne verglichen werden. Und mit Recht kann man fragen, ob der Wandel des phänomenalen Egos im Alter von 0 bis 90 Jahren nicht ähnlich gravierend ist wie ein eventueller Wandel von 90 zu 0.

62 Bodhicaryâvatâra VIII, 97–99, 102. Sântideva, *Eintritt in das Leben zur Erleuchtung.* Düsseldorf/Köln 1981, S. 103.

63 Vgl. hierzu auch Collins, *Selfless Persons,* S. 188–195.

Die Autoren

Eberhard Bauer (* 1944), Dipl. Psych., Studium der Geschichte, Philosophie und Psychologie. Autor und Herausgeber zahlreicher wissenschaftlicher Abhandlungen zur Parapsychologie, darunter: »Psi und Psyche«, Stuttgart 1974; »Spektrum der Parapsychologie« (zusammen mit W. v. Lucadou), Freiburg i. Br. 1983; »Psi – Was verbirgt sich dahinter?« (zusammen mit W. v. Lucadou), Freiburg i. Br. 1984; »Grenzgebiete der Psychologie«, Trier 1992. Redakteur und Mitherausgeber der »Zeitschrift für Parapsychologie und Grenzgebiete der Psychologie«. Langjähriger Mitarbeiter am »Institut für Grenzgebiete der Psychologie und Psychohygiene e.V.«, Freiburg i.Br., und an der Abteilung für »Psychologie und Grenzgebiete der Psychologie« der Universität Freiburg.

Norbert Bischofberger (* 1964), Dr. theol., Studium der katholischen Theologie in Luzern, Zürich und Paris. Ausbildung zum Journalisten in Luzern. Promotion mit einer Arbeit über westliche Reinkarnationsvorstellungen: »Werden wir wiederkommen? Der Reinkarnationsgedanke im Westen und die Sicht der christlichen Eschatologie«, Mainz/Kampen 1996. Zur Zeit freier Mitarbeiter beim Bayerischen Rundfunk.

Christoph Bochinger (* 1959), Dr. theol., Studium der evangelischen Theologie und Religionswissenschaft in München. Promotion mit einer religionswissenschaftlichen Studie zur New-Age-Bewegung: »New Age – ein Phänomen religiöser Zeitgeschichte«, Gütersloh 1994. Veröffentlichungen zur Missions- und Religionswissenschaft, darunter: »Ganzheit und Gemeinschaft. Zum Verhältnis von theologischer und anthropologischer Fragestellung im Werk Bruno Gutmanns«. Frankfurt a. M. 1987. Seit 1987 wissenschaftlicher Assistent für Missions- und Religionswissenschaft an der Universität München.

Peter Graf (* 1943), Dr. phil., Studium der Romanistik, katholischen Theologie und Germanistik in München und Lyon. Promotion in Romanischer Philologie. 1984 Habilitation im Fach Pädagogik (Universität München) mit einer Studie über »Frühe Zweisprachigkeit und Schule« (München 1987). Professor für In-

terkulturelle Pädagogik an der Universität Osnabrück. Gründungs-
mitglied des »Instituts für Migrationsforschung und Interkulturelle
Studien« (IMS) der Universität Osnabrück. 1. Vorsitzender der Gesellschaft für europäisch-asiatische Kulturbeziehungen e.V., München.

Hans-Peter Müller (* 1945), Dr. theol., Studium der Germanistik,
Philosophie, Religionswissenschaft und evangelischen Theologie in
München und Bangalore (Indien). Promotion mit einer religionswissenschaftlichen Studie über die Ramakrishna-Bewegung: »Die
Ramakrishna-Bewegung«, Gütersloh 1986. Darüber hinaus zahlreiche Veröffentlichungen zum Hinduismus und Buddhismus. Zur
Zeit Arbeit an einem Habilitationsprojekt über die Idee der Wiedergeburt in den indischen Religionen und in den modernen religiösen
Strömungen des Westens. 1975–1987 wissenschaftlicher Assistent
am Institut für Missions- und Religionswissenschaft der Universität München. Heute Lehrbeauftragter an diesem Institut.

Perry Schmidt-Leukel (* 1954), Dr. theol. habil., Studium der katholischen Theologie, Religionsphilosophie und Pädagogischen
Psychologie in München. Promotion mit einer Arbeit über christliche Buddhismus-Interpretationen: »Den Löwen brüllen hören‹
–Zur Hermeneutik eines christlichen Verständnisses der buddhistischen Heilsbotschaft«, Paderborn 1992. Autor und Herausgeber
zahlreicher Veröffentlichungen zum christlich-buddhistischen Dialog, zur Theologie der Religionen und zur Fundamentaltheologie,
darunter: »Die Bedeutung des Todes für das menschliche Selbstverständnis im Pâli-Buddhismus«, St. Ottilien 1984; »Den Glauben
denken. Neue Wege der Fundamentaltheologie« (zusammen mit A.
Kreiner und H. Döring), Freiburg i. Br. 1993; »Religiöse Erfahrung
und theologische Reflexion« (zusammen mit A. Kreiner), Paderborn 1993; »Berechtigte Hoffnung«, Paderborn 1994. Seit 1987 wissenschaftlicher Assistent am Institut für Fundamentaltheologie und
ökumenische Theologie der Universität München.

Hans Wolfgang Schumann (* 1928), Dr. phil., Studium der Indolo-
gie und vergleichenden Religionswissenschaft. Promotion in Bonn
mit einer Arbeit zur buddhistischen Philosophie: »Bedeutung und
Bedeutungsentwicklung des Terminus Samkhâra im frühen
Buddhismus«, Bonn 1957. 1960–1963 Lektor an der Hindu-Uni-
versität in Benares. 1985/86 Lehrbeauftragter an der Universität
Bonn. 1963–1993 im Auswärtigen Dienst der Bundesrepublik
Deutschland. Zuletzt Generalkonsul in Bombay. Zahlreiche Veröffentlichungen zum indischen Buddhismus, darunter: »Der histori-

sche Buddha«, München 4. Aufl. 1995; »Auf den Spuren des Buddha Gotama –Eine Pilgerfahrt zu den historischen Stätten«, Olten/Freiburg 1992; »Buddhistische Bilderwelt – Ein ikonographisches Handbuch des Mahâyâna- und Tantrayâna-Buddhismus«, München 2. Aufl. 1993; »Mahâyâna-Buddhismus«, München 1995; »Buddhismus – Stifter, Schulen und Systeme«, München 3. Aufl. 1995.

Wolfgang Seelig (* 1927), ehem. Vorstandsmitglied eines Großunternehmens der Elektroindustrie; ehem. Vizepräsident des Bundesverbandes der deutschen Industrie; langjähriger Vizepräsident der Schopenhauer-Gesellschaft; Gründungskuratoriumsvorsitzender des Forschungsinstitutes Philosophie-Technik-Wirtschaft an der Universität Salzburg. Veröffentlichungen zu Management, Wirtschaftspolitik und Naturphilosophie sowie zu Schopenhauer und Wagner, darunter: »Wille, Vorstellung und Wirklichkeit – Menschliche Erkenntnis und physikalische Naturbeschreibung«, Bonn 1980; »Ambivalenz und Erlösung Parsifal«, Bonn 1983; »Richard Wagners Naturphilosophie – Ihre Grundlagen bei Feuerbach und ihre Weiterführung bei Schopenhauer«. In: Richard Wagner und... (Schriftenreihe der Hochschule für Musik München, Bd. 4). Regensburg 1983, S. 21–44.